D0288145

JORGE RAMOS ha sido el conductor del Noticiero Univision desde
1986. Ha ganado siete Emmys y el premio Maria Moors Cabot por
excelencia en periodismo otorgado por la Universidad de Columbia.
Ramos escribe una columna semanal para más de 50 diarios en todo
el continente americano a través de the *New York Times* Syndicate.
Además, hace tres comentarios radiales diarios para decenas de estaciones de radio en Estados Unidos (a través de LBC, Cadena Latina)
y ha sido invitado a varios de los más importantes programas de televisión como *Nightline* de ABC, *Today Show* de NBC, *Larry King Live*
de CNN, *The O'Reilly Factor* de FOX News y *Charlie Rose* de PBS,
entre otros. Actualmente vive en Miami.

LO
QUE
VI

Una rama de HarperCollins*Publishers*

LO QUE VI

EXPERIENCIAS DE UN PERIODISTA ALREDEDOR DEL MUNDO

JORGE RAMOS

Este libro fue publicado originalmente en español en 1999 en México por Grijalbo Mondadori

ISBN-13: 978-0-06-113042-7
ISBN-10: 0-06-113042-7

A NICOLÁS Y PAOLA... OTRA VEZ

ÍNDICE

AGRADECIMIENTOS

Este libro fue posible gracias a otros; a quienes me picaron la curiosidad por el mundo, por lo lejano, por lo que no podía tocar.

Empecemos por mencionar a tres:

—Mi abuelo Miguel nació en el año 1900. Y me acuerdo tanto de él —de las comidas de los jueves, de los pistaches que llevaba de regalo, de las navidades cuando me daba rompope, de su interminable paciencia, de su memoria histórica, de su bondad— que me duele, aquí, arriba del estómago. Pero mi abuelito —no pasaba del metro con 60— vivió intensamente la aventura del siglo XX. Cuando nació no había automóviles, televisión, ni avióones comerciales. Mucho menos viajes a la luna.

Me acuerdo de sus cuentos, llenos de emoción, de la vez que entró la electricidad al pueblo donde vivía y de la noche que pasó en el Castillo de Chapultepec. Y me siento afortunado de haber viajado con él en su primer viaje a ¡Disneylandia! Al final del día siempre tenía los pies hinchados. Pero nunca se quejó.

A pesar de que Miguel Ávalos casi no salió de México, tuvo una vida muy interesante... a su manera. Vivió sus libros y su familia y cada instante plenamente. No fue un viajero porque no pudo. Siempre vivió decentemente, pero sin lujos. Y a pesar de eso, el mundo, todo, se filtró en su vida.

—Mi tío Armando tampoco es un viajero. Su primer viaje, fuera de México, lo hizo conmigo a la India. Pero, como él dice, no es necesario subirse a un avión para viajar. Su riquísima vida espiritual lo ha mantenido con la ingenuidad de un niño y la sabiduría de un iluminado.

—Félix Sordo vivió con una intensidad que daba miedo, aunque tampoco viajó mucho. Nadie a quien tocó quedó igual. "No tengo tiempo —me decía—. No tengo tiempo". Y tuvo razón. Acumuló en poco más de dos décadas el trabajo de generaciones completas.

Su vida fue demasiado corta.

Así que este libro va por Miguel, Armando y Félix.

Pero también por quienes me han acompañado en mis andares. Mis dos Lourdes, Lisa, Paola, Benjamín y Patsy.

Y a Nicolás por mantenerme joven después de los cuarenta años.

A Sandra Thomas, porque desde lejos siempre está cerca, y por el baile que zapateamos a ritmo de balas en El Salvador, y a Joaquín Blaya por sus varios empujones, siempre en la dirección correcta.

Luego hay por ahí tres pilares de mi soporte emocional. Han sido —sin saberlo— el norte de mi brújula. Cuando me pierdo, sólo con voltear a verlos y platicar un rato, me orientan en lo verdaderamente importante: mis hermanos Alejandro, Eduardo y Gerardo.

A Alicia por el título. "Así me gustan a mí", me dijo en una rica sobremesa miamense.

Y a Gloria que, con sus incontables llamadas y su paciencia sin fondo, me ha regalado durante casi tres décadas una amistad sin censura.

Gracias.

INTRODUCCIÓN A LA
NUEVA EDICIÓN

"El buen periodista es el que nunca duda en poner al fuego los pies de los poderosos e influyentes".

A. J. Liebling[1]

¿Qué es eso del periodismo?

Una de las primeras cosas que nos piden a los periodistas es que seamos objetivos. Me parece bien. De lo que se trata es que sea la realidad —y no nuestras opiniones— las que predominen en nuestro trabajo periodístico. Pero tengo un serio problema con el concepto de objetividad; creo que no existe.

---

[1] A. J. Liebling. "A good journalist is one who never hesitates to hold the feet of the powerful and influential to the fire."

Desde el momento en que decidimos escribir o reportar sobre un tema en específíco, estamos dejando fuera a todo lo demás y dejamos de ser objetivos. Toda decisión es subjetiva. Si América Latina es lo que me ocupa, Europa, Asia y África quedan automáticamente relegados. Y si decido entrevistar a un personaje público y no a otro, o si quiero darle un ángulo particular a mi reportaje —enfatizando, por decir algo, la violación a los derechos humanos y no la estabilidad económica de un sistema autoritario— estoy siendo subjetivo.

Objetividad es una palabrota. Tan grande, tan complicada, tan difícil de alcanzar que, lejos de ayudarnos en nuestra labor periodística, la llena de trampas. Pero lo fundamental de la objetividad es que no se puede alcanzar dentro del periodismo. Lo que a alguien le pueda parecer objetivo para otro será sumamente subjetivo. Cuando la oposición critica, digamos, a Chávez o a Castro, estoy seguro que dichas críticas no serán vistas con buenos ojos por el gobierno venezolano ni el cubano. Lo que es objetivo para los opositores venezolanos y cubanos es tremendamente subjetivo para los líderes de ambos países.

¿Entonces? Entonces, como periodistas, debemos manejar términos y objetivos más claros y menos pretenciosos. En lugar de objetividad propongo que los periodistas busquemos precisión, balance y justicia. Vamos por pasos.

Precisión. Si en un tiroteo murieron ocho personas, no digamos que fueron nueve o una docena. Fueron ocho y punto. El problema es que, a veces, es difícil ser precisos. Requiere mucho trabajo de reportería, mucha observación, muchas llamadas y mucha persistencia. Pero en papel, al aire y por televisión, uno agradece cuando un reportero hizo bien su trabajo y tiene datos concretos para sustentar su artículo. Seamos precisos.

Balance. Toda historia tiene, al menos, dos puntos de vista. En la mayoría de los casos, un reportaje tiene varios puntos de vista. El balance implica incluir, de alguna manera, los distintos ángulos de una misma noticia. Es como darle la vuelta a una escultura; hay que rodearla para verla en su totalidad. No basta verla sólo de un lado. Es el día y la noche, con sus grises, beíges, atardecer y amanecer. Es el personaje y sus críticos, es el gobierno y sus opositores, es el criminal y su víctima, es la mariposa y su cazador. Sin balance, el reportaje se cae. Seamos balanceados.

Justicia. Este es el punto más complicado. Mi definición de justicia es la de Aristóteles: darle a cada quien lo que le corresponde. Periodísticamente, estamos obligados a darle a cada quien lo que le corresponde. Es decir, no podemos preguntarle lo mismo a un dictador que a las víctimas de su dictadura, ni tratar igual a un violador que a una mujer violada. Ser justos requiere un juicio. Nos obliga, de alguna manera, a entrarle a la nota por un ángulo en particular y, también, a tener la honestidad de decir lo que vimos y aprendimos en caso que nuestras hipótesis iniciales sean rechazadas por la realidad. Por eso es tan difícil defender la objetividad ya que, en el proceso de tratar de ser justos, somos subjetivos. Al final de todo reportaje, nos debemos preguntar: ¿Fui justo con todas las partes? La respuesta siempre debe de ser sí (aunque no todos los que incluímos nos caigan bien). Seamos justos.

El periodismo no es una ciencia. Es un oficio, una profesión que requiere de interpretación. Es más carpintería que aeronáutica. En tal sentido se acerca más al arte que a las ciencias. El buen periodismo tiene más de literatura que de matemáticas, más de dibujo y diseño que de química y contabilidad. El buen periodismo no es medible, pero se nota. El bueno periodismo pesa, se hace sentir, no es irrelevante ni intrascendental. El buen periodismo se sale de las páginas de un diario, de las ondas radiales y televisivas, para clavarse en la mente, en el oído, en los ojos y en el corazón.

El periodismo es, también, un arte interpretativo. En una época como la nuestra cuando lectores, radioescuchas, televidentes y cibernautas tienen, literalmente, millones de fuentes de información, somos los periodistas los que tenemos la obligación de darle orden y de decir: esto es importante. Hoy más que nunca es fundamental en nuestra sociedad ya que filtra lo superfluo y enfatiza lo esencial. Si no hubiera periodistas, el mundo viviría en un caótico infierno informativo o, en el peor de los casos, tendría un férreo control informativo de los gobiernos y corporaciones más poderosos.

En un mundo sobrecargado de información, donde las noticias internacionales tienen muchas veces un ángulo local, el papel del periodista es intrínseco; pone orden a datos aislados y hasta contradictorios, filtra lo que es importante y resalta lo que es relevante para una sociedad. Eso es periodismo: reportar lo que ves y darle sentido. Y no hay nada objetivo en este proceso; nuestro trabajo implica hacer juicios y tomar decisiones sobre lo que se publica y sobre lo que se tira a la basura.

Además de darle orden e importancia al mundo en que vivimos, los periodistas tenemos una función social irremplazable. La principal función social del periodista es evitar el abuso del poder. Sí, nuestro trabajo en una sociedad es evitar que aquellos que detentan el poder —social, religioso, político, cultural, económico, militar— abusen de él. Hay que pensarlo de esta manera: si nosotros los periodistas no lo hacemos, nadie más lo va a hacer.

Hay más. Somos, de alguna manera, el balance de los poderosos. Por eso nos toca hacer las preguntas incómodas. Aunque lo más cómodo es, muchas veces, no cuestionar las reglas del juego ni a los que las imponen.

Muchos periodistas, temerosos de ser calificados de antiamericanos o poco patriotas, prefirieron apoyar la postura oficial y evadir el persistente hecho de que Irak no tenía armas de destrucción masiva ni ninguna vinculación con los actos terroristas del 11 de septiembre de 2001. Pero eso no es buen periodismo.

Cuestionar las verdaderas razones de la Guerra en Irak, por ejemplo, y resaltar sus errores no implicaba tomar una postura partidista. Varios de los periodistas que se atrevieron a enfrentar al actual presidente republicano George W. Bush respecto a la Guerra en Irak son los mismos que criticaron sin piedad al expresidente demócrata Bill Clinton cuando mintió bajo palabra en el escándalo con Monica Lewinsky. Eso es tener independencia periodistica. Vigilar al poder es, finalmente, nuestro trabajo.

Es preciso destacar la esencia ética de nuestra profesión. Los periodistas, todos, tenemos opiniones y posiciones políticas. Sin embargo, lo que nos convierte en profesionales confiables, con credibilidad, es el darle a cada quien lo que le corresponde —yo lo llamo, más que objetividad, justicia periodística— y el no retorcer la información para que se ajuste a nuestros puntos de vista. Eso es lo fundamental del periodismo y eso es lo difícil. De nada sirve un periodista a quien nadie le cree.

Por eso es preferible ser enemigo del poderoso que su amigo. Nuestra principal misión social como periodistas es evitar los abusos de los que tienen el poder. No podemos olvidar eso. El periodista que come en la misma mesa que el poderoso se está tragando su credibilidad. La actitud más saludable que debemos tener es la del escepticismo. Dudar, como principio. No creerle a nadie es un buen punto de partida. Esto, desde luego, no significa cinismo. Los mejores periodistas son aquellos que pueden separar a los hombres y mujeres que realmente cambian el mundo de los que son inservibles o reemplazables.

Así como el hombre religioso vive de la fe y el inversionista de sus negocios, el periodista vive exclusivamente de su credibilidad. De nada sirve un periodista al que la gente no le cree. Junto al privilegio de poder ser testigos de la historia mientras ocurre, tenemos la responsabilidad de contar las cosas tal y como son.

La credibilidad es algo que se gana con el tiempo. Cuando un periodista dice algo y la realidad no corrobora su información, se desgasta hasta que nadie —nunca más— le cree. Pero aquel reportero, corresponsal o conductor que consistentemente presenta la realidad tal y como es, se gana el respeto y la confianza de quien lo lee o escucha. Así es de simple. Así es de difícil.

Dime qué estás viendo, pudiera ser la lección más sencilla para alguien que empieza en el periodismo. Y dímelo como si se lo estuvieras contando a un amigo; no uses palabras complicadas. Sé claro. Lee en voz alta lo que escribiste y si a la primera no lo entiendes, reescríbelo. Por último, hablemos de guerra.

Nuestra principal arma es la pregunta. No hay nada más rebelde que una pregunta incómoda. Una pregunta bien puesta puede tumbar a un gobierno ilegítimo. Durante el escándalo de Watergate, la pregunta de los periodistas del diario *The Washington Post* —¿Cuándo se enteró de esto Richard Nixon?— le costó la presidencia al mandatario republicano. Durante la presidencia de Ernesto Samper en Colombia, una pregunta —¿Cómo es posible que no se haya enterado que entraron 6 millones de dólares a su campaña electoral?— plagó de ilegitimidad su mandato. De la misma forma, una pregunta a Fidel Castro —¿Y quién lo eligió a usted para estar en el poder por más de cuatro décadas?— podría, eventualmente, terminar con su dictadura.

Como periodistas, no debemos tenerle miedo a la irreverencia. Hay que preguntar donde más duele, donde está la contradicción, donde se dobla el personaje. Hay que preguntar lo que la gente quiere saber y no lo que el entrevistado quiere oír. Y, al final de cuentas, cuando entrevistamos a alguien poderoso hay que hacerlo como si fuera la última vez. Es preferible una buena entrevista con preguntas duras que muchas entrevistas con preguntas flojas.

Siempre pienso, siempre, que pude haber hecho una pregunta

más o que debí haber sido más duro. Pero nunca me he arrepentido de preguntar de más; en cambio, siempre me ha quedado la duda y la insatisfacción cuando dejé de preguntar o cuando no encontré la pregunta que dobló al entrevistado. Sólo espero que, al finalizar una entrevista, tanto el entrevistado como los lectores y televidentes digan como la abuelita de un amigo periodista: "Ese Ramos es un preguntón".

A lo largo de mi vida, y sin saberlo, he seguido el consejo que el escritor Mario Vargas Llosa le dio a sus hijos y que descubrí en una revista[2]: "Desde muy niños les enseñé que con toda libertad deberían consultarse a sí mismos para descubrir su propia vocación y asumirla porque la más extendida forma de infelicidad que hay en el mundo es la de la inmensa cantidad de gente que hace lo que no le gusta y no puede hacer lo que le gustaría".

He tenido la suerte de hacer lo que más me gusta hacer: periodismo. En ese sentido he vencido a la infelicidad. Además, de alguna manera, he vencido —como todos los periodistas— la irrelevancia. No hay nada más triste que vivir haciendo lo que no te gusta y morir sin lograr un cambio. El periodismo me ha dado esa doble opción: seguir mi vocación y tratar de cambiar las cosas.

El periodismo es un boleto para conocer el mundo y a los que lo cambian. Pero, sobre todo, el periodismo es una "extraordinaria y terrible profesión" —como diría Oriana Fallaci— que nos permite asumir durante toda la vida la rebeldía e irreverencia de los jóvenes. Y así, sólo así, el alma del periodista no envejece nunca.

La primer edición de *Lo Que Vi* salió en 1999, con el subtítulo de Experiencias de un Periodista Alrededor del Mundo. Pero el problema con un libro como éste es que esas experiencias se han ido acumulando en los últimos años y no había dónde publicarlas. Hasta ahora.

Aquí incluyo, por ejemplo, mis experiencias —más personales que políticas o militares— en la Guerra en Irak. También añado una amplia crónica sobre el intento de golpe de estado contra Hugo Chávez en Venezuela. Lo interesante es que este capítulo contrasta con otro, también sobre Chávez, que había escrito hace mucho y en el que el presidente de Venezuela aún no había sacado sus garras ni sus

---

[2] Revista *Nexos*. American Airlines. Agosto 2004

verdaderas intenciones de eternizarse en el poder. Dejé ambos capítulos para que tú puedas ver cómo ha cambiado Chávez.

Para mí es inevitable hablar de Cuba y aquí podrás leer una entrevista con el disidente político Osvaldo Payá. También me resulta increíble pensar que al peruano Mario Vargas Llosa le cuesta trabajo escribir. Pero eso es precisamente lo que me dijo.

Este, al final de cuentas, es un libro de viajes, olores y sabores. Así que, entonces, escribo sobre mi nariz, sobre una comida inolvidable en Australia y sobre mis sudores en un temazcal. Hablo de los perros que se comen en Corea y de la ciudad donde crecí, la Ciudad de México.

Desde luego, aquí hay varias crónicas que ya huelen a viejas. Hay presidentes que ya no lo son. Democracias que han dejado de serlo. Paisajes que han cambiado. Situaciones políticas que ya no tienen mucha relevancia. Sin embargo, las hemos dejado porque muestran los cambios que ha vivido nuestro mundo. Y son muchos.

Viajar me sigue apasionando y no puedo pensar en una mejor profesión que ésta para pasar el resto de mi vida.

Mientras más canas me salen como periodista, mientras más me doy cuenta que empiezo a repetir historias, países y entrevistados, más regreso a la lección clave de nuestra profesión: ver y contar lo que ves. Nada más. Nada menos.

Este es, pues, un segundo vistazo de lo que vi.

PRÓLOGO

He tenido la suerte de vivir en tiempos interesantes.

Cuando comencé en esto del periodismo, quería estar en los lugares donde el mundo cambiaba, donde se tejía la historia. Ver y ser testigo; estar en el mundo y que nada, o casi nada, me fuera ajeno.

Quedarme en un solo país sonaba a desperdicio geográfico.

Y así, cuando en Kosovo se reorganizó el mundo —a bombazo limpio—, me fui a su frontera con Macedonia para echarle un ojo al futuro y estar con los últimos refugiados del violentísimo siglo XX.

Cuando se cayó el muro de Berlín, me uní a la emocionada e incrédula multitud que tiró el muro que dividía a las dos Alemanias; con un pequeño cincel extraje una piedra, con acentos verde y rojo del *graffiti* anticomunista, que aún guardo como recuerdo de la aventura.

Cuando la guerra fría se trasladó a las montañas de El Salvador y Nicaragua, estuve ahí. Sobreviví con la adrenalina del miedo y un poquito de frijoles y tortillas. Pero estuve ahí.

A veces se me han cruzado los trágicos eventos de la historia con asuntos meramente personales. Más de 10 mil personas murieron por el terremoto en la Ciudad de México en 1985, pero la muerte que más me duele es la de mi amigo Félix Sordo. Su presencia fue tan vital que aún cuesta trabajo hacerme a la idea de que ya no está con nosotros.

Por alguna extraña razón he vibrado al ritmo de varios terremotos; en México, en Los Ángeles, en San Francisco, en Cumaná, en El Salvador... De hecho, desde niño me la he pasado saltando con trepidatorios y oscilatorios. Aún recuerdo un temblor, en la Ciudad de México, cuando el carro de mi papá rebotaba, solito, de un lado a otro del garaje. Y otro más, también ahí, que destruyó el edificio de mi universidad.

Cuando me mudé a la Florida, se acabaron los temblores. Ahora sólo tengo que preocuparme de que un huracán se lleve mi casa derechito al Caribe o al Golfo de México. He visto cómo dos huracanes —*Mitch* y *Georges*— hicieron pomada regiones completas de Nicaragua, Honduras y República Dominicana.

Dos volcanes me han colmado; uno de ceniza y otro de tristeza. Junto al Chichonal, en Chiapas, fui testigo de cómo pueblos enteros desaparecieron bajo polvo volcánico. Y junto al Casita, en Nicaragua, caminé sobre una gigantesca cama de lodo y piedras que cobijara para siempre a cientos de personas.

A pesar de 16 años fuera de México, nunca he logrado —ni querido— desconectarme de lo que ocurre allá. Me siguen indignando los líderes tan mediocres y corruptos que hemos tenido, el trato a la prensa y a los indígenas chiapanecos, la enorme criminalidad en la capital, y las promesas no cumplidas en una ranchería ligada, trágicamente, con el nombre del ex presidente Salinas.

Y ya que nos trepamos a la escalera bidireccional de la política, tengo que admitir que perseguí a Clinton, desde Washington hasta Tegucigalpa, con el mismo ímpetu que Monica Lewinsky (aunque no con los mismos resultados). Descubrí el lado *light* de Carlos Menem y Hugo Chávez y el lado oscuro de los militares de Guatemala.

En la Isla Margarita comprobé cómo las cumbres iberoamericanas se han convertido en una verdadera pérdida de tiempo; puro turismo presidencial. En Chile me dio tortícolis con el *ping-pong* que se echaron los dos últimos dinosaurios del continente: Castro y Pinochet. Y me tocó presenciar cuando Fujimori se autodesignó príncipe intocable tras liberar a los rehenes de la residencia del embajador japonés en Lima.

Pero no todo ha sido tan dramático. Fui el espectador más contento de las olimpiadas de Atlanta y de la final del mundial en Los Ángeles; corrí un maratón en Nueva York, nadé en Copacabana y tapicé Beijing en bicicleta.

Sudé el desierto de Marruecos subido en un autobús —con un insoportable guía que repetía todo tres veces, además de dirigir a un alucinante coro de desentonados turistas— y desde entonces no he vuelto a dejarme llevar en rebaño.

Viajero sí.

Turista no.

Quería conocer un paraíso llamado Bali y lo conocí; pero no era el paraíso. De hecho, hay partes de Bali que se parecen a Cubuy, en Puerto Rico. ¿Para qué ir tan lejos? Busqué casa en Santiago de Cuba y me perdí; pero encontré las múltiples maneras en que Castro ha dividido a los cubanos. Cuando el papa fue a Cuba, más que religión olí miedo, y por eso, en lugar de misas, escuché las terribles historias de represión de los disidentes anticastristas.

Estuve en Hong Kong antes y después de que China se lo engullera. Fui dizque de safari en Tanzania y me enterré en el universo sudafricano de Soweto. En Japón me metí a la panza de un Buda, manejé por los despeñaderos de Positano y la costa brava catalana, estuve en Moscú cuando los rusos dieron la bienvenida —a regañadientes— al capitalismo y me encerré tres días en un *ashram* de la India.

Y todo, o casi todo, gracias a la aventura del periodismo.

Varios de los reportajes que aparecen aquí son producto del paracaidismo periodístico, que pudiera resumirse de la siguiente manera: llego, veo, reporto y me voy. En muchos casos son sólo ojeadas y hasta pestañazos.

Breves, sí.

Todos personales.

SIEMPRE ESTUVE en el camino del periodismo. Pero no lo sabía.

Comencé en esto casi por accidente. Como muchos estudiantes universitarios de mi generación, escogí mi carrera por eliminación. Sólo sabía que no quería ser arquitecto, como mi pa, ni médico o abogado como mis tíos. Por supuesto, había otras opciones, pero todas sonaban bastante aburridas.

Así que escogí Comunicación, que en esa época tenía la fama de acoger a todos los estudiantes que habían decidido —como decían los serios y aburridos de Ingeniería y Administración de Empresas— "retrasar por cuatro años más su verdadera elección de carrera". Caí con un grupo sumamente interesante, de gente divertida y curiosa que no tenía ni la menor idea de qué hacer con el resto de su vida. Inmediatamente me sentí a gusto e identificado con ellos, tanto que hasta hoy en día nos seguimos reuniendo, religiosamente, cada aniversario de importancia.

En un principio el periodismo me chocó. Me parecía absurdo tener que andar persiguiendo a la gente para hacerle preguntas. Mis planes eran otros. Así que deseché todas mis clases de periodismo y llené mi tiempo con temas que entonces parecían aún más inútiles: antropología, filosofía, sociología, psicología e historia. En esa época traía arrastrando una obsesión por el lenguaje corporal y me la pasaba tratando de interpretar lo que significaba un guiño, los ademanes durante la conversación en una mesa y los límites del llamado "espacio vital".

Una buena parte de mis cursos universitarios a finales de los años setenta se llenaron con lecturas de Marx, teorías de McLuhan y publicidad de McDonald's. Casi todo era teoría; nos pasamos horas interminables discutiendo los tres clásicos modelos de la comunicación: funcionalismo, estructuralismo y marxismo.

La realidad estaba muy lejos. Pero cuando llegó, lo hizo de manera contundente.

En lo que fue como uno de esos sueños de estudiantes flojos, la universidad a la que asistía en la Ciudad de México —la Iberoamericana— se cayó durante el terremoto de 1979. Así, *cataplum*. Afortunadamente nadie murió durante el temblor, pero nos quedamos sin salones de clases.

A las horas del siniestro, alguien puso una manta sobre los escombros que decía: "La universidad somos nosotros, no los edificios". Sí, fue muy bonito y hasta emotivo, pero no teníamos dónde sentarnos.

En una muestra de solidaridad incomparable, el Instituto Politécnico Nacional nos prestó sus instalaciones hasta que se construyeron —en el mismo terreno donde se cayeron los edificios originales de la

Ibero— unas aulas con techos metálicos que bautizamos como los gallineros. Cuando llovía, el ruido era tal que no se podía impartir clases.

Como era de suponerse, en los gallineros no había estudios de radio y televisión. Todavía recuerdo hasta en sus mínimos detalles cómo uno de nuestros maestros, en un gesto heroico de imaginación, hizo un dibujo en un pedazo de cartón y luego anunció orgulloso: "Así es un estudio de televisión". Nos quedamos todos callados y perplejos. Ese dibujo se constituyó en toda la experiencia televisiva que tuve durante mis años universitarios.

Los jesuitas que administraban la universidad, lejos de bajar las colegiaturas por lo pobre de las instalaciones temporales, las aumentaron. "Necesitamos el dinero para construir la nueva universidad", decían. Nada evitó que cada mes tuviera que desembolsar una pequeña fortuna que me daba acceso a los gallineros, a muy buenos maestros y a un dibujo en un cartón de un estudio de televisión.

El dinero en casa no alcanzaba para pagar tanta colegiatura —la mía y la de mis hermanos—. Así que, con la ayuda de un buen amigo, Benjamín Beckhart, conseguí un empleo, de medio tiempo, en la agencia de viajes de su familia. Fue la tablita de salvación. Al mismo tiempo, de manera casi imperceptible, descubrí mi pasión por los viajes, mapas y fronteras. Eso, sin saberlo entonces, marcaría mi destino profesional.

En esos días pensaba que terminaría como psicoanalista —del lenguaje corporal pasé, desde luego, a Freud— o como profesor universitario. Pero un evento fortuito lo cambió todo.

Una mañana, en uno de los pasillos de la universidad —antes de que se derrumbara—, me detuvo una ejecutiva de Televisa. No nos conocíamos. Me preguntó si estudiaba Comunicación y, al responderle que sí, me comentó que su compañía estaba interesada en entrenar a un grupo de jóvenes para sus operaciones periodísticas de radio y televisión. Me dijo que se iba a hacer una prueba para escoger a los participantes y me dio fecha y lugar.

Lo pensé medio segundo.

Ciertamente un trabajo en radio y televisión era algo más cercano a mi carrera universitaria que mi empleo en la agencia de viajes. Además, por fin, podría ver un estudio de televisión, en lugar de imaginármelo por medio de un pedazo de cartón. Fui a la prueba junto con cientos de participantes y, para mi sorpresa, caí dentro del grupo seleccionado. Éramos unos diez.

Mi salario daba risa y cada vez que pedía un aumento me decían: "Aquí te pagamos con imagen". Bueno, pues la imagen no me alcanzó. Con otras chambitas, como organizador de campamentos para niños, me las arreglé para pagar la colegiatura de la universidad y la gasolina de un destartalado "bochito" (VW) rojo.

Así entré al periodismo. Corría el año de 1978.

Comencé desde abajo en la XEW, una estación de radio que era ya toda una institución antes de que yo naciera, y en la XEX que por ese entonces experimentaba con un formato de 24 horas de noticias. A pesar de mis quejas por el raquítico salario, me llamaba profundamente la atención que me pagaran por aprender. Pasaba el tiempo cortando los cables informativos y repartiéndolos a los periodistas, viéndolos escribir como enloquecidos sus reportes radiales, y luego transmitirlos con una calma zen, en vivo, desde las cabinas de transmisión.

La XEW era conocida como "la voz de América Latina desde México". Pero también, cuando se trataba de noticias políticas, era la voz del gobierno mexicano. Al igual que otros medios de comunicación, imperaba la censura de prensa por parte del régimen político, y más triste todavía, la autocensura entre los mismos periodistas y administradores. El chayote —esa práctica de manipular la información a cambio de dinero— no sólo imperaba sino que era protegida, tácitamente, desde arriba.

"Lo primero que tienes que aprender aquí, muchachito —me dijo uno de los reporteros más veteranos—, es no hablar mal del presidente ni de tus compañeros de trabajo". Sin embargo, aún dentro de ese ambiente, conocí a verdaderos periodistas que aprovechaban cualquier rajadura del sistema para soltar sus dosis de verdad.

Al poco tiempo de haber comenzado me asignaron a producir el *Noticiario de América Latina,* un programa radial con reportes informativos provenientes de todo el hemisferio. Era un puesto oscuro, de poca importancia. Pero me permitiría —creía yo— reportar y salir al aire.

En mi primera entrevista para la radio, conversé por teléfono con el embajador de México en Uruguay. Pero dije tantas veces la palabra *"okay"* que la conversación no se podía entender, ni mucho menos transmitir.

Debut y despedida, sospeché.

Algunos de mis compañeros del grupo seleccionado por Televisa ya habían empezado a leer noticias en distintos programas radiales. Yo también quería hacerlo, pero el director de noticias de la XEX me paró en seco tras mi fatídica entrevista con el embajador mexicano. "Aquí queremos tener las mejores voces de todo el país —dijo—, y a ti te falta mucho todavía".

Ésa era mi sentencia de muerte.

Ya cuando pensaba que estaban a punto de correrme, se espantó mi pesadilla. El director de noticias se fue y lo reemplazó Félix Sordo, un enérgico, autodidacta y experimentado comunicador, un poco más joven que yo, y que luego se convertiría en uno de mis mejores amigos. Él y el entusiasta José Manuel Gómez Padilla me dieron un gran empujón profesional y, gracias a ellos, transmití mis primeros reportes radiales. Mi primera asignatura como corresponsal extranjero la obtuve por pura coincidencia. Estuve en el lugar correcto, en el momento preciso y con el pasaporte y la visa en la mano.

En marzo de 1981, el presidente estadounidense Ronald Reagan acababa de sufrir un atentado a la salida de un hotel en Washington, D.C. Y a los pocos minutos del atentado, el gerente de las estaciones de radio reunió a todo el equipo de periodistas —unas 20, 25 personas— y preguntó: "¿Quiénes de ustedes hablan inglés?" Tres contestamos que sí lo hablábamos. "¿Y tienen su pasaporte y visa en orden?" Sólo yo los tenía.

Lo pensó unos instantes; después de todo yo no tenía ninguna experiencia como reportero y mucho menos a nivel internacional. "Ramos", dijo finalmente. "Te vas a Washington ahoritita mismo".

Desde luego que mi trabajo en la capital estadounidense apenas araño el grado de aceptable. No sabía a quién llamar para obtener reacciones y desconocía dónde se estaban realizando las conferencias de prensa. Me la pasé esperando a las afueras del hospital donde estaba herido Reagan y sacando *sound bites* (minientrevistas) de la televisión para poder enviar algo a México. En realidad algunos reportes no fueron ni siquiera aceptables, sino fatales. Pero así, por eliminación, tuve mi primera probadita de lo que era ser un corresponsal extranjero.

En total, pasé cerca de dos años en "entrenamiento" en la XEX y en la XEW, donde hice de todo (incluso hasta una radionovela infantil sobre seres extraterrestres). Fue una experiencia educativa extraordinaria que, además, me permitió sostenerme y terminar la universidad.

Pero lo que yo realmente quería hacer era trabajar en televisión.

Así que fui a los estudios de televisión de Televisa donde me hicieron una prueba de redacción —esta vez solo—. Me dieron un incomprensible comunicado oficial de prensa sobre la política petrolera de México y me pidieron que lo resumiera, de manera clara, como si fuera una nota para la televisión. Pensándolo bien, el resto de mi carrera en la televisión ha consistido exactamente en hacer lo mismo que en esa prueba de redacción, es decir, darle orden, claridad y significado a información que, a primera vista, parece no tener pies ni cabeza.

Conseguí el trabajo. Me asignaron como redactor del noticiero *Antena Cinco* con Fernando Alcalá y Rocío Villagarcía. Rocío hizo mi paso por el noticiero una experiencia sumamente agradable, no sólo por sus palabras de aliento sino por su humor; nunca dejó de reírse de la forma —a la antigüita— en que me enrollaba las mangas de la camisa.

Duré poco en el noticiero. Pronto me di cuenta que no quería ser redactor sino reportero. Eso fue muy obvio cuando en la redacción de una nota sobre el papa Juan Pablo II, en lugar de dar sólo los datos básicos, escribí todo un análisis crítico sobre una declaración del Vaticano. "No me interpretes al papa", me dijo Fernando, cuando leyó la nota. Y tenía razón. Ese tipo de análisis no cabía en un noticiero. Así que busqué un programa donde sí pudiera hacerlo.

Caí en *60 Minutos,* un programa con el mismo nombre del que es toda una tradición periodística en Estados Unidos, pero que en México era sinónimo de amarillismo y mal periodismo. En mis años universitarios, los profesores nos decían: "Por lo que más quieran, hagan cualquier cosa, menos trabajar en *60 Minutos*". Si en esa época había un programa desprestigiado, pero con mucha audiencia, era *60 Minutos.* Me tragué el orgullo y comencé a trabajar como investigador en el programa. Y, después de algunos meses, surgió la oportunidad de iniciarme como reportero.

Mi primer reportaje para televisión fue sobre el uso de las artes marciales con motivos delictivos. Todavía me acuerdo de un violento personaje que entrevisté en la cárcel apodado "El Canelo", sobrenombre que mi hermana Lourdes rápidamente me aplicó después de ver el reportaje.

Las cosas iban bastante bien en *60 Minutos.* Pero cuando propuse hacer un reportaje sobre la psicología del mexicano, empezaron los problemas. Mi propósito —bastante ambicioso, tengo que reconocerlo, para ser un reportero tan verde— era hablar de las características del mexicano, de lo que lo hace distinto de los demás. Y para eso me recorrí el país pidiendo por igual opiniones en la calle que a expertos en el tema.

Lo que estaba recogiendo —suponía— era un panorama bastante completo de lo que somos los mexicanos. Y para poner todo el material en perspectiva, conseguí entrevistas con los escritores Carlos Monsiváis y Elena Poniatowska, ambos duros críticos del sistema político mexicano. Cuando mi jefe —un tal Gonzalo, más interesado en el fútbol y en salvar su pellejo corporativo, que en el periodismo— vio esos nombres, se le pararon los pelos.

"Ésa no es gente de Televisa", me dijo. En esa época el gobierno mexicano se inmiscuía groseramente en los contenidos de los programas noticiosos y casi todas las empresas de comunicación le hacían el juego.

Total, el licenciado, como le decían todos, me obligó a reescribir el reportaje. Lo hice, pero mantuve su esencia, sin sacar, desde luego, las entrevistas con Monsiváis y Poniatowska. Cuando el licenciado leyó el guión, se puso color tomate y enfureció. Asignó, entonces, a su asesor editorial —un escritor de cómics— la supervisión del reportaje. Y ahí se armó.

Este asesor del licenciado era, además, uno de los escritores de la revista *Kalimán* —uno de los héroes fantásticos de las historietas— y se la pasaba presumiendo de sus pistolas (que, por cierto, llevaba a la oficina) y de la última "putita", como él les decía, que se había encamado.

Kalimán —déjenme llamarlo así porque, afortunadamente, no recuerdo su nombre completo— hizo pedazos mi guión. Lo reescribió todo y no me dejó participar en el producto final. Por supuesto, sacó las entrevistas de Monsiváis y Poniatowska, borró todas las referencias importantes de los expertos en la materia, se olvidó de las alusiones históricas a los presidentes mexicanos —que siempre han gobernado México como si fueran un virrey español o un tlatoani azteca— y dejó un texto que parecía, más bien, una versión cursi y acaramelada del poema "México, creo en ti".

Ese reportaje no se parecía en nada a la versión original que yo había escrito y, por lo tanto, no me podía quitar la palabra "censura" de la cabeza. El licenciado leyó el guión de Kalimán, le pareció muy bueno y me obligó a grabarlo. A regañadientes lo hice. Pero me sentí fatal. Eso fue un viernes por la noche.

No dormí. Sentía que estaba violando toda ética del periodismo y que estaba haciendo un hoyo negro en mi autoestima. Mi carrera en televisión comenzaba y sabía que si aceptaba algo así al principio, ya luego no tendría la autoridad moral para negarme a hacer otras cosas.

El sábado, muy temprano, fui al edificio de Televisa, a las oficinas de *60 Minutos* en la avenida Chapultepec 18 de la Ciudad de México, tomé la cinta donde se habían grabado mis intervenciones para el reportaje y las borré. Todas.

Ese mismo fin de semana escribí mi carta de renuncia.

El licenciado, tengo que reconocerlo, me dio una segunda oportunidad. Me pidió que volviera a grabar el texto y prometió que todo quedaría olvidado. Le dije que no podía hacerlo y me fui.

Mi carrera de periodista por televisión en México había terminado casi tan pronto como comenzó. Pero desde el momento de mi renuncia decidí dos cosas; primero, nunca ceder frente a la censura, venga de donde venga. Y segundo, irme de México.

Cuando decidí ser reportero, sabía que vivir en el México autoritario de los ochenta era, en muchos sentidos, estar lejos del mundo. Si de verdad quería ser periodista me tenía que ir de ahí.

México enfrentaba una enorme crisis económica provocada por la súbita devaluación del peso. El entonces presidente José López Portillo, el mismo que prometió defender el peso mexicano "como perro", terminó tragándose sus palabras y el futuro de millones de mexicanos. (No es de extrañar que la gente le ladrara cuando lo descubría en lugares públicos.)

No tenía nada qué perder; todo estaba por realizarse. Vendí mi auto, rompí la alcancía con los "domingos" que durante años me habían dado mis abuelos y, guitarra en mano, me fui al norte.

Los Ángeles fue mi trampolín.

Me había quedado sin trabajo, pero me sentía bien conmigo mismo. Pensé en irme a estudiar a Inglaterra, a la London School of Economics and Political Science, pero no tuve con qué pagar la colegiatura. La opción que me quedó fue irme a Los Ángeles. Ahí conseguí que me admitieran en la Universidad de California en Los Ángeles (UCLA) para tomar un curso —mucho menos caro que el de Londres— de periodismo y televisión.

Mientras hacía los preparativos para irme de México, pasaron cosas interesantes en *60 Minutos*. El licenciado dejó el periodismo para dedicarse a administrar, tiempo completo, al América, el equipo de futbol de Televisa. Y Kalimán se fue con él. La veterana periodista Graciela Leal fue nombrada directora del programa *60 Minutos* y me invitó a regresar. Ella, al igual que Ricardo Rocha del programa *Para Gente Grande*, siempre estuvieron dispuestos a echarme una mano para que volviera a la televisión, a pesar de que ponían a prueba la política de la empresa que prohibía recontratar a empleados que hubieran renunciado o que fueran despedidos.

Finalmente, regresé a *60 Minutos*. Pero lo hice sólo por un par de meses. Cuando le comenté a Graciela mi decisión de irme a Los Ángeles, lejos de molestarse, me apoyó. "Haces bien, güerito", me dijo. "Si quieres crecer, te vas a tener que ir de aquí".

Y así fue.

Llegué a Los Ángeles el 2 de enero de 1983. Ligero de equipaje, como dice la canción de Serrat. De hecho, todo lo que poseía lo podía cargar con mis dos manos. Planeaba quedarme sólo un año. Dos a lo mucho. No más.

Me quedé en una casa de estudiantes bautizada por nosotros como la *Pink House* —por su chillante color rosado— en la zona residencial de Westwood, a unos pasos de UCLA. Pagaba cinco dólares la noche. Ahí tuve mis primeras clases prácticas de relaciones internacionales. Supe de Charles, de la tribu Asante, sobre la corrupción en Ghana y de cómo las cartas que enviaba a su esposa no llegaban porque los camiones del correo se quedaban sin llantas; de Emil, un iraní limpísimo hasta la obsesión —lavaba con cepillo de dientes el cuarto del baño—, aprendí lo que sufren quienes huyen de su país; y Hashmi, un religioso de Pakistán, me enseñó de primera mano los ritos y creencias musulmanas, y trató de convencerme —sin mucho éxito— de que me casara lo más pronto posible con mi novia de México para no seguir cometiendo pecados cada vez que me visitaba.

Lo primero que hice al llegar a Los Ángeles fue comprarme un pequeñísimo equipo de radio y televisión para poder darme cuenta de lo que hacían los periodistas estadounidenses. La pantalla era en blanco y negro y tan pequeña que la podía cubrir completamente con mi mano. Pero cumplió su cometido. Ahí vi mis primeros noticieros en español en Estados Unidos.

Por supuesto, el poco dinero que llevé a Los Ángeles no me alcanzó para más de seis meses. Fue así que me inicié en la dura y poco apreciada profesión de mesero. Lo más importante era que la dueña del restaurante Chez Louise me permitía comer todo lo que quisiera a cambio de dos o tres horas de chamba. La mayoría de los meseros éramos estudiantes hambrientos y me parece que ésa fue una de las razones por las que el restaurante se fue derechito a la quiebra.

Chez Louise me quitó el hambre, pero no me hizo millonario. Mi chequera siguió adelgazando hasta que quedó en los huesitos con sólo 127 dólares, si mal no recuerdo. Eso era todo. Si no conseguía algo pronto, no sólo tendría que dejar las clases en UCLA sino regresar a México.

Pero la misma tarde que contaba mis últimos dólares me llamó a la *Pink House* Marco Antonio Mendoza, un ex compañero de la Universidad Iberoamericana, quien necesitaba —adivinen— una persona de confianza para que le echara una mano y un ojo a sus negocios: una casa de cambios y un cine de Los Ángeles. El acuerdo fue muy parecido al del restaurante; hacer de todo un poco a cambio de un jalón para subir la cabeza por arriba del agua.

En el Teatro Fiesta tuve mis primeros contactos con cientos de mexicanos que enviaban dinero a sus familiares en México. Al mismo tiempo, empecé a integrarme a la cultura multirracial y multicultural de California y aprendí a comer sushi. "Este señor es como un taquero en México —me explicaba Marco—, pero en lugar de hacer tacos pone pescado crudo sobre arroz". *Arigato*, Marco.

Terminé mi curso en UCLA.

El curso tuvo una doble ventaja. Primero, la obvia, me enseñó la forma tan directa y sin censura en que se hace el periodismo en Estados Unidos, y segundo, me permitió obtener un permiso del servicio de inmigración —*practical training*— para trabajar por un año en el área de mi especialización. Muy bien, ahora lo único que necesitaba era un trabajo de verdad.

Nada más.

Durante esos días de crisis económica, pan y lechuga, saqué de entre mis papeles el nombre del director de noticias del Canal 34 en

Los Ángeles. El periodista mexicano Armando Guzmán, a quien conocí durante mi estancia en *60 Minutos,* me había dado el nombre antes de partir hacia Estados Unidos.

PETE MORAGA decía el papelito.

Conseguí su teléfono en el directorio, le pedí una cita y, para mi sorpresa, dijo que sí. Total, llegó el día de la cita y conectamos. Nos caímos bien. Pero entonces no había ningún puesto disponible. Nos mantuvimos en contacto e insistí. Siempre he dicho que en la televisión no trabajan, necesariamente, los más listos sino los más persistentes.

Seis meses después de nuestra entrevista inicial volví a tocar a su puerta. Siempre estuvo abierta. Esta vez las cosas eran distintas. Uno de sus reporteros acababa de dejar un puesto vacante. Comencé a trabajar como reportero en el Canal 34, hoy la estación afiliada de Univision en Los Ángeles, el 10 de enero de 1984.

Pete Moraga me dio la primera oportunidad de trabajar en televisión en Estados Unidos, casi sin conocerme. Confió en mí cuando yo más lo necesitaba. Punto. No hay forma de agradecérselo. Él y Danny Villanueva, el gerente de la estación, me pusieron a prueba tres meses. Pero, al cumplirse el plazo, ninguno de los dos me dijo nada. Supuse lo peor; que no les había gustado y que me iban a despedir.

Nada. Fue un olvido. Obviamente tenían cosas más importantes de qué preocuparse, como la organización de la cobertura de los Juegos Olímpicos en Los Ángeles, ese mismo año.

Mi mejor escuela, no hay la menor duda, fue la calle. En el Canal 34 tenía que hacer dos y hasta tres reportajes diarios. Multiplica eso por dos años y el resultado es mucha, mucha calle. El camarógrafo Eduardo Kashkovski y el sonidista Mario Jurado, "El homeboy", tuvieron la paciencia de abrir la ciudad ante mis ojos y de enseñarme algunos de mis primeros trucos televisivos.

Fue una de las temporadas en que me sentí más libre. Cada mañana, sacaba de la canasta de la ropa una de las arrugadas camisas que lavaba el fin de semana, planchaba sólo el cuello y la parte de enfrente, y me lanzaba a una nueva aventura angelina, lleno de energía (y de arrugas).

Paco Crow, un viejo zorro del negocio de la televisión, también me mostró algo que marcó, para siempre, mi estilo. "La televisión es el medio más artificial que existe —me decía—, y por eso, la naturalidad frente a las cámaras es lo que mejor comunica. De lo que se trata en la televisión es proyectar la vida, tal y como es. El acartonado es un muerto en este negocio". Paco ya no está con nosotros, pero cada vez que me encuentro con un problema en la realización de un reportaje, me acuerdo de sus consejos. No me ha fallado nunca.

Al año de estar en el Canal 34 también me inicié como conductor de un noticiero. Todos los días, a las 7:30 de la mañana, hacía junto con Felipe "El Tibio" Muñoz —medallista de oro en las Olimpiadas de México— un programa que se llamaba *Primera Edición*.

No lo veía nadie y qué bueno, porque Felipe y yo estábamos tan nerviosos y éramos tan novatos en esto de la televisión en vivo que nos la pasábamos tropezando y viendo a la cámara equivocada. Sí, éramos muy naturales, pero también muy malos.

En fin, el caso es que en una de esas mañanas en que creíamos que nadie nos veía, lo hicieron Rosita Perú y René Anselmo, ambos ejecutivos nacionales de Spanish International Network (SIN), hoy Univision. Estaban buscando a un *anchor* para un programa en la mañana, *Mundo Latino,* que querían transmitir a nivel nacional desde Miami.

Nunca supe cómo fue el proceso de selección. Sólo sé que me encontré a Anselmo comiendo en un restaurante húngaro, frente al Canal 34, y me preguntó: "¿Te quieres ir a vivir a Miami?" Le contesté que sí y dos semanas después ya estaba acomodando todos mis tiliches en un hotel de Coconut Grove.

En *Mundo Latino* comprendí lo que es la televisión en vivo. Todos los días me ocupaba de algo distinto, había que saber un poquito de muchos temas y, sobre todo, tenía que improvisar, improvisar e improvisar hasta el cansancio. Fue una época de *ad lib* y fue emocionante; nunca sabíamos cómo iba a salir el programa. Junto con Lucy Pereda hablé de comida y modas, entrevisté a políticos y cantantes e incluso una vez acabé bailando merengue a nivel nacional.

Aborrecía el maquillaje. Me parecía que era como tener un *pancake* o tamal en la cara. Las consecuencias fueron desastrosas; en mis primeros programas salía brilloso como bola de boliche. Pero eso no era todo. Sólo tenía tres sacos que combinaba terriblemente con cualquier pantalón; usaba unas corbatas muy delgaditas, que había heredado de mi abuelo Miguel, y constantemente recibía quejas de uno de mis jefes por los calcetines claros que metía en dos pares de zapatos oscuros: unos negros y otros cafés.

Además, como yo no conocía a ningún peluquero en Miami, uno de los camarógrafos del programa, Aldo, me cortaba el pelo por cinco dólares. Me sentaba en un banquito, bajo un árbol, sacaba sus tijeritas y listo, traz, traz, traz, mientras Felipe, Frank y Tony —los otros camarógrafos que me han acompañado, en las buenas y en las malas, durante toda mi carrera— se reían y disfrutaban del espectáculo tomando café cubano.

Cuando me mudé a Miami cooperé en algunos proyectos con el *Noticiero Nacional SIN*, como en la cobertura de la explosión de la nave espacial *Challenger*, pero nunca me imaginé que en pocos meses entraría como uno de sus conductores.

La crisis en el *Noticiero Nacional SIN* comenzó cuando se enteraron que la empresa Televisa, en parte dueña de SIN, pensaba trasladar a Miami al periodista mexicano Jacobo Zabludovsky. Él tendría como responsabilidad echar a andar un proyecto de noticias para todo el mundo, vía satélite, 24 horas al día. Pero el anuncio del traslado de Zabludovsky no fue bien recibido en Miami. Muchos de los corresponsales de SIN lo consideraban más como un portavoz del gobierno mexicano que como un periodista objetivo e independiente.

La llegada de Zabludovsky a Miami ocasionó una serie de renuncias dentro del *Noticiero Nacional SIN* —ya que muchos rehusaban trabajar bajo sus órdenes— y Gustavo Godoy, junto con varios periodistas, productores, camarógrafos y editores, se fueron de la compañía para crear otro noticiero que, con el tiempo, competiría con el de SIN. En sólo unos días quedó desbaratado uno de los mejores equipos de periodistas que ha existido en la televisión en español en los Estados Unidos.

Jaime Dávila, un alto ejecutivo de Televisa con fuertes lazos dentro de SIN, fue el encargado de sacar adelante lo que había quedado del *Noticiero Nacional*. En una de nuestras conversaciones durante esos días de crisis interna, me propuso que dejara *Mundo Latino* para conducir el *Noticiero Nacional* junto con Teresa Rodríguez. Para mí era una buena oportunidad profesional, pero tenía mucho temor de que las prácticas de censura periodística en México cruzaran la frontera y se extendieran a mi trabajo en Estados Unidos. Por algo me había ido de México y no quería que me pasara lo mismo dos veces.

Acepté el trabajo con la condición de que el noticiero se manejara con absoluta independencia periodística y que nadie se metiera en su contenido. Jaime Dávila me prometió que no habría ninguna intromisión externa en el *Noticiero Nacional*; cumplió su promesa, como siempre.

La crisis terminó cuando Televisa replanteó su proyecto de transmitir desde Miami y Zabludovsky regresó a México. Pero para mí comenzó el verdadero reto.

Los problemas aparecieron desde el primer día. Por principio, no sabía leer bien el *teleprompter*. Pero Teresa Rodríguez —en un generoso gesto que nunca olvidaré— me ayudaba siguiendo con sus impecables uñas, en la copia del guión, cada una de las palabras que yo iba leyendo, para que tuviera algo en qué apoyarme si me perdía en el *teleprompter*.

Al mismo tiempo, de todos los periodistas que se quedaron en el noticiero, yo era el que menos experiencia tenía en noticias internacionales y estaba obligado a demostrar que sí podía con el paquete. Cuando comencé como conductor en el *Noticiero Nacional SIN* el 3 de noviembre de 1986 tenía sólo veintiocho años, cara de niño, mínima credibilidad y la convicción de que nadie, nadie, es indispensable en la televisión.

Por lo tanto, tenía que hacer algo para sobrevivir en el puesto. En las semanas siguientes a mi inicio como *anchor* del noticiero tuve mis primeras dos entrevistas con presidentes. Fue con los mandatarios de Guatemala y Honduras. Imposible olvidarlas, por mis palmas sudadas y por la presión que sentía de hacer preguntas relativamente inteligentes.

Para controlar el nerviosismo, desarrollé la costumbre de imaginarme a los presidentes en sus detalles más comunes: en calzones y calcetines, con pelos en las orejas, dolor de espalda, diarrea, problemas conyugales y de vejiga… así los ponía bajo una dimensión más humana. De la misma manera, nunca perdí la oportunidad de ir al baño en palacios y casas presidenciales; más se conoce a las personas por su baño que por su sala.

Trabajar al frente de un noticiero a nivel nacional en Estados Unidos (que además se transmite a una docena de países y que comparto desde hace más de una década con María Elena Salinas) ha sido como navegar de tormenta en tormenta, con muchos ciclos de altas y bajas, de inestabilidad e incertidumbre, no sólo por la naturaleza impredecible de las noticias sino también por las mudanzas, los viajes y los constantes cambios de directores de noticias y dueños de la empresa.

Desde que empecé a trabajar en lo que hoy es la cadena Univision, la empresa ha cambiado de manos tres veces, me he mudado de ciudad en cinco ocasiones, he vivido en una decena de casas o apartamentos y he tenido más directores de noticias de los que quisiera recordar.

Pero no cambiaría la experiencia por nada.

Lo que antes me parecía prácticamente imposible —viajar por el mundo, entrevistar personalidades, cuestionar a políticos— se convirtió pronto en un modo de vida. Y desde el 86 no he dejado de rebotar en las esquinas del mundo. Tanto que a veces no sé cómo parar. En cualquier caso, he tenido la fortuna de hacer lo que más me gusta, y además, que me paguen por hacerlo.

El mundo está lleno de abogados que quisieron ser futbolistas, de médicos que hubieran deseado viajar al espacio, de gente que no se atrevió a hacer algo distinto y seguir su llamado interior. No es mi caso. Dicen que los actores pueden experimentar muchas vidas a través de sus personajes. Bueno, a mí, el periodismo me ha permitido vivir una sola, pero con mucha más intensidad de lo que jamás imaginé.

PASEMOS AHORA a golpear el mito de la objetividad periodística. Y no es que esté abogando por ocultar la realidad ni en manipular la información. No. Por el contrario, me he pasado una buena parte de mi carrera como periodista tratando de rascar la verdad.

Pero sí es fundamental reconocer que desde el mismo momento en que decidimos acercarnos a una noticia y no a otra, ya hay elementos de subjetividad. Y eso, desde luego, genera dudas y conflictos.

Desde el instante, por ejemplo, que escogemos cubrir una noticia en América y no otra en África o en Asia —o cuando decidimos analizar un tema en específico y conversar con un individuo y no con otros—, ya nos estamos alejando de la perfecta neutralidad que supondría ser objetivos. En el periodismo —como en la vida— sujeto y objeto no pueden actuar como entes aislados.

Como periodistas no podemos darnos baños de objetividad antes de salir a trabajar. Las cosas no son así. Cuando llegamos a cubrir una noticia, lo hacemos cargados de nuestros prejuicios, ideas, resentimientos y emociones. Eso no quiere decir que estemos condenados a malinformar. Lo único que significa es que, como el resto del mundo, los periodistas tenemos un punto de vista y —lo queramos o no— esa visión se ve reflejada en nuestros reportajes y entrevistas.

Podemos tener un punto de vista y ser justos. Es decir, podemos darle a cada quien lo que le corresponde en el momento de transmitir la información.

Podemos tener un punto de vista y ser precisos. El qué, cuándo, cómo, dónde y porqué son esenciales y no han pasado de moda.

Podemos tener un punto de vista y reportar las dos, tres o más facetas de una noticia. La mayor parte de las noticias reflejan enfrentamiento y tensión. Explicar sólo una de las partes sería presentar un trabajo incompleto.

Podemos tener un punto de vista y no por ello sentirnos obligados a dar nuestra opinión cada vez que escribimos o salimos al aire en radio y televisión. De hecho, nuestra opinión debe de estar fuera del trabajo periodístico la mayoría de las veces. Una cosa es tener una visión particular sobre los hechos y otra muy distinta es contaminar y desvirtuar un reportaje con nuestras opiniones.

Podemos tener un punto de vista y, sin embargo, marcar una distancia frente a las cosas y personajes que cubrimos.

La idea de que los periodistas debemos quitarnos pensamientos y emociones a discreción es, no sólo impráctica, sino totalmente absurda. Tenemos la obligación de decir lo que vemos y narrarlo claramente, de reportar todas las partes de una noticia, de ponerle contexto a nuestro trabajo y de hacerlo a tiempo, sin ocultar nada. Pero eso no nos convierte en esponjas dispuestas a chupar nuestro entorno para luego vomitarlo sin orden.

No reflejamos la realidad como espejo; la vivimos, la digerimos, la ordenamos y luego la damos a conocer. En todo momento tenemos que decidir qué es importante y qué es relleno. Somos un filtro de análisis.

Siguiendo con este argumento, no todas las personas que entrevistamos se nos presentan como seres neutrales. Ellos también vienen cargando su historia. Por eso es que digo que, como periodistas críticos, no podemos tratar igual a un dictador que a una víctima de su dictadura. Ambas partes, sí, deben ser escuchadas. Pero como periodistas tenemos la obligación de enfrentar a uno —poniéndolo contra la pared— y entender la tragedia del otro.

Eso es hacer periodismo con un punto de vista; eso es practicar un periodismo crítico.

Los mejores periodistas que conozco tienen fuertes convicciones, sólidos valores éticos y muy claros puntos de vista. Los peores son aquellos —los blandos— que ponen un micrófono y dejan que el entrevistado diga lo que se le pegue la gana y que el ruido llene el resto.

Ahora, una advertencia. Todos los reportajes, crónicas de viajes y entrevistas que aquí aparecen fueron escritos en primera persona. Son —nada más y nada menos— lo que vi. Algunos aparecieron originalmente —y en formatos muy distintos— en la televisión; otros, la mayoría, nacieron y se quedaron en papel. Pero en todos aparece mi punto de vista.

Se nota si veo hacia afuera o hacia adentro. Cruzo, voluntaria —y a veces groseramente—, la línea que separa al observador y testigo del participante o protagonista. En algunos de los artículos que aquí aparecen guardo una distancia prudente. En otros me clavo en la historia como en alberca. Y de casi todos salgo empapado y con cicatrices.

Si tuviera que definir el estilo periodístico que utilizo aquí nadaría entre el reportaje y la columna de opinión; reporto, sí, pero se nota dónde estoy parado.

No pretendo aparecer neutral. Pero sí busco ser justo, periodísticamente hablando. Trato de reportar lo que vi (aunque duela), ponerlo en perspectiva, criticar al autoritario y, cuando se puede, ser la voz del que no la tiene.

El periodismo ha sido mi ventana al mundo.

A veces, cuento lo que veo, desde lejitos. Pero últimamente no he resistido la tentación de saltar de la ventana y perderme de lleno en el mundo.

Esto es lo que vi.

REPORTAJES ESPECIALES

1 DIARIO DE UNA GUERRA INNECESARIA

Para mis amigos Rafael Tejero, Jorge Soliño y Ángel Matos.

LA VIDA ENTRE SIRENAS

"La terrible verdad es que, para los corresponsales, la guerra no es el infierno. Es algo divertido".

Nora Ephron[1]

Ciudad de Kuwait, marzo 25, 2003. RRRIIINNNGGG. ¡Puta madre! Otra vez esa pinche alarma. *RRRIIINNNGGG.* ¡¿Cuándo carajos se va a apagar?! *RRRIIINNNGGG.* Era imposible dormir en Kuwait por

---

[1] Nora Ephron en *War Stories*. Citada por the *New York Times*. Embedded with their Satphones. Noviembre 23, 2003. "The awful truth is that for correspondents war is not hell. It is fun."

más de tres o cuatro horas seguidas. En toda la ciudad había un sistema de alarmas que anunciaba la probable llegada de un misil iraquí. Los kuwaitíes se habían curado de espantos durante la Guerra del Golfo Pérsico en 1991 y no se habían preparado por más de una década en caso de otro ataque de Saddam Hussein.

Cada vez que sonaba una alarma en Kuwait, todo se paraba. En la televisión y en la radio se anunciaba que el país estaba en alerta por el disparo de cohetes iraquíes. Recuerdo perfectamente cómo, por televisión, aparecía el dibujo de una alarma dando vueltas interminablemente hasta que pasaba el peligro.

Como si esto fuera poco, los empleados del hotel Safir iban a tocar de puerta en puerta para que todos los huéspedes bajaran al sótano convertido en refugio antiaéreo. Mi cuarto quedaba en un noveno piso y, la verdad, yo nunca bajé al refugio. Quizás fue una imprudencia, tal vez una estupidez, pero yo pensaba que me encontraba bien protegido en mi cuarto. ¿Por qué? Porque, según mis cálculos, la ventana de mi cuarto estaba en la dirección opuesta a Irak y, por lo tanto, cualquier ataque daría en la otra fachada del hotel.

Durante más de una semana viví en el error. En una de esas pláticas interminables con mis compañeros de Univision, les conté mi teoría. Y a los pocos minutos regresó el camarógrafo cubano, Jorge Soliño, con una brújula para demostrar que mis cálculos estaban totalmente equivocados. Se fue al balcón de mi cuarto y la brújula claramente apuntó hacia el Norte en dirección a Irak. Resulta que nuestro hotel quedaba en una pequeña bahía y mi cuarto, contrario a lo que yo creía en un principio, estaba exactamente en la trayectoria probable de cualquier cohete iraquí.

La siguiente vez que escuché la alarma me dejó paralizado dentro de la cama y, para mi fortuna, no pasó nada. Pero luego tuve una terrible pesadilla en la que un misil iraquí entraba directamente por mi ventana para estrellarse en el baño del cuarto. Me levanté con fuertes palpitaciones. "Mi cuarto", confesé más tarde entre broma y miedo, "queda exactamente frente al palacio de Saddam Hussein en Bagdad".

Regresaba a Kuwait después de doce años. En 1991 me tocó entrar detrás de las tropas estadounidenses que liberaron a Kuwait de la invasión iraquí. Lo curioso del caso es que el hotel Safir en que me estaba alojando en esta ocasión era contiguo al hotel Intercontinental que, durante la invasión, había sido utilizado como centro de comando del ejército de ocupación iraquí. El hotel Intercontinental estaba abandonado desde 1991. Ahí ocurrieron verdaderas historias de horror en contra de ciudadanos kuwaitíes: asesinatos, torturas, violaciones. El plan era destruir dicho hotel y construir uno totalmente nuevo, que no hubiera sido afectado por la guerra y que borrara una de las más claras y violentas señales de la presencia iraquí en Kuwait. Pero por ahora, el Intercontinental seguía ahí.

No pude aguantar la curiosidad de regresar al hotel que yo tanto recordaba de hacía una docena de años. Burlando la vigilancia de un distraído guardia, me metí —junto con mis compañeros de Univisión— al hotel y parecía una verdadera casa de fantasmas. Sin luz, sin aire acondicionado, con los vidrios rotos y todos los muebles destruidos, fuimos subiendo, piso por piso, para rescatar esos terribles momentos de mi memoria.

En el segundo o tercer piso abrí uno de los cuartos y vi un closet similar al que utilizó como guarida una mujer durante los seis meses de ocupación iraquí. Aún recuerdo esa entrevista que realicé hace doce años. Cuando la mujer salió del closet, sin miedo, estaba tan feliz que me regaló un jugo de frutas. Era imposible no pensar que estos mismos cuartos y pasillos fueron utilizados para torturar a civiles kuwaitíes y luego asesinarlos. El hotel olía a cerrado y a muerte. La piscina estaba vacía y llena de fracturas.

Tras la invasión de Irak a Kuwait 605 personas fueron secuestradas. Entre ellas había una joven de veintiséis años de edad llamada Samira. Su madre, Banja Marrfei, creía que aún estaba con vida cuando la fui a visitar en una zona residencial de la ciudad de Kuwait.

Tal era su convicción de que su hija no había muerto que el cuarto de Samira estaba intacto, exactamente igual que en el momento en que ella desapareció. El cubrecamas azul empezaba a deshilacharse, pero mantenía vivas las esperanzas de una madre que se resistía a aceptar lo inevitable. Samira tenía varios perfumes preferidos y la madre, cuidadosamente, se acercaba a ellos de vez en vez para recordar cómo olía su hija.

Luego de la ocupación iraquí, Samira se rehusó a quedarse en casa, como le había pedido su madre. Joven e idealista, Samira esperaba poder ayudar a los kuwaitíes heridos durante la invasión. Samira pensaba, equivocadamente, que su condición de mujer le confería cierta protección ante los invasores. No fue así. La última vez que su madre la vio en casa fue el sábado 10 de noviembre de 1990 a las cinco y media de la tarde. Cuando me lo cuenta, Banja va hacia la puerta por donde partió su hija con la misma angustia que esa funesta tarde. Esa noche Samira ya no regresó a dormir.

Su madre, desde luego, la buscó por todos lados. Nadie supo darle una respuesta. Sin embargo, a principios del año siguiente, Banja supo a través de un amigo de su hija que Samira se encontraba encarcelada en Kuwait. Armada de valor, Banja fue a la cárcel y pudo volver a ver a su hija el 19 de enero de 1991. Fue la última vez. Poco después una coalición de ejércitos, liderada por Estados Unidos, comienza la guerra contra Saddam Hussein.

Todo parece indicar que los prisioneros que tenían los iraquíes en Kuwait fueron trasladados a Irak poco antes de la guerra. Es ahí donde Banja perdió la pista de su hija. Ella sospecha de que su hija sigue con vida en algún lugar de Irak. Pero eso es todo, una simple sospecha. Sin embargo, no ha dejado de luchar.

Banja estaba muy resentida con el gobierno estadounidense. Dice que en una ocasión, durante la visita del presidente George Bush, padre, a Kuwait, ella le contó la historia de su hija y que él prometió ayudarla. Nada ocurrió. Nunca más supo de él. Cuando la entrevisté, Banja esperaba que tras la derrota de Saddam Hussein ella pudiera reencontrar, con vida, a su hija. Samira tendría treinta y nueve años de edad y un cuarto listo para recibirla.

Historias como la de Samira aparecen en un museo dedicado a la invasión iraquí. Nadie quiere olvidar. Los kuwaitíes saben que el olvido es peligroso. Durante años los kuwaitíes trataron de apaciguar a un vecino que, ante la primera oportunidad, los invadió. No quieren repetir ese error. Y ahí está el museo para quienes tuvieran la tentación de lidiar con tibieza ante la amenaza de otro dictador.

Kuwait —un país de dos y medio millones de habitantes— es, sin duda, el mejor aliado de Estados Unidos en el mundo árabe. Los kuwaitíes están tremendamente agradecidos con los estadounidenses por haber liberado su país en 1991 y su sociedad ha abrazado con entusiasmo a empresas de ahí. Hay calles en la ciudad de Kuwait con tiendas Nike, Dunkin' Donuts y ropa de Donna Karan que pudieran, perfectamente, ser parte del panorama urbano de Nueva York, Los Ángeles o Las Vegas.

Además, en las calles hay una verdadera actitud de aprecio y cariño por los estadounidenses. Me sorprendió, en un principio, ver como en muchos de los autobuses públicos de Kuwait aparecía una enorme fotografía con un kuwaití abrazando a un soldado estadounidense. Luego comprendí que se trataba de un genuino agradecimiento por su liberación. No exageramos al decir que sin la intervención estadounidense en 1991 es muy posible que Kuwait hubiera dejado de existir como nación.

A pesar de su enorme aprecio por ellos, los kuwaitíes siguen manteniendo ciertos valores que, en la práctica, los alejan de ser una sociedad libre y democrática. Kuwait, por principio, no es una democracia y muy probablemente no lo será en un futuro próximo. Además, en Kuwait hay una clara censura de prensa.

Durante mi estancia tuve la oportunidad de visitar uno de los cuatro canales de televisión y me sorprendió que tres de sus periodistas —Samar Hadad, Khalid Al-Dahabi y Abdul Aziz Atbar— aceptaran la censura de prensa como algo normal. Todos los periodistas de la televisión kuwaití tenían prohibido mencionar el nombre de Saddam Hussein al aire y tampoco se podían transmitir imágenes o videos del dictador iraquí... incluso durante la guerra. Así que todas las referencias a Saddam tenían que ser indirectas.

Les comenté que me parecía absurdo cubrir una guerra sin mencionar al enemigo y me comentaron, sin mucha preocupación, que le correspondía a la televisión iraquí hablar de Saddam. No a ellos. "Esto es una clara censura de prensa", le dije a Samar, una libanesa de enormes ojos negros. "¿Y acaso ustedes no tienen censura de prensa en Estados Unidos?" me contestó con una pregunta. "Hay censura en todo el mundo".

Efectivamente, los corresponsales que acompañaban a las tropas estadounidenses no podían mencionar el lugar del que reportaban ni cierta información militar de carácter confidencial. Es decir, estaba prohibido mencionar algún dato que pusiera en peligro a las tropas estadounidenses y británicas, o bien, que pusiera en sobreaviso al enemigo. Pero, definitivamente, los periodistas estadounidenses —contrario a los kuwaitíes— sí podían mencionar el nombre de Saddam Hussein.

El cambio de horario de Kuwait respecto a Miami —donde están localizados los estudios de Univision— me permitió pasar muchas horas conociendo la ciudad. En medio de la guerra fui a visitar el mercado central de la ciudad, sin prisa, e incluso me di el pequeño lujo de comprar unas alfombras en el bazar y comer una pizza en el restaurante que queda en la torre más alta del país. Fui, también, un turista de guerra.

Un sábado, gracias a los extraordinarios contactos de Fawaz, pudimos entrar a uno de esos clubes privados a los que sólo van los kuwaitíes ricos y nos pasamos el mediodía asoleándonos frente al Golfo Pérsico. Violando las sacrosantas leyes del país, colamos una botellita de *whisky* que amablemente nos había obsequiado unos días antes el divertido y bien informado embajador de un país latinoamericano.

En otra ocasión, también memorable, Fawaz nos invitó a comer a su casa y fuimos recibidos como verdaderos sultanes. Había comida para un ejército. Los hombres de la casa y nosotros, los invitados, no tuvimos más remedio que comer y comer ante la mirada vigilante de la madre, la abuela, las tías y las hermanas de Fawaz.

Ahí cometí la imprudencia de comentar la noticia de que nuestro joven intérprete pensaba casarse con una chica colombiana, a quien había conocido en un viaje a Estados Unidos, y con quien conversaba incansablemente a todas horas por su teléfono celular. El problema era serio: Fawaz no le había comentado nada a su familia sobre sus intenciones matrimoniales y su madre, en particular, no veía con buenos ojos que su hijo se fuera a casar con una muchacha que no fuera kuwaití. "¡Tremendo embarque que le metiste a Fawaz!" me comentaron más tarde, muriéndose de risa, mis amigos cubanos Rafael y Jorge.

A pesar de la tensión por la guerra y las constantes transmisiones por satélite, el buen humor siempre reinó en nuestro equipo de trabajo. Rafael había dejado una novia en Miami y en cada oportunidad le hablaba por teléfono. No quiero ni preguntarle cuánto se gastó en llamadas telefónicas. Y como andaba en un estado de ánimo melancólico, le gustaba poner a todo lo alto la música de la telenovela *El Clon* que transmitía la competencia en Estados Unidos, Telemundo. Las canciones de la telenovela, aparentemente, le recordaban a la novia colombiana. El problema era que su cuarto de hotel quedaba junto al mío y cuando ponía la música tan fuerte, retumbaba la pared que separaba nuestras habitaciones. "Habibi, habibi..." decía interminablemente la canción que más le gustaba y que repetía una y otra vez hasta el cansancio. Luego, de regreso en Estados Unidos, me enteraría que Rafael y Jorge Soliño, en plan de broma, pegaban las bocinas del aparato de música lo más posible a mi habitación para despertarme. Por eso, cuando en las mañanas me quejaba con mi vecino de cuarto y le decía: "Carajo, Rafa ¿hasta cuándo vas a estar oyendo esa pinche canción?" él y Soliño se echaban a reír.

Estábamos en medio de la guerra, pero nunca nos dejamos de reír. Era, supongo, como vivir en una isla. Nuestra única preocupación era trabajar y sobrevivir. Atrás habíamos dejado las cuentas pendientes, los problemas tontos y minúsculos, las preocupaciones enfermizas de la vida diaria. Estábamos cubriendo la guerra, pero nos sentíamos llenos de vida. Nada se nos escapaba y teníamos la curiosidad de un niño. Además, el contraste de nuestras costumbres con la cultura kuwaití nos proporcionaba lecciones constantes... y un material inacabable para alimentar nuestro sentido del humor.

Después de varios días de no verle la cara a ninguna mujer kuwaití nos empezaba a resultar atractivo el notar los tobillos descubiertos de cualquier dama. Una vez, mientras transitábamos en la camioneta, Ángel comentó emocionado que en el carro de al lado había una mujer muy guapa. "¡Esa sí que es tremenda jeba!" nos dijo. Todos, por supuesto, volteamos por la ventana. Efectivamente, la mujer no llevaba puesto su velo y era de buen ver. Pero tras quedarnos viéndola unos segundos, de pronto, nos echamos a reír. Sí, efectivamente, era muy bonita. Pero el bigote negro que llevaba, digno de un charro mexicano, no era, digamos, muy atractivo.

Pero, sin duda, lo que más disfruté de esas tres semanas en Kuwait fueron aquellas tardes en que salía a correr por las playas del Golfo Pérsico. No dejaba de sorprenderme el estar haciendo ejercicio y respirando aire puro en el mismo lugar que doce años antes había estado lleno de minas, armamento iraquí y alambre de púas. Pero el encanto terminaba tan pronto regresaba al hotel.

RRRIIINNNGGG. ¡Pinche alarma! ¡Otra vez! En Kuwait aprendí a vivir entre sirenas. *RRRIIINNNGGG, RRRIIINNNGGG.*

NO HUBO FLORES PARA LOS ESTADOUNIDENSES
"¿Por qué los periodistas buscan ir a la guerra?
¿Es por el glamour, la aventura o la adrenalina?
¿Es el deseo de tener un lugar de primera fila en la historia?
¿Es su deber público, una forma de avanzar profesionalmente?
Es todo lo anterior..."

H.D.S. Greenway[2]

Safwan, Irak, marzo 27, 2003. Se suponía que cuando los soldados estadounidenses y británicos entraran a Irak serían recibidos con flores, besos, abrazos y música. No vi nada de eso. Por el contrario, cuando los tanques y vehículos militares del ejército estadounidense entraron al sur de Irak, los iraquíes que los observaban desde ambos lados de la carretera actuaban como si no les importara. Era una actitud de pretendida indiferencia que tenía algo de orgullo y miedo.

Entrar a Irak no fue fácil. El gobierno kuwaití ni siquiera nos permitía acercarnos a la frontera con Irak. La multitud de permisos y credenciales que teníamos que pedir, tanto al gobierno kuwaití como al ejército de Estados Unidos, no servían de nada para que nos dejaran pasar en los varios retenes militares. Por otro lado, la idea de aventurarnos por el desierto con destino a Irak y correr el riesgo de perdemos o de ser capturados por soldados iraquíes no era muy apetecible.

Había llegado a Kuwait, procedente de Qatar, junto con el productor Rafael Tejero y el camarógrafo Jorge Soliño, ambos cubanos, ambos con un finísimo sentido del humor y ambos, afortunadamente, con experiencia previa en otras guerras. En la ciudad de Kuwait nos esperaba Ángel Matos, Jefe de Operaciones de Univision y quien, con anterioridad, me había acompañado a algunas de las asignaciones más peligrosas de mi carrera.

La verdad es que estar cubriendo la guerra desde Kuwait era una desilusión. Sabíamos que había alrededor de 600 periodistas integrados (o *embedded*, como le dicen en inglés) a las tropas estadouniden-

---

[2] The *New York Times Book Review.* Noviembre 23, 2003. "Why do journalists seek out wars? Is it for the glamour, the adventure, the adrenaline? Is it the desire to be in the front-row seat of history? Is it public duty, professional advancement? All of the above..."

ses y británicas. Nosotros en Univision no podíamos darnos ese lujo; no teníamos ni el tiempo, ni los recursos, ni el personal suficiente para poner en riesgo a alguno de nuestros corresponsales en una misión así. Además, luego confirmaríamos que esos reporteros tuvieron una visión muy parcializada de la guerra. ¿Cómo ser críticos y justos con los mismos soldados que están protegiendo tu vida, con quien pasas veinticuatro horas al día y con quien compartes teléfono satelital, comidas y angustias? No era posible.

Tampoco era prudente lanzarnos de forma independiente a cubrir el conflicto dentro de Irak. Hubo más de dos mil reporteros que, valientemente, decidieron cubrir la guerra dentro de Irak sin protección de el ejército estadounidense o el británico. Les llamaban "unilaterales". Yo no me podía dar ese lujo; tenía que reportar todos los días para varios programas de televisión de la cadena y me resultaba imposible perderme, siquiera, un día para tratar de llegar a Bagdad en medio de la guerra.

Hubiera sido, sin duda, una locura tratar de cruzar todo el territorio iraquí sin ningún tipo de protección militar. Algunos periodistas que trataron murieron en el intento; doce murieron en combate y cinco más por circunstancias no ligadas a la guerra, según el Comité para la Protección de los Periodistas.[3] Y no hay nada más inútil que un periodista muerto. No vale la pena arriesgar la vida estúpidamente por una noticia.

No teníamos, entonces, más remedio que cubrir la guerra desde la periferia. Eso significaba transmitir durante horas sobre los últimos acontecimientos desde los improvisados estudios de la cadena CNN en el hotel Sofitel de la ciudad de Kuwait y luego, mientras dormían en Estados Unidos y en América Latina, salir a reportear y a tratar de entrar en el sur de Irak.

No me gusta decir que los periodistas pretendemos rascar la verdad, porque esa es una palabrota. Sin embargo, la prueba de fuego es cuando la misma realidad confirma o rechaza lo que dijimos o escribimos. Eso divide a los buenos periodistas de los malos: los primeros reflejan la realidad, los segundos la inventan o la distorsionan.

Nada pone más a prueba a un periodista que la guerra. Nada. Incluso si no estamos en combate, vivimos una verdadera guerra

---

[3] Ibid. Committee to Protect Journalists. Periodistas muertos en Irak: diecisiete (cinco de los cuales murieron fuera de combate).

interna. ¿A quién le hacemos caso? ¿Quién está diciendo la verdad? ¿Qué hacemos con los que nos critican? ¿Cómo manejamos las presiones del jefe, del político, del fanático, del amigo, del familiar, de la esposa del soldado? ¿Cómo confirmo si esto es cierto?

Los periodistas no vivimos en un vacío. Estamos sujetos, como cualquier mortal, a las influencias de la gente y de las circunstancias que nos rodean. No somos un papel en blanco. Sin embargo, no debemos olvidar que —al final de cuentas— somos nosotros los que contamos la historia de todos los días. Es, como dijo la periodista italiana Oriana Fallaci, un privilegio extraordinario y terrible a la vez. Sí, los periodistas somos testigos de primer fila, pero si nosotros fallamos el mundo se queda tuerto y sordo.

Estábamos muy contentos de poder cubrir la guerra desde el mundo árabe. Teníamos una perspectiva muy distinta de la que recibíamos en Estados Unidos. Mientras que las televisoras árabes concentraban su información en el número de civiles muertos, los medios de comunicación estadounidenses enfatizaban los avances militares y los bombardeos a centros estratégicos del gobierno de Saddam Hussein. Estábamos, creo, haciendo un buen trabajo y dando una perspectiva diferente a nuestra cobertura de guerra. Pero la realidad es que no estábamos en Irak. Y eso nos incomodaba.

Así, los primeros días en Kuwait nos la pasamos preguntado e ideando maneras de entrar a Irak, reportar por unas horas, y luego regresar a presentar el noticiero. Con la enorme carga de trabajo y el cambio de hora, daba la impresión que nunca podíamos dormir más de tres o cuatro horas seguidas. Recuerdo perfectamente que cuando llegamos al hotel nos recibieron el corresponsal Víctor Hugo Saavedra y su camarógrafo Scott Moyniham con unas ojeras que llegaban hasta el piso. Llevaban casi una semana trabajando sin descanso, literalmente, y poco después que nos vieron llegar se tiraron a la cama y no volvieron a abrir los ojos hasta veinticuatro horas más tarde. Era un descanso bien merecido.

Estar tan cerca de Irak era una terrible tentación. El recorrido de nuestro hotel en la ciudad de Kuwait a la frontera más cercana no tardaría más de dos horas en circunstancias normales. Pero los retenes militares podían convertir la aventura en un frustrante proceso y consumir una buena parte del día… sin ningún resultado. En otras palabras, los periodistas independientes no tenían acceso a la frontera Kuwait-Irak.

A pesar de esto, estuvimos toda la mañana del jueves 27 de marzo —nueve días después de haber iniciado los bombardeos contra Irak— poniendo a prueba los varios retenes militares, cercanos a la frontera, para ver si podíamos burlar a alguno de ellos. Fue imposible. A veces veíamos el desierto y, en un momento de locura, pensábamos en voz alta: "¿Qué tal si nos lanzamos por ahí?" Pero las perspectivas de que nuestra camioneta volara en pedazos con una mina o de ser arrestados por el ejército iraquí nos regresaban rápidamente a la realidad. Los periodistas independientes teníamos mucha dificultad para cruzar la frontera tras la muerte de tres reporteros europeos que intentaron entrar solos, sin ninguna protección, a Irak.

Después de dos horas de rodeos y negativas, cuando ya estábamos a punto de darnos por vencidos y regresar al hotel, vimos a lo lejos una caravana de camiones seguida por varios vehículos con periodistas. Nos acercamos a la caravana y notamos que se trataba de la tan anunciada primera ayuda humanitaria del gobierno kuwaití a los iraquíes. Tenía como motivo demostrar la buena intención de los vecinos en medio de la guerra.

No estábamos registrados para formar parte del grupo de vehículos que cruzaría hacia Irak. Pero no nos importó. Nos acercamos al último retén previo a la frontera y, cuando los guardias kuwaitíes se descuidaron, aceleramos. Lo mismo hicieron otros equipos periodísticos que no tenían permiso para cruzar a Irak, pero que, como nosotros, estaban desesperados cubriendo la guerra desde lejos.

La estrategia no funcionó. Tan pronto como los guardias kuwaitíes notaron que habían perdido el control, llamaron refuerzos y persiguieron en patrullas a todas las camionetas de periodistas que habíamos cruzado el retén sin permiso. Nos hicieron saber que iban armados y nos obligaron a regresarnos a nuestro punto de partida. No tuvimos más remedio que acceder. Sin embargo, ése era nuestra día de suerte.

El funcionario kuwaití encargado de llevar la ayuda humanitaria a Irak era un político sofisticado y consciente de la importancia de que su gesto de buena voluntad fuera cubierto por la prensa internacional. Después de un par de llamadas obtuvo el permiso correspondiente para que todos los reporteros que quisieran cruzaran a territorio iraquí junto a la caravana de ayuda humanitaria. No podíamos creer este increíble golpe de suerte. Esperamos un rato más y, poco después, nos dirigimos —escoltados por el ejército y la policía kuwaití— hacia Irak.

En el camino a Irak ocurrió un incidente que refleja claramente las diferencias culturales entre los periodistas occidentales y los habitantes de la región. Entre las cinco docenas de periodistas que acompañaban al convoy de ayuda humanitaria, muchos no habían ido al baño desde su salida de la ciudad de Kuwait. A lo lejos vimos una pequeña estructura metálica junto a la carretera y, asumiendo que se trataba de un rústico baño para viajeros, los reporteros que iban más adelante en la hilera de autos decidieron aprovechar la oportunidad para orinar.

De pronto, una línea de reporteros descargaba sus ganas junto al mismo lugar en el que un par de musulmanes estaban realizando sus oraciones. ¡La estructura metálica no era un baño público sino un lugar de rezos! Tan pronto como los líderes de la caravana se dieron cuenta de lo que estaba ocurriendo, salieron corriendo para detener el sacrilegio que cometían los periodistas. Pero ya era demasiado tarde. Los dos musulmanes que estaban rezando interrumpieron rápidamente sus abluciones y empezaron a gritar no sé qué cosas a los reporteros que, sin entender, seguían orinando. El incidente marcaba un choque cultural entre dos civilizaciones: lo que para unos era una improvisada mezquita para otros era un orinal. Pero, a mi entender, dicha confusión era suficiente como para comenzar otra guerra.

Tras pasar el último retén militar entramos a una zona desmilitarizada entre ambos países y, casi sin notarlo, entramos a Irak. Estábamos eufóricos. "¡Carajo! ¡Entramos a Irak!" gritábamos dentro de la camioneta. "¡Por fin! ¡Qué increíble!" De alguna forma sí era increíble. Los únicos reporteros que estaban cubriendo la guerra dentro de Irak eran aquellos que se habían atrincherado, valientemente, en un hotel de Bagdad y los que viajaban junto con las tropas. Pero ahora nosotros, al menos por un momento, podríamos reportar desde dentro de Irak. La emoción era tal que ni siquiera pensamos en los peligros que ahí podríamos encontrar. La guerra no se había definido en ese momento y las tropas iraquíes todavía representaban una seria resistencia a los avances estadounidenses y británicos en algunas partes del país.

Rafael iba manejando y, mas que ir a una zona de conflicto bélico, parecía que se trataba de un grupo de adolescentes dirigiéndose a una fiesta. Resultaba irónico que entrar a la zona de guerra nos generara tanta felicidad. Pero, después de todo, éramos periodistas y queríamos estar donde estaban ocurriendo las cosas.

El convoy de ayuda humanitaria entró a Irak sin que nadie lo detuviera. Desde luego, no había agentes aduanales ni policías iraquíes custodiando la frontera. Pero sí vimos a muchos niños descalzos y a hombres sorprendidos al vernos pasar. Conformes, nos acercamos a Safwan, la población más cercana a la frontera sur entre Irak y Kuwait, e iban apareciendo cientos de personas que parecían esperar esa ayuda.

Los tres camiones del convoy humanitario se estacionaron en un terreno a las afueras de la población y los encargados de la ayuda abrieron las puertas de los trailers. Ese fue un grave error. Los responsables de repartir de una forma organizada la ayuda a los iraquíes más necesitados perdieron rápidamente el control de la situación. Un grupo de iraquíes se subió a la parte trasera de los trailers y empezó a tomar la comida y provisiones. En solo unos minutos ambos camiones habían sido tomados por una turba de iraquíes.

El escenario era caótico. Los tres camiones del convoy de comida y agua fueron literalmente saqueados por cientos de iraquíes que empujaron a un lado a los funcionarios de la Cruz Roja y del gobierno kuwaití; en menos de una hora ya no quedaba nada dentro de los camiones. Era la ley del más fuerte. Mientras los hombres más jóvenes se peleaban y se arrancaban de las manos pedazos de galletas y jugos en Tetrapax, los niños y las mujeres rescataban como gatos hambrientos lo que caía al piso. No puedo olvidar la imagen de un niño que se lanzó un clavado entre cientos de pies descalzos para agarrar una botellita de agua. Inmediatamente después la escondió debajo de su camiseta y se volteó nervioso alrededor para cerciorarse que nadie lo veía. Eso era morirse de hambre y de sed.

En el sur de Irak más personas corrían el peligro de morir por hambre, enfermedades o desnutrición, que por bombas. Seis de cada 10 iraquíes recibían ayuda de las Naciones Unidas para alimentarse. Pero, desde el inicio de la guerra, millones de familias se habían quedado sin nada. Absolutamente nada. Las provisiones que tenían para unos días se habían terminado y la ayuda del exterior era lenta, ineficiente y, como vimos en la población de Safwan, muy mal organizada.

"Hace cinco días que mi familia no come", me dijo una desesperada madre con ocho hijos pululando a su alrededor. Ahmed, un niño de seis años de edad, estiró dos de los dedos de su empolvada mano izquierda contando los días que llevaba sin tomar agua o leche. Tenía los ojos hundidos y sus párpados comenzaban a pintarse de púrpura. La piel de su cara estaba reseca como una lija. "Si puedo cortarle la garganta a un americano o a un británico, lo voy a hacer", me dijo desafiantemente, sin parpadear, un joven iraquí. Iba vestido de civil, pero las botas lo delataban como un soldado del ejército de Saddam Hussein.

Antes de entrar a Irak, un periodista nos advirtió que, en lugar de ver las caras de los iraquíes, nos fijáramos en sus pies. "Si van descalzos o llevan sandalias, son civiles", nos dijo. "Pero si llevan zapatos o botas lo más probable es que sean soldados vestidos de civiles".

Mientras los iraquíes se peleaban por la comida de los contenedores, se me ocurrió que la distracción de los funcionarios del gobierno iraquí era una gran oportunidad para alejarnos del grupo y entrar al pueblo. Ángel se quedaría cuidando la camioneta y preparando una transmisión en vivo que queríamos hacer desde ahí. Nuestro traductor Fawaz se negó a acompañarnos y lo entendimos. "Es muy peligroso", nos dijo. "Si algún iraquí se da cuenta que soy kuwaití me puede matar". Asi, dejamos atrás a Ángel, a Fawaz y el desordenado escenario de la entrega de alimentos para internarnos en la población de Safwan.

Jorge Soliño, Rafael Tejero y yo íbamos a marcha forzada, caminando de prisa hacia el centro de Safwan mientras cientos de iraquíes, saliendo de sus casas, iban corriendo en dirección opuesta con la esperanza de encontrar, todavía, algo en los camiones de ayuda humanitaria. Yo seguía fijándome en los pies y notaba, con preocupación, que con demasiada frecuencia encontraba botas militares y zapatos relativamente nuevos debajo de la vestimenta de algunos iraquíes. Nos metimos en lo que parecía una escuela, destruída por los primeros bombardeos y luego, caminando paralelamente a la carretera, seguimos internándonos en Safwan. Íbamos solos.

Por fin podía ver con mis propios ojos lo que estaba ocurriendo en una población dentro de Irak. No, no eran combates, pero sí estábamos viendo sus consecuencias. Sabíamos que corríamos peligro al filmar, en medio de varios iraquíes, sin saber si soldados de Saddam Hussein estaban cerca de nosotros. Recuerdo haber realizado varias entrevistas con algunos iraquíes que, más o menos, podian pronunciar algunas palabras en inglés. El tono de sus respuestas era desafiante. No querían a los estadounidenses en Irak y me llamó la atención cómo en todas sus respuestas defendían a Saddam Hussein. No había que ser muy perceptivo para entender que a nuestro alrededor habría simpatizantes de Saddam o funcionarios de su gobierno y que una palabra de crítica contra su líder pudiera significar, más tarde, la muerte.

Inevitablemente, mientras entrevistaba a alguno de los iraquíes, se iba formando un grupo de curiosos, cada vez mayor, para ver qué estábamos haciendo. Pero Soliño, Tejero y yo estábamos en un *high* periodístico. Sabíamos que esto que estábamos haciendo era una gran oportunidad y no la podíamos desaprovechar. Casi podíamos sentir la adrenalina corriendo por nuestras venas. Después de entrevistar a cuanta persona se dejara —siempre hombres, las mujeres casi no se veían— y de que pasara esa euforia periodística que, muchas veces, nos lleva a cometer errores garrafales, nos empezó a dar miedo. De pronto, como saliendo de un trance, nos dimos cuenta que estábamos totalmente rodeados por extraños, que muchos de ellos pudieran estar armados y que, en realidad, había sido una verdadera irresponsabilidad habernos alejado del grupo de periodistas y funcionarios kuwaitíes.

Obviamente no nos podíamos comunicar muy bien con los iraquíes, pero uno de ellos le hizo una señal de pistola, con su mano, a nuestro camarógrafo Jorge Soliño. El mensaje era claro. Le estaba diciendo que tuviera cuidado con posibles francotiradores escondidos entre la población. "Vámonos", nos dijo Soliño, sin la menor señal de duda. No lo discutimos ni un segundo. Nos habíamos arriesgado mucho, hasta el momento habíamos tenido suerte, pero ya no podíamos quedarnos ahí.

Salimos por piernas a la carretera y empezamos a caminar de regreso al lugar donde estaban los camiones y el convoy de prensa. La carretera, de pronto, se empezó a llenar de vehículos militares estadounidenses con soldados, muy alertas, armados hasta los dientes. La situación de peligro para nosotros no podía ser más clara. Los soldados estadounidenses iban protegidos en tanques y con el armamento más sofisticado, mientras que Jorge, Rafael y yo íbamos caminando totalmente desprotegidos. En un principio me puse a contar el número de tanques y camiones del ejército estadounidense que cruzaban la población de Safwan. Pero luego esto se convirtió en un ejercicio inútil: formaban una hilera interminable.

Recuerdo que en ese preciso momento recibí una llamada telefónica del programa de radio de Guillermo Ochoa desde la Ciudad de México y que pasé una buena media hora describiendo la entrada del ejército estadounidense y la extraña actitud de los iraquíes al verlos pasar. Fue, para mí, un momento emocionante y una de las mejores cosas que he hecho a través de la radio. Mientras tanto, los iraquíes de Safwan ni siquiera se dignaban ver los tanques y vehículos militares estadounidenses. Ignorarlos era su manera de demostrar su rechazo.

Al regresar al lugar donde se estaban repartiendo los alimentos, nos encontramos con Ángel Matos que, sorprendentemente, había establecido contacto por satélite con nuestros estudios en Miami. Inmediatamente me puso el micrófono y transmitimos en vivo para el programa *Despierta América*. Fue un sentimiento maravilloso el estar reportando en directo desde Irak. Estábamos —por fin— cumpliendo con nuestro trabajo de periodistas en medio de una guerra.

Los periodistas y funcionarios del gobierno kuwaití que venían con el convoy de ayuda humanitaria empezaron a regresar. Pero nosotros nos quedamos hasta el final. En otra clara muestra de imprudencia nos subimos todos a la camioneta y le pedí a Ángel que nos llevara, de nuevo, hasta el centro de la población de Safwan. Apenas avanzamos un poco nos sentimos claramente amenazados. Ya no había ni un solo vehículo militar del ejército estadounidense. Estábamos solos. Completamente solos.

El sol se había metido y los pobladores de Safwan nos miraban con desconfianza y nosotros a ellos. A pesar de las protestas de mis compañeros les pedí que siguiéramos un poco más. Ahí encontramos un monumento público que, hasta hace muy poco, había tenido una enorme pintura de Saddam Hussein. Ahora estaba totalmente destruido. Me bajé de la camioneta y filmamos una pequeña presentación para nuestro reportaje frente al monumento destruido. El nerviosismo, sin embargo, crecía. Me hubiera gustado seguir adelante, pero comprendí que estaba poniendo en peligro la vida de todo el equipo. Ángel piso el acelerador y salimos de Safwan (y del sur de Irak) en menos de una hora.

Mientras regresábamos descubrí en mí muchas emociones encontradas. Al fin habíamos entrado a Irak. Nadie me lo tendría que contar. Íbamos, todos, eufóricos. Pero, al mismo tiempo, no entendía por qué los iraquíes habían dado un recibimiento tan frío a las primeras tropas estadounidenses que entraban a su territorio.

¿Qué falló? ¿Por qué un recibimiento tan hostil? Estados Unidos y Gran Bretaña estaban en ese momento ganando la guerra —según el presidente estadounidense George W. Bush, el régimen de Saddam Hussein ya solo controlaba una parte de Irak—, pero aún no habían podido ganar las mentes y los corazones de los iraquíes. El principal problema tenía que ver con el hambre. Los varios iraquíes con quienes conversé me dijeron que desde que comenzó la guerra sufrieron mucho por la falta de alimentos, agua potable y electricidad. Y ellos, repitiendo los argumentos de la television iraquí, le echaban la culpa de la hambruna a Bush y al primer ministro británico, Tony Blair.

Otra razón por la que los estadounidenses y británicos no fueron recibidos con abrazos y música era el miedo. Dentro de la población civil se habían mezclado miles de soldados en desvandada del ejército iraquí. Cuando las tropas estadounidenses se retiraban por la noche a sus cuarteles y los reporteros se refugiaban en sus hoteles, aparentemente grupos de fedayines del régimen de Saddam Hussein entraban en las casas de los iraquíes que estaban cooperando o simpatizaban con las fuerzas de la coalición y los ejecutaban, los amenazaban de muerte o les cortaban la lengua.

La administración del presidente Bush aseguraba que había unos 20 mil fedayines o paramilitares esparcidos por el país y que, por ejemplo, una mujer en Basora que recibió a las tropas británicas con un pañuelo blanco apareció colgada a la mañana siguiente. No he podido encontrar a nadie que me corrobore esta historia, pero circuló tanto que ya muchos la dan como un hecho.

Esta era una guerra que también se luchaba con propaganda. El Secretario de Defensa de Estados Unidos, Donald Rumsfeld, decía que era por el miedo a los fedayines que los iraquíes no habían dado una efusiva bienvenida a las tropas estadounidenses en Irak. En cambio, el embajador de Irak ante las Naciones Unidas aseguraba que lo que estaba ocurriendo en su país era una "ocupación" no una "liberación" y que los iraquíes defenderían hasta el final a su país. La verdad se escondía en algún lado entre estas dos declaraciones. Pero la realidad es que esta guerra estaba resultando ser más larga, sangrienta y complicada de lo que esperaban los británicos y estadounidenses. Las imágenes de niños y civiles muertos o heridos transmitidas todo el día por las televisoras árabes eran la comprobación de que no hay guerra limpia por más precisas y caras que sean las bombas.

Con lo mismo que se estaba gastando en esta guerra podrían haberse resuelto problemas más inmediatos. Un solo misil Tomahawk cuesta 600 mil dólares, lo suficiente para alimentar a cuatro mil familias latinoamericanas por un mes. Y los 75 mil millones de dólares que había pedido el presidente Bush para hacer el primer pago de la guerra es cinco veces más que el dinero que se necesita para erradicar la epidemia de SIDA en África.

Lo que vi en el sur de Irak me ha ayudado a entender por qué las escenas de júbilo y regocijo que esperaban recibir los soldados estadounidenses y británicos al entrar a territorio enemigo nunca se materializaron. Es el hambre, el miedo y el orgullo lo que alimentaba a la resistencia iraquí. También —y hay que decirlo por honestidad— el iraquí es un pueblo que resiente la presencia en su territorio de un ejército extranjero, aun cuando la intención de los británicos y estadounidenses pudiera ser "liberarlos" de una dictadura que ya se extendía por un cuarto de siglo.

La verdad es que los iraquíes con quienes platiqué no habían cambiado su alianza de Saddam Hussein a George W. Bush. Era, supongo, un proceso largo y cuesta arriba. Mientras más bombas cayeran en Irak y más civiles murieran, la misión de ganar la simpatía iraquí se convirtió en una misión imposible. Esa primera impresión que tuve en Safwan, creo, era la correcta. Los iraquíes, aun sin Saddam Hussein, no querían a extranjeros controlando sus vidas y su territorio.

La única muestra de esperanza de que las fuerzas aliadas, en un momento dado, pudieran ser bien recibidas en Irak me la dio un niño. Tenía unos siete años de edad y se me acercó pensando que yo era parte del grupo que había traído agua y comida desde Kuwait. Se aseguró que nadie lo estuviera viendo, me tomó la mano derecha, me jaló suavemente hacia su cabeza y me dio un beso en la mejilla. El gesto me tomó por sorpresa. Cuando levanté la cara, sólo le vi la espalda y las plantas sucias de sus pies mientras corría hacia los camiones de ayuda para ver si podía encontrar algo de comer.

EL BOMBAZO

Ciudad de Kuwait, marzo 29, 2003. Dos horas antes de que un misil iraquí cayera en un centro comercial de la ciudad de Kuwait, yo estaba cenando ahí mismo con otros tres periodistas de la cadena Univision. Estábamos en el lugar equivocado, pero nos salvamos por un pelito.

El viernes 28 de marzo habíamos terminado nuestra primera semana cubriendo la guerra desde Kuwait. Rafael Tejero, Jorge Soliño, Ángel Matos y yo estábamos más que satisfechos. No sólo habíamos participado en todos los programas de la cadena durante los últimos días sino que, también, habíamos logrado entrar a Irak en uno de los momentos más peligrosos. ¡Y no nos había pasado nada! Faltaba todavía mucho para que la guerra terminara pero teníamos ganas de hacer un pequeño paréntesis, un *break,* e irnos a cenar a un buen lugar.

Nuestro gran traductor, Fawaz, el joven kuwaití que nos abría las puertas a un lenguaje y a una sociedad que no acabábamos de entender, nos sugirió que fuéramos al centro comercial de Al-Sharqiar; un complejo de tiendas y restaurantes junto al mar, y orgullo tecnológico y arquitectónico de los kuwaitíes. No lo pensamos dos veces.

La entrada al centro comercial era espectacular. En el mismo centro había un maravilloso y sofisticado reloj que funcionaba a base de agua. Conforme los laberímticos tubos del reloj se iban llenando de un líquido azul, las manecillas del reloj iban avanzando. Nunca había visto nada igual; era la combinación perfecta del impresionante manejo histórico del agua por parte de los árabes con el desarrollo de la nueva tecnología. Y como marco a este extraordinario reloj de agua lo rodeaba un moderno *mall* con los productos más exclusivos. Si no hubiera sido por las mujeres, ataviadas con sus velos y cubriéndose la cara, sería fácil pensar que me encontraba en Londres o Nueva York.

La cena no fue nada del otro mundo. Nos equivocamos el entrar a un restaurante donde daban comida estadounidense y yo terminé engulléndome una insípida hamburguesa. Nos hacía falta un traguito de alcohol, pero la sociedad kuwaití multaba hasta con la misma cárcel a cualquiera que fuera descubierto tomando bebidas embriagantes. Aún así, pasamos una noche muy agradable, junto al puerto, viendo a niños saltar dentro de una gigantesca fuente con chorros de agua. Cerramos la noche con un helado Häagen-Dazs y, al filo de la medianoche, nos regresamos al hotel.

Estábamos realmente contentos por nuestro trabajo y creo que los cuatro, sufriendo de un insomnio crónico, nos pusimos a hablar por teléfono. Yo estaba hablando por un buen rato, más de media hora, cuando de pronto escuché una tremenda explosión. Las ventanas y la puerta de mi cuarto empezaron a sacudirse, y temí que la detonación hubiera ocurrido frente a nuestro hotel. Aún cargando el teléfono celular, salí al balcón y noté a un par de millas una columna de humo. No pude identificar el lugar, pero me pareció peligrosamente cercano a donde nos alojábamos. En los instantes que transcurrieron después de la explosión pensamos que se pudo haber tratado de un simple incendio o de una explosión casera, sin ningún tipo de conexión con la guerra. Pero, poco más tarde, la televisión kuwaití confirmaba nuestras peores sospechas.

A la 1:45 AM del sábado 29 de marzo un misil iraquí había destruido una parte del centro comercial donde, momentos antes, estábamos cenando. El misil cayó en la pared del malecón junto al edificio principal. Pero fragmentos del misil afectaron seriamente la parte de atrás del *mall* y se colaron hasta el mismo lugar donde estaba el maravilloso reloj de agua.

Las imágenes por televisión me pusieron los pelos de punta. El mismo lugar, exactamente, donde estuvimos apreciando las peripecias acuáticas del reloj se había convertido en una pequeña montaña de escombros. ¡Ahí mismo, donde estábamos parados! Fue inevitable pensar que si nos hubiéramos quedado en ese lugar un poco más tarde —el *mall* está abierto las veinticuatro horas— otra podría haber sido nuestra suerte.

Recuerdo que me fui a las oficinas de CNN para reportar sobre el ataque y que luego, en un gesto que demuestra su gran trato humano y sensibilidad, el presidente de Univision, Ray Rodríguez, nos llamó por teléfono desde Miami para extendernos todo su apoyo y ofrecernos la posibilidad de regresar a casa inmediatamente. Agradecimos, aún temblando, su oferta, pero nadie quiso regresar.

Una botella de *whisky* de contrabando nos bajó los nervios esa noche en el hotel. Organizamos unos planes para huir en caso de que otro misil impactara el hotel o las oficinas donde trabajábamos y, luego, nos hicimos una promesa. Si hubiera otra explosión o ataque iraquí que afectara el hotel, no nos iríamos del lugar hasta estar los cuatro juntos: Ángel, Jorge, Rafael y yo. Bebimos más de la cuenta y no pude conciliar el sueño —más por los nervios que por el alcohol— hasta después del amanecer.

A la mañana siguiente reflexioné, un poco apenado, sobre lo que habíamos vivido. Nuestra experiencia en Kuwait palidecía si la comparábamos con la de los periodistas que estaban atrincherados en Bagdad. Ellos sí que tenían que soportar bombardeos todos los días. Valientemente, corresponsales como Gustavo Sierra de *El Clarín,* Eduardo Salazar de Televisa o Santiago Pávlovich de la televisión chilena se jugaban la vida en la capital iraquí para que los que hablamos español estuviéramos bien informados.

El té del mediodía de ese sábado kuwaití lo tomé, entre dolores de cabeza, en honor de los bravos de Gustavo, Eduardo y Santiago.

LA CAÍDA DE BAGDAD

Ciudad de Kuwait, abril 10, 2003. Saddam Hussein se cayó de su pedestal. Más bien, lo tiraron. Los iraquíes, solos, trataron de tumbar al piso una estatua de cuarenta pies de altura en el centro de Bagdad. Le pusieron una soga al cuello y jalaron duro. Pero no pudieron. Fue necesario un tanque de la armada de Estados Unidos para tirar la estatua de Saddam. Este incidente está cargado de simbolismo.

Ese es uno de los momentos que, para bien o para mal, marcan la historia. Son imágenes que hieren los ojos a la Buñuel. La caída de la estatua de Saddam en Bagdad me recuerda a los muchachos alemanes que vi en 1989 destruyendo con pico y pala el muro de Berlín o las estatuas de Stalin y Lenin que encontré tiradas en las calles de Moscú en 1990. La guerra continúa, pero el régimen de Saddam Hussein se desvanece.

El fin de los veinticinco años de dictadura de Saddam se nota también en silencios. Ya no aparece por ningún lado Mohamed Al Sahef, el alucinante Ministro de Información de Irak, que se encargaba de negar todo lo que decían los estadounidenses y británicos. El día que las tropas estadounidenses habían tomado dos palacios de Saddam Hussein, Al Sahef insistía en que se encontraban todavía a treinta y cinco kilómetros de ahí. Tampoco están los "cuidadores" oficiales de los corresponsales extranjeros en la capital iraquí. Todos huyeron. Ese silencio habla tanto o más que los retratos quemados de Saddam.

La caída del régimen sadamista se logró en veintiún días. Los pronósticos de que esto tomaría varias semanas e incluso meses se vinieron a tierra. La guardia republicana de Saddam Hussein no es tan fiera como la pintaban ni pudo resistir el embate del ejército más grande y tecnológicamente avanzado del mundo. De nuevo se equivocaron los supuestos expertos que pronosticaban que la toma de Bagdad requeriría mucho más tiempo. Lección invaluable: cuando los periodistas nos dedicamos a la astrología en lugar de reportar sólo lo que vemos, caemos en una trampa y en la mayoría de los casos nos equivocamos y desinformamos.

La entrada a Bagdad, sin embargo, no significa el fin de la guerra. Esta guerra pudiera alargarse tanto como la de Afganistán que hoy, todavía, no termina. La Casa Blanca, el Departamento de Estado y el Pentágono están en estos momentos enfrascados en una batalla interna para determinar qué se necesita para declarar la victoria. Algunos, claro, creen que la guerra ya se ganó con las primeras incursiones a Bagdad. Pero los más cuidadosos preferirían ver a Saddam Hussein muerto, encarcelado o huyendo para hacer la "V" de victoria. Como quiera que sea, el régimen de Saddam Hussein está en desvandada y ya no controla a Irak.

La paz es otro asunto. Estados Unidos y Gran Bretaña han demostrado que no hay quién los pare a nivel militar. Sin embargo, en la guerra de relaciones públicas pudieran ir perdiendo.

El costo de vidas inocentes en esta guerra es altísimo; los funcionarios iraquíes habían contado más de 400 civiles muertos antes de desaparecer. Pero las cifras reales pudieran estar en los miles. La Cruz Roja ya dejó de contar. Y esas muertes se las están achacando a la coalición.

Los militares estadounidense y británicos tampoco tienen evidencia de que el régimen de Saddam Hussein escondía armas químicas y bacteriológicas, ni han podido probar que el ejército iraquí tiene misiles con un alcance superior a los 150 kilómetros. La justificación oficial para iniciar esta guerra se evapora como el gas mostaza en el aire. Cada vez queda más claro que el verdadero objetivo de esta guerra era terminar con el régimen de Saddam Hussein y no desarmarlo, como ordenaba la resolución 1441 de las Naciones Unidas.

Esto, precisamente, ha quedado claro en la prensa árabe. Por primera vez en la historia, los árabes han podido recibir información en su propio idioma y de fuentes distintas a los que se informan en inglés. Mientras occidente se informaba a través de las grandes cadenas de televisión de los Estados Unidos y de Europa, el mundo árabe ha seguido esta guerra a través de Al-Jazeera. Esta cadena satelital de televisión ha reportado constantemente sobre las muertes de civiles en Irak. Millones de árabes le creen a Al-Jazeera —que perdió a un reportero tras un ataque estadounidense a sus oficinas en Bagdad—

y no a CNN, BBC, MSNBC o FOX News. Por eso, Estados Unidos pudiera estar perdiendo la paz.

Lo que quiero decir con todo esto es que el mundo árabe se ha informado en árabe, y no en inglés, de los pormenores de esta guerra y de la enorme oposición a este conflicto en todos los países de la región. Cuando los estadounidenses hablan de "liberación", el mundo árabe escucha "invasión" u "ocupación". Cuando los británicos dicen que están en Irak por el bien del país, los árabes escuchan de varios comentaristas y políticos de la región que el bien de Irak significa que los británicos no estén ahí. Mientras que los periódicos estadounidenses ponían en su primera plana la foto de la estatua de Saddam cayendo, el principal diario de Libia prefirió usar la del soldado estadounidense que tapa con la bandera de Estados Unidos la cara de la estatua antes de caer. La interpretación que libios, palestinos y otros árabes pueden sacar de esa imagen es clarísima: los estadounidenses, aliados de Israel, han llegado al medio oriente ha imponerse sobre nosotros.

Sólo los kuwaitíes —que fueron invadidos por las fuerzas de Saddam en 1990 y a quienes he llegado a conocer bastante bien en las últimas tres semanas— apoyan abiertamente la incursión militar de Estados Unidos. Estados Unidos liberó a Kuwait de Irak y es la hora de corresponder el favor.

Como periodista he tenido la suerte de reportar esta guerra desde Kuwait, Qatar e Irak y cuando monitoreo las distintas televisoras, con la ayuda de un traductor, me doy cuenta que la versión del mundo árabe es, a veces, diametralmente opuesta a la que presentan en Washington y Londres. La guerra para la mayoría de los habitantes del planeta no es lo que ocurre en el campo de batalla sino lo que ve, lee y escucha por los medios de comunicación. Para Estados Unidos y Gran Bretaña el verdadero reto es ganar la paz, no la guerra.

Cae Bagdad. Ahora viene lo más difícil.

SOLDADOS HISPANOS EN LA GUERRA

Campamentos Doha y Arefjan en Kuwait, abril 14, 2003. Más de 30 mil soldados de origen hispano habían peleado en la Guerra de Irak. Y en mis tareas como corresponsal encontré a muchos soldados hispanos tanto en el frente de batalla en el sur de Irak como en los campamentos militares de Estados Unidos en Doha y Arefjan. Ambos campamentos estaban en Kuwait cerca de la zona de combate.

Me había llamado mucho la atención lo fácil que era encontrar en la guerra a combatientes que hablaran español. Otra, tan sorprendente, que había muchos soldados nacidos en América Latina que no eran ciudadanos estadounidenses. Ellos, sin embargo, estaban dispuestos a dar su vida por Estados Unidos si fuera necesario. Recuerdo, en particular, dos casos: el de Diana González y el de Cindy Segovia.

Diana González, de sólo diecinueve años de edad, decidió meterse al ejército estadounidense —al igual que su hermana— tras los actos terroristas del 11 de septiembre de 2001. Conocí a Diana en el hospital del campamento del ejército estadiunidense en Arefjan, muy cerca de la frontera con Arabia Saudita. Sus enormes y expresivos ojos la ayudan mucho en una labor que, a veces, parece imposible. A pesar de no ser psicóloga, la responsabilidad de Diana es conversar con los soldados heridos que vienen del frente de batalla. Unos han perdido a un compañero en el frente. Otros se han quedado sin un brazo o una pierna. Todos traen clavadas en su mente las esquirlas de la guerra.

Cuando conversé con Diana estaba aterrada de morir en un ataque químico o bacteriológico. Las amenazas de Saddam Hussein de que las madres de los soldados estadounidenses llorarían "lágrimas de sangre" la asustaron mucho. Desde luego que el régimen de Saddam ya terminó, pero ella todavía no se separa de su uniforme protector ni de su máscara antigás.

"Yo soy criada en California desde que tenía dos años", me dijo. "Soy mexicana, pero soy americanizada; tengo mi residencia, pero nada más". En el ejército de Estados Unidos hay cincuenta soldados que, como Diana, aún no son ciudadanos estadounidenses. Diana pudo haber nacido en Jalisco, México, pero conoce como pocos el corazón de los soldados estadounidenses.

Cindy Segovia, de veintiséis años, nació en Monterrey, México. Cindy había iniciado el proceso para convertirse en ciudadana estadounidense cuando la enviaron a pelear a Kosovo hace unos dos años. Al regresar de Kosovo, reinició el papeleo para obtener la ciudadanía estadounidense, pero tuvo que detenerlo todo, por una segunda ocasión, debido a que la mandaron a Kuwait. "¿Qué hace que una mujer mexicana luche por Estados Unidos?" le pregunté. "Yo pienso que soy americana porque he vivido en Estados Unidos toda mi vida", me contestó antes que hiciera la siguiente aclaración: "Soy mexicana y me siento mexicana, pero también soy americana". "¿Estás dispuesta a dar tu vida por (Estados Unidos)?" insistí. "Sí, claro", respondió sin parpedear y sin dudarlo.

A pesar de casos como el de Diana y el de Cindy, la mayoría de los soldados latinos que luchaban en Irak sí eran ciudadanos estadounidenses. El sargento Rafael Fernández, nacido y criado en Cuba, está orgulloso de ser un infante de marina de Estados Unidos. Cuando hablé con él, se recuperaba en Kuwait de un accidente en el que una pesada ametralladora le cayó en el pie derecho y le partió en cuatro uno de sus dedos. Es irónico que esto lo hubiera sacado del frente de guerra en Irak después de haber peleado en por lo menos tres batallas dentro de Irak.

"¿Alguna vez pensaste que estabas a punto de morir?" tuve que preguntarle al sargento Fernández. "Siempre", me dijo. "No sabes lo que va a pasar en la guerra". Contrario a lo que pensaba antes de llegar a Irak, la mayoría de los soldados a quienes entrevisté me confesó tenerle miedo a la guerra y a morir. La diferencia entre ellos y el resto de los mortales es que los soldados, en un momento dado, superan ese miedo y están entrenados para sobrevivir.

No es ningún secreto que muchos latinos deciden entrar al ejército de Estados Unidos, no por el deseo de entrar en combate, sino por las oportunidades educativas y escolares que surgen al ingresar. Antes del 11 de septiembre de 2001, el riesgo de ir a una guerra con el ejército de Estados Unidos era relativamente pequeño. Pero ahora que el presidente Bush ha establecido como prioridad la guerra contra el terrorismo y la lucha contra las naciones del "eje del mal" —Irak, Irán y Corea del Norte— las posibilidades de ir al frente de batalla se han multiplicado.

El comandante Mario Reyna, nacido en Coahuila y nacionalizado estadounidense en 1987, ha visto un constante aumento de latinos ingresando a la Armada, a la Marina o a la Fuerza Aérea. "Hoy en día hay muchas oportunidades para los latinos para sobresalir en el ejército", me dijo con un cierto sentido de orgullo. "Buscan mejorar sus vidas; muchos entran para obtener dinero para luego ir a la universidad a estudiar".

Los padres del sargento José López nacieron en los estados mexicanos de Durango y Nuevo Laredo. "Nací americano, pero mi corazón es de México", me comentó. José López entró a las fuerzas armadas "primero para ir a la escuela, pero me he quedado por orgullo; me gusta mucho el ejército". "¿Es difícil ser latino en el ejército?" le pregunté en Kuwait. "No", me dijo. "La mayoría del ejército es latino como yo". Bueno, no exactamente; sólo un diez por ciento lo es. Pero es fácil comprender por qué lo siente así. Si José no hubiera entrado al ejército estadounidense nunca habría terminado sus estudios.

La alternativa para Manuel León, nacido en Los Ángeles y de padres mexicanos, era mucho más clara: el ejército o las pandillas. "Me crié en las calles de Los Ángeles y no estaba bien", me dijo en el campamento Doha, al noroeste de Kuwait. "Entré (al ejército) para cambiar mi vida y es mejor de lo que yo pensaba".

Hay, sin embargo, latinos que tienen otro tipo de razones para ingresar al ejército. "Estados Unidos ha proveído mucho por nosotros", me dijo José Fernández, quien llegó de niño a Estados Unidos proveniente de México. Para el sargento Fernández ingresar al ejército "es una forma de agradecer a Estados Unidos la forma en que nos ha ayudado".

Los soldados hispanos no son distintos a otros hispanos que se identifican, primero, con su país de origen. "Tú qué te consideras", le pregunté a Araceli Renderos, "¿salvadoreña o americana?" "Salvadoreña", me dijo. "Me hice ciudadana (estadounidense) ya, pero de todas manera yo soy salvadoreña". Lo mismo ocurre con Armando Urriola. "Desde pequeño tuve una gran admiración por el ejército de Estados Unidos", me comentó. Pero al preguntarle qué se sentía, dijo "panameño" sin titubear.

Otros soldados tienen sus lealtades divididas. Mauricio Montalvo nació en Barranquilla, Colombia, y pudo haber ingresado a dos ejércitos: al colombiano o al estadounidense. Decidió por este último porque "los beneficios son mucho mejores". Pero al pedirle que se definiera se quedó en la cuerda floja: "Me siento colombiano y estadounidense, las dos cosas".

El *chief* Pedro Echeverría, de El Paso, Texas, y casado con una mexicana de Ciudad Juárez tiene el mismo dilema que el soldado Montalvo. Al preguntarle con qué país se identifica dijo: "Me siento de los dos". De México y de Estados Unidos.

Está claro que en el ejército estadounidense hay miles soldados nacidos en el exterior o de padres extranjeros que están arriesgando su vida por Estados Unidos. Basta mencionar el caso del soldado latino Édgar Hernández de Mission, Texas —quien fue prisionero de guerra de los iraquíes por un par de semanas— y que fue rescatado junto a otros seis soldados estadounidenses. Ojalá que el mismo reconocimiento que estos soldados hispanos están obteniendo en tiempos de guerra se pueda extender, para ellos, sus familias y otros inmigrantes como ellos, en tiempos de paz. *Inshala*.

Ya es hora.

FIDEL Y SADDAM: EL PODER DEL MIEDO

Ciudad de Kuwait, abril 21, 2003. "Nos vemos pronto", le dije como despedida al corresponsal de guerra de una agencia internacional de noticias en el lobby del hotel Safir en la ciudad de Kuwait. "Quizás en Cuba". Asintió con una risa y corrió hacia el taxi que lo llevaría al aeropuerto. Es un divertido e inútil ejercicio periodístico el tratar de pronosticar dónde será la próxima gran noticia.

Con el fin del conflicto bélico en Irak hay quienes creen que la guerra permanente de George W. Bush se enfocará en Irán, Corea del Norte o incluso Siria. No me extrañaría ver ataques relámpago con fuerzas especiales o bombardeos desde submarinos a sitios estratégicos en esos países. Pero yo creo que la siguiente gran noticia será Cuba.

Sólo el fin de la dictadura de Fidel Castro tendría un atractivo similar, periodísticamente hablando, a lo que vimos en Irak. Más allá de que se trata de dos tiranías y de dos brutales dictadores, los regímenes de Saddam y Fidel tienen mucho en común.

La principal característica de cualquier dictadura es el miedo. Y como no existe un miedometro que nos ayude a medir qué tanto temen los ciudadanos de un país al tirano en turno, hay que recurrir al viejo arte de reportar lo que vemos. En Irak y en Cuba he visto el miedo de la gente en sus ojos. Es, en realidad, el terror a contestar cualquier cosa cuando les preguntaba sobre Saddam o Fidel. Su cuerpo se tensa, los párpados dejan de moverse, se rompe el contacto visual y la mirada se pierde en el vacío.

Estuve en el sur de Irak cuando la guerra todavía no se definía. Los fedayines o grupos paramilitares de Saddam Hussein aún aterrorizaban a los iraquíes durante las noches; no fueron pocos los casos en que le cortaran la lengua a cualquier persona que hubiera sido escuchada hablando mal de Saddam. Por eso cada vez que le preguntaba a un iraquí sobre Saddam sus ojos bailaban al ritmo del horror. Una palabra equivocada podía costarle la vida a él y a su familia.

Nadie, durante la primera semana de la guerra, me habló mal de Saddam dentro de Irak. Nadie. Ni los niños.

Ese mismo miedo a hablar lo sentí en Cuba durante la visita del papa Juan Pablo II en 1998. Tuve las conversaciones más sensacionales del mundo con los cubanos, pero en el momento de preguntarles sobre Fidel, dejaban de hablar y sus ojos se inyectaban de rojo, rojo miedo. De nuevo, una palabra equivocada a un periodista extranjero o un gesto sospechoso detectado por el cuerpo represivo de Fidel podría costarles años de prisión. No los culpo: seguramente yo también me hubiera quedado callado. En una dictadura como la de Saddam o la de Fidel lo más importante es sobrevivir. Y para ellos sobrevivir significa, en la práctica, no hablar.

Mohamed Al Sahef —mejor conocido por los periodistas en Bagdad como "el ministro de desinformación" de Saddam Hussein— me recuerda tanto al canciller cubano Felipe Pérez Roque y al presidente de la Asamblea del Poder Popular en Cuba Ricardo Alarcón. Incluso cuando las tropas estadounidenses estaban ya ocupando los palacios de Saddam en Bagdad, Al Sahef lo negaba. Lo mismo le pasa a Pérez Roque, a Alarcón y a montones de funcionarios castristas. Nunca reconocen lo obvio: que Cuba es una dictadura, que su trabajo es defender a un asesino y que cuando caiga Fidel desaparecerán del mapa tan rápido como el mismo Al Sahef. Su vida depende de la de Fidel.

Son preciosas —por ingenuas y mentirosas— las declaraciones de estos fidelistas cuando dicen que "Cuba sí es una verdadera democracia". Eso no se los cree ni su mamá. ¿Cómo puede ser una democracia un sistema unipartidista en el que Fidel ha sido el único candidato a su puesto por las últimas cuatro décadas? Pero lo peor del régimen cubano no es eso; lo peor es que matan para mantenerse en el poder. Literalmente.

La ejecución de tres personas —cuyo crimen fue tratar de secuestrar una lancha para huir de Cuba— y la absurda condena de 1,500 años de cárcel a setenta y cinco disidentes y periodistas independientes es la muestra más reciente de la brutalidad y de la represión de la dictadura castrista. Si yo fuera un periodista cubano y viviera en Cuba, esto mismo que estoy haciendo —disentir, criticar y denunciar los abusos de Castro y de su régimen— me costaría la vida o decenas de años de cárcel. Muchos cubanos han experimentado eso en carne propia.

Por una extraña razón, la indignación que causaron los miles de asesinatos de Saddam Hussein —contra kurdos, chiítas y demás opositores— no es la misma que escucho cuando nos enteramos de los crímenes de Castro. Castro, como Saddam, también es responsable de miles de muertos —presos políticos, balseros, periodistas independientes, disidentes, escritores— pero muchos líderes latinoamericanos no tienen ningún problema en reunirse con él haciendo suponer que se trata de un gobernante legítimo. No lo es. Está en el poder por la fuerza. Punto. ¿Con qué cara, por ejemplo, se puede exigir democracia en México, Venezuela, Brasil y Argentina y no pedir lo mismo para Cuba?

Sí, puede ser que la próxima gran noticia sea la caída de Castro. No, no espero ni defiendo una invasión estadounidense a la isla. Una intervención militar estadounidense en Cuba sería tan mal vista en América Latina como lo es la actual presencia de Estados Unidos en Irak para la mayoría de los gobiernos en el mundo árabe.

El cambio en Cuba tiene que originarse desde adentro. Así como vi a los iraquíes perderle el miedo a Saddam el miércoles 9 de abril de 2003 para luego tirar su estatua en el centro de Bagdad, así espero poder ver cuando los cubanos le pierdan el miedo a Fidel y a sus matones y salgan a las calles a ponerle el punto final a su dictadura.

Y ahí, en el lobby del Hotel Nacional o en el Habana Libre, nos preguntaremos los periodistas: después de Irak y Cuba ¿qué sigue?

2 LOS NIÑOS DE KOSOVO
(Y OTROS ROLLOS DE LA GUERRA)

Skopje, Macedonia. Caí en Macedonia porque no tenía visa para Albania y porque no me dejaron entrar a Serbia. Así de sencillo. A mí nada se me había perdido en Macedonia, pero era lo más cerca que podía estar de la guerra en Kosovo.

Las imágenes por televisión de los miles de refugiados albanokosovares huyendo de la violencia serbia me habían provocado un serio caso de comezón periodística. ¿Cómo podía estar sentado en un escritorio en Miami —me preguntaba— mientras el fin del siglo XX y el principio del próximo se estaban definiendo en Kosovo?

Y no era una exageración. El mundo se estaba reorganizando: Estados Unidos podía ser la única superpotencia, pero no era lo suficientemente fuerte como para resolver a voluntad cualquier conflicto; Rusia, muy macha con sus armas nucleares, se negaba nostálgicamente a desaparecer de su antigua esfera de influencia; en

Europa los nacionalismos brotaban y rebrotaban; la diplomacia daba paso a los ejércitos; las Naciones Unidas se mostraba como una organización impotente y, a veces, francamente inútil frente a las intenciones bélicas de la OTAN; el concepto de soberanía iba quedando desplazado ante la idea de que la defensa de los derechos humanos, en cualquier parte del mundo, estaba por encima de todo; en fin, que la Tierra estaba cambiando en los Balcanes y había que estar ahí.

Compré mi boleto de avión, pedí unos días de vacaciones y me lancé a la aventura. El periodismo es una de las pocas profesiones que conozco que protege al aventurero siempre y cuando se comprometa a contar la aventura.

Era finales de abril de 1999.

Tres vuelos, todos retrasados varias horas: Miami-Madrid por un problema mecánico del avión; Miami-Viena por la huelga de Iberia y la falta de controladores aéreos en el aeropuerto de Barajas; Viena-Tesalónica por la guerra, porque el piloto austriaco se negó a volar sobre la antigua Yugoslavia.

Ya en el norte de Grecia, me dirigí por tierra a la frontera con Macedonia.

"¿Usted no es terrorista, verdad?" me preguntó muy serio un agente de aduanas del gobierno de Macedonia. Me pareció que era el primer pasaporte mexicano que le tocaba revisar en su larga y próspera carrera. De pronto dijo: "Ah, Pancho Villa" y soltó la carcajada. No entendí su broma, pero fingí una sonrisa. Funcionó. Me dejó pasar.

En las casi cuatro horas de trayecto de Tesalónica a Skopje, la capital de Macedonia, estuvimos rodeados por las grandes y hermosas montañas de los Balcanes. Pero inmediatamente, del subconsciente, brincaron las palabras: Vietnam, Vietnam, Vietnam. Si los estadounidenses y los otanitas consideraban ponerse a perseguir serbios en este terreno montañoso —pensé— las cosas no iban a acabar bien.

Frente a tanto verde me pareció que una invasión militar terrestre, en ese momento, podría terminar en una roja pesadilla.

Sobre la carretera me tocó ver cientos de vehículos militares de la OTAN y tuve la clara impresión que las preparaciones para un posible ataque terrestre ya estaban muy adelantadas. También encontré señales de resistencia a los ataques de la alianza atlántica.

Así como el líder serbio Slobodan Milosevic había sido dibujado como un nuevo Hitler por Estados Unidos —y por la Corte Internacional de La Haya, que lo acusó de ser un "criminal de guerra"—, aquí había quien pensaba en el mandatario estadounidense como "Adolf Clinton", según constaba en varias paredes y puentes pintados de *graffiti*. Y al insulto seguía un pedido: "*Stop the war*", pare la guerra, señor Clinton. Lo irónico de este asunto es que los yugoslavos, que lucharon fieramente contra Hitler y el fascismo durante la Segunda Guerra Mundial, no cayeron en cuenta de que su gobierno estaba haciendo con los albanos muchas de las cosas que los nazis hicieron con los judíos. Quizá por la poderosa propaganda oficial, quizá por el miedo a denunciarlo.

En los valles que crucé, los macedonios cultivaban algunas de las verduras más ricas del sureste de Europa. Pero por la guerra, en lugar de exportarlas a Serbia como acostumbraban, se las tenían que comer. Por eso en Macedonia no faltaba comida.

Sin embargo, casi todas las industrias —menos, claro, las que atendían a periodistas y militares extranjeros— estaban paralizadas. En todas las familias se había colado la plaga del desempleo a lo bruto. Así, era cada vez más frecuente ver a familias completas yéndose a vivir a la casa de los abuelos paternos; gastos y preocupaciones podían dividirse.

La actitud que prevalecía en Macedonia era de espera revuelta con ansiedad. Porque en este país que perdió la salida al mar tras su independencia en 1991 —hace frontera con Albania al oeste, Serbia al norte, Bulgaria al este y Grecia al sur— olía a guerra todos los días. Aquí llegaron casi la mitad de todos los refugiados albanos provenientes de Kosovo.

LA HISTORIA DE JEHONA Y XHAVIT

Campamento de refugiados de Stenkovec. Jehona vivía en la tienda de campaña D-289. Ésa era su única certidumbre. Todo lo demás en su vida estaba volando, como el fuerte viento que la despeinaba en la tarde que la conocí.

Me la encontré jugando con otros niños en medio de esas, casas de lona que proporcionó la OTAN a los cientos de miles de refugiados albanokosovares que huyeron de la violencia serbia. Se me quedó viendo con unos ojazos color café, un poco apagados, pero todavía con un brillo de curiosidad. ¿Quién era yo? ¿Qué quería? ¿Por qué estaba haciéndole tantas preguntas?

Supongo que en esos días Jehona veía así a todos los extranjeros con la esperanza de que alguien le dijera: "Encontramos a tus papás, vamos, te llevo a reunirte con ellos". Pero hacía mucho que no recibía buenas noticias.

Con su pelito corto, muy corto, unas orejas demasiado grandes para su fina cara y una sonrisa fácil, Jehona no reflejaba el perfil de una niña perdida. Pero, otra vez, sus ojos —ah, esos ojos— delataban a gritos la angustia de estar sola en el mundo.

Jehona tenía cinco años.

No conocíamos todos los detalles de su historia. Sólo que una noche llegaron los soldados serbios a la población de Urosevac y a punta de pistola sacaron a la familia Aliu de la casa. Todo parece indicar que Jehona huyó junto con sus papás a la frontera de Macedonia y que fueron instalados en un campamento provisional. Al poco tiempo de haber llegado, sin embargo, el gobierno macedonio trasladó a la familia Aliu a otro centro de refugiados y es en ese cambio donde Jehona se pierde.

Aquí, en la frontera serbomacedonia, la hallaron los soldados británicos, quienes la entregaron al cuidado de la Cruz Roja.

Para mí fue muy difícil comunicarme con Jehona. Ella sólo hablaba albano, por lo tanto, sus respuestas se las mencionaba a un adulto que traducía sus comentarios al macedonio. Mi traductor, Sosa, traducía del macedonio al inglés y yo hacía mis apuntes en español. Y así lo tengo anotado en mi libreta:

JEHONA ALIU, CINCO AÑOS, UROSEVAC.

Ella aparecía en la lista de más de mil niños perdidos que la Cruz Roja y Unicef estaba tratando de reunir con sus padres en Macedonia. En Albania las cifras eran aún más dramáticas. Pero independientemente de los números, cada niño perdido era un hueco que nada ni nadie podía llenar, a pesar de las mejores intenciones.

Dentro de su tragedia, Jehona había corrido con suerte. En el campamento de Stenkovec fue asignada a la misma tienda de campaña que Xhavit. Él era un hombre de treinta y cuatro años, aunque su cara refleja diez más. Estaba arrugado, cansado, desesperado.

Xhavit Cecilia también fue obligado por los serbios a salir de su casa en la pequeña población de Vucitrn. Trepó a su esposa en el tractor y envió a sus dos hijos, Agon y Ardin, de tres y seis años de edad respectivamente, al carruaje de madera que conducían sus vecinos.

Xhavit pensó que ahí irían más protegidos del frío y de las balas perdidas. Después de todo, sólo los separaban las llantas de su tractor. Pero en un cruce de caminos dentro de Kosovo, los soldados serbios obligaron a Xhavit a seguir adelante y a sus vecinos —con los hijos de Xhavit en el carro— a desviarse hacia otra dirección. Xhavit y su esposa no tuvieron el valor ni el coraje de enfrentarse a los soldados para llevarse consigo a Agon y Ardin. Quizá pensaron que al hacerlo ponían en peligro la vida de los niños. Pero cuando los conocí, no había nada que los pudiera consolar.

"Yo espero que estén bien", me comento él. Pero no sabía, ni siquiera, si se habían quedado en Kosovo, si pudieron salir o si continuaban al cuidado de sus vecinos.

Mientras, Xhavit se pasaba los días cuidando a Jehona.

Al tomarles una foto, ambos acercaron sus caras y los vi besarse y tocarse como si fueran padre e hija. Pero no lo eran. Únicamente se acompañaban… hasta que aparecieran los niños de Xhavit, hasta que aparecieran los padres de Jehona.

PARTY OF SIX

También en Stenkovec. Lumnie sólo tenía deiciocho años, pero en lugar de estar aplanando discotecas y pensando en novios, cuidaba —como una madre— a sus cinco hermanos.

Ellos vivían en Penu, una población tan pequeña que no aparece en la mayoría de los mapas y que ahora sería absurdo tratar de localizar porque fue semidestruida por los serbios.

A principios de abril de 1999, la familia Feta fue obligada a dejar todo lo que habían acumulado por años y enviada a la ciudad más cercana, Podujevo. Ahí separaron a los padres de sus hijos. De los adultos nadie sabía nada. De los niños, que llegaron a Macedonia después de recorrer más de 100 kilómetros a pie.

Vivían en la tienda de campaña número C-114 y se habían convertido en una especie de atracción, tanto para otros refugiados como para los visitantes internacionales. Parece que todos querían saber cómo estos seis hermanos (cuatro niñas y dos niños) sobrevivían; primero, la agresión de los serbios y la separación de sus padres; y luego, el día a día en un tensionado campamento que no se daba abasto para atender a decenas de miles de refugiados.

La primera imagen que me vino a la mente cuando conocí a los hermanos Feta fue la de la serie de televisión estadounidense *Party of Five* (que narra las peripecias de cinco hermanos tras la muerte de sus padres). La diferencia es que los Feta eran seis, no cinco, y que su angustia y sufrimiento eran reales y no tenían nada que ver con las finas cursiladas del programa televisivo.

De alguna manera, Lumnie se las había arreglado para poner orden. El día que la conocí, había enviado a cuatro de sus hermanos a recoger la comida, con el estricto mandato de no separarse, mientras ella se hacía cargo de Samer, de ocho años, el más pequeño de todos.

Cuando Mustafá, Imer, Nebi y Feribe llegaron con los pedazos de pan y el queso, me imagino que Lumnie se los repartió sobre el piso de la tienda de campaña para que comieran todos juntos, como tratando de recordar aquellas tardes de Penu cuando la guerra era sólo un cuento de los abuelos, y papá y mamá se sentaban a los extremos de una mesa de madera.

"*Party of Six*", salí pensando del campamento, mientras trataba de borrar a escobazos una tristeza que hacía mucho no veía ni sentía.

LOS QUE AYUDAN

Centro de la Cruz Roja cerca de Skopje. Yolanda. Así nomás. Sin apellidos ni títulos. Pero su sencillez escondía la enorme importancia de su tarea: unir familias. La encontré actualizando las que fácilmente podíamos describir como listas de la desgracia con los nombres de cientos de niños perdidos.

Yolanda era una gallega encargada del programa de la Cruz Roja que buscaba a los familiares de los niños perdidos en los campos de refugiados de Macedonia. *Tracking,* le dicen en inglés. "Actualmente hay unos 800 padres buscando a sus hijos", me comentó sin inmutarse, como acostumbrada a morder vidrio y hablar de eso a cada rato". Y al mismo tiempo hay unos 400 niños buscando a sus familias".

No podía dedicarme mucho tiempo. Tan pronto dejé de preguntar, continuó compilando sus listas.

Edmundo McLoughney tenía un largo título —jefe de la Oficina del Fondo de las Naciones Unidas para la Infancia (Unicef) en Macedonia—, pero la misma sencillez que Yolanda. Ambos compartían tareas y preocupaciones. Primero, encontrarle familia a los niños extraviados y, segundo, apoyar psicológicamente a los miles de menores de edad que se encontraban dentro de los campamento de refugiados.

"Ésta no es una cultura que exprese mucho sus emociones", me dijo McLoughney sobre los albanos. "Y por eso vamos a buscar ayuda dentro de la misma comunidad albana, donde hay muchos médicos, abogados y trabajadores sociales".

Efectivamente, una de las cosas que me llamaron la atención de las olas de refugiados era la alta proporción de personas que provenían de la clase media y que tenían títulos universitarios. Vi a varios con costosas camisas de Tommy Hilfiger y tenis Nike. Pero incluso los albanokosovares más pobres parecían bien vestidos. ¿Por qué?

Bueno, cuando los soldados serbios les daban cinco minutos a los refugiados antes de dejar sus casas, muchos escogieron sus mejores ropas. En el campamento de Blace, la primera parada en Macedonia para miles de refugiados provenientes de Kosovo, me tocó ver a mujeres con tacones altos, largos y elegantes vestidos negros y blusas de brillantes colores. Por supuesto, después de algunos días bajo la lluvia y de dormir a la intemperie no había ropa que aguantara.

Regresemos al asunto de los voluntarios.

Precisamente en Blace, tuve la oportunidad de ver cómo un trabajador de las Naciones Unidas trató de acomodar en muy pocas tiendas de campaña a más de dos mil refugiados que acababan de cruzar la frontera con Kosovo. Era un joven estadounidense que hábilmente, y con la ayuda de un traductor, iba tratando de meter a treinta o cuarenta personas en lugares que no hubieran permitido, en situaciones normales, ni a la mitad. Y desde luego, muchos refugiados se quejaron de tener que dormir en espacios tan reducidos después de haber pasado casi un mes sin techo ni comida.

"Se tienen que meter ahí", les decía el cada vez más alterado voluntario. Los *fucking* y los *bullshit* que conjugaba cada dos o tres frases se perdieron en la traducción del inglés al albano. Su desesperación era obvia. Se pasaba ambas manos sobre la cara para terminar jalándose los pelos de la rubia y corta cabellera.

No hubo, sin embargo, poder humano que lograra meter a tanta gente en tan pocas tiendas de campaña. Cientos durmieron esa noche bajo el cielo raso. No cupieron.

El dilema de los voluntarios internacionales en los Balcanes era, en esencia, uno: había muy pocas manos para un problema tan grande. Sin la activa participación de los diecinueve gobiernos de la OTAN, aceptando a decenas de miles de refugiados en sus respectivos países, el drama de los refugiados tendería a ir desbalanceando el frágil equilibrio étnico en los Balcanes.

Y todo a pesar de las mejores intenciones de cientos de voluntarios internacionales.

LOS NIÑOS QUE DIBUJAN CASAS

Desde que los soldados serbios entraron por la fuerza a su casa en Podgraje, Fatos, de nueve años, no podía dejar de orinar. Eso no era todo. Fatos también tenía una diarrea imparable y ningún tipo de medicina le estaba ayudando. Hasta que se puso a dibujar.

Conocí a Fatos, junto con su padre y su hermano, cuando lo llevaron a ver a uno de los doctores de la organización Médicos sin Fronteras. Era su segunda visita y Fatos estaba contento.

En la primera revisión médica, al poco tiempo de haber llegado al campamento de refugiados de Stenkovec, el doctor que atendió a Fatos, en lugar de darle más medicinas para la incontinencia, lo puso a pintar sobre un papel. El padre de Fatos, un campesino, quedó un poco perplejo con el remedio; él, lo que quería, era que su hijo dejara de orinar el único pantalón que tenía y las cobijas grises de lana donde dormía toda la familia. Los dibujos, pensó el papá de Fatos, no iban a curar a su hijo. Pero dócilmente aceptó la recomendación médica, a pesar de sospechar que su hijo sufría una seria enfermedad urinaria.

A la segunda visita médica, Fatos llegó con otro dibujo. Era una casa —su casa— muy sencilla; sólo tenía dos paredes, dos ventanas y el techo. Fatos había dejado fuera del dibujo la puerta por la que entraron los soldados serbios y la ventana de su cuarto, en la parte inferior de su casa, por donde los vio venir.

No pude evitar verle el pantalón a Fatos antes de la consulta. Lo tenía seco. El doctor, aparentemente, tuvo razón: el problema de Fatos sólo podía verse cuando él dibujaba.

La misma terapia del dibujo —a través de la cual se exorcizan los golpes del alma— la puso en práctica, a nivel colectivo, un grupo de jóvenes israelíes. Con muy pocos recursos, pero con mucha voluntad, los ocho voluntarios de una asociación llamada CYMI (Israel loves children, decían sus estandartes) organizaron una especie de campamento infantil. Había, desde luego, juegos y cantos. Y en toda la alambrada que limitaba el centro de refugiados, pusieron cartulinas para que los niños pintaran. El resultado fue explosivo.

Los niños dibujaron casas y más casas, en absoluta concentración. Era curioso verlos pintar: se alejaban del mundo, por un instante, y nada ni nadie los podía distraer. Luego, cuando salían del trance, se alejaban ligeros y a brinquitos.

Ahí, sobre la cerca, nos dejaron su colorido y traumatizado mundo interior: casas con jardín, casas con animales, casas con flores, casas con familias tomadas de las manos, casas... Un funcionario de la Unicef me comentó que es frecuente ver a este tipo de niños pintar casas en llamas y rodeadas de bombas y balas.

En esos dibujos vi también muchas siglas —NATO, UCK (Ushtria Clirimtare e Kosoves o el rebelde Ejército de Liberación de Kosovo), USA— que parecían fuera de lugar en obras de niños tan pequeños. Pero éstos no eran unos niños cualquiera. Eran niños de la guerra.

—Algunos llegan muy tristes, no pueden sonreír —me dijo Yoav, un israelí de veintiocho años que antes de venir a ayudar a los refugiados vivía en un kibutz—. Algunos llegan, incluso, sin zapatos.

—¿Y cómo te das cuenta de que estos niños llevan, dentro de sí, los traumas de una guerra? —le pregunté.

—Es fácil —me contestó—. Te tocan mucho.

Era cierto. Cuando caminaba por los campamentos de pronto me sorprendía rodeado de niños. Al principio creí que era simple curiosidad por mi cámara de video o por el color de piel, más morena que la de ellos. Pero luego me di cuenta que se me pegaban mucho, como con ganas de un abrazo.

"Jelou, jelou", me decían los niños, creyendo que era estadounidense o británico. Y al despedirme aprendí a decir shooque, o algo parecido, para luego ver cómo chocaban nuestras palmas en un saludo que tiende a volverse universal.

La sonrisa que aún traigo clavada es la de Ardiana, una niña de seis años. Se paró frente a mí, como un soldadito, con los brazos estirados a los lados de su cadera. Desde que me vio venir, no dejó de sonreír. El intérprete se había quedado atrás haciendo no sé qué y Ardiana y yo conectamos.

Por supuesto que no nos pudimos decir ni una palabra, pero no fue necesario. Conectamos. ¿Será que en cada niño kosovar encontraba algo de mis hijos, Paola y Nicolás, y que me revolcaba la terrible idea de que algún día les pasara algo similar?

Ardiana y los otros diez miembros de su familia —cuatro hermanos, padre y madre, tíos y abuelos paternos— fueron expulsados de su hogar en Pale y enviados a la estación de tren en Pristina, la capital de Kosovo. Esperaron seis días hasta que un viejo vagón de ferrocarril los acercó a la frontera sur. Pero antes de poder cruzar a Macedonia, los soldados serbios los volvieron a detener por dos semanas, supuestamente, para usarlos como escudos humanos en sitios militares estratégicos.

Después de esa odisea no sé cómo Ardiana y su hermana Shpzesa (de once años) y su hermano Arion (de ocho) y el resto de la familia Murtezi tuvieron fuerza para contarle su historia a un impertinente extranjero. No sé cómo.

CÓMO BLERO SE ESCAPÓ DE LOS SOLDADOS SERBIOS

Campamento de refugiados de Blace. Blero tenía veinticuatro años y debería estar muerto. Pero se les escapó a los soldados serbios.

Los jóvenes de su edad eran los que más peligro corrían en Kosovo. Si eran serbios estaban obligados a enlistarse en el ejército. Si eran albanos, los militares creían —correctamente— que podrían convertirse en guerrilleros independentistas. Por eso los mataban o detenían.

Blero, un albanokosovar, lo sabía. Así que cuando su familia fue expulsada de su casa en la localidad de Urosevac, al sur de Pristina, huyó a las montañas. Durante quince días estuvo evadiendo a miembros del ejército yugoslavo. Prácticamente no comió por esas dos semanas, aunque agua no le faltó; llovió casi todos los días.

Cuando lo conocí, minutos después de haber cruzado la frontera con Macedonia, la adrenalina aún lo mantenía de pie. Llegó con unos zapatos negros tan enlodados que me costó trabajo ver su color original.

Capoteó el frío con un suéter de lana y una chaqueta de plástico. Lo que llevaba puesto era lo único que poseía. Pero eso sí, mantuvo su orgullo intacto. Había burlado a los serbios. "Si me hubieran encontrado", me dijo, "estaría muerto".

"Hay muchos muertos en Kosovo", continuó. "Ahí sólo quedan la policía y el ejército". Luego me describió los cadáveres con los que se topó. La mayoría con disparos en la cabeza y el pecho. Casi todos con un solo disparo; ¿sería para que los soldados serbios ahorraran balas?

"Está muy mal todo; es como un Vietnam", me comentó este ex estudiante de la Universidad de Pristina. Si Milosevic no lo hubiera obligado a huir, seguramente habría terminado su carrera de economía en la primavera de 1999.

Lo primero que Blero hizo al cruzar la frontera fue buscar a alguien que le prestara un teléfono celular. Lo encontró e hizo la llamada. Y no, nadie sabía dónde estaban sus padres y cuatro hermanos. Nadie sabía, ni siquiera, si estaban vivos. Tras su corta conversación por teléfono le pregunté qué pensaba hacer. No me contestó. Sólo se quedó viendo al norte, hacia las montañas de Kosovo.

LA VIDA EN UN CAMPAMENTO DE REFUGIADOS

¿Qué comen? ¿Dónde duermen? ¿Hay baños? ¿Cómo sobreviven?

Todas son preguntas que me traje a los campamentos de refugiados albanokosovares en Macedonia. Mi primera impresión fue que los refugios en Blace, Brazda y Stenkovec se parecían mucho al que se estableció a las afueras de Managua —el Nueva Vida— para atender a los damnificados por el huracán *Mitch*. Pero pronto saltaron las diferencias.

Los campamentos de refugiados en Macedonia eran verdaderas ciudades, cada uno decenas de veces más grande que el de Nicaragua. Mientras que los nicaragüenses pensaban permanecer ahí y rehacer sus vidas en un nuevo lugar, los kosovares, claramente, veían los campamentos como sitios transitorios, como una parada necesaria ante el inminente retorno a sus tierras, a sus casas, a lo que es suyo.

Además, la diferencia más estrujante era que los nicaragüenses fueron expulsados de sus hogares por la naturaleza; los kosovares sólo por pertenecer a un grupo étnico —el albano— distinto al de los serbios y por profesar una religión —la musulmana— sospechosa ante los ojos de los cristianos ortodoxos.

En otras palabras, los nicaragüenses acabaron en un campamento de refugiados por un huracán, mientras que los kosovares lo hicieron por la política racista y discriminatoria del líder serbio Slobodan Milosevic.

Cuando visité los campos de refugiados en Macedonia —campos que antes sólo tenían tomates, pepinos y lechugas—, más de 800 mil personas habían sido obligadas a dejar Kosovo y otro tanto buscaba huir de la provincia. Es decir, tres cuartas partes de la población original de Kosovo habían sido expulsadas de sus hogares.

¿Qué comían los refugiados? Lo que les daban. Una vez al día, y con suerte dos, los refugiados recibían una larga barra de pan y un poco de queso. Para los niños, en ocasiones, se repartía leche. Pero las filas para la comida eran gigantescas. Los refugiados fácilmente se podían pasar tres o cuatro horas al día esperando por alimentos y asistencia médica, y registrándose con las varias organizaciones internacionales que proporcionaban ayuda.

Quienes tenían suerte recibían, también, carne y fruta de familiares y amigos que se acercaban a la alambrada de los campamentos. Nadie podía salir a menos que un familiar demostrara que se responsabilizaba económicamente del/los refugiado/s.

Afuera de las tiendas de campaña —proporcionadas por la OTAN, las Naciones Unidas, US Aid, etc.— se hacían pequeñas fogatas con pedazos de cartón y madera para hervir el agua, dentro de botes de lata, y así cocinar los pedazos de carne. No vi a nadie morirse de hambre, pero tampoco vi que sobrara comida.

Los campamentos eran muy limpios. Aunque esto no debía sorprenderme. El que nada tiene lo guarda todo. Hasta la basura.

Para beber, cada veinte or treinta metros había unas bolsas de plástico con agua potable.

¿Dónde dormían? Donde les dijeran, en tiendas de lona. Los recién llegados pasaban los primeros días dentro de unos gigantescos gusanos color verde —los mismos que usan los militares— hasta que se recuperaban de la travesía. Era frecuente ver a varias familias apretujadas y peleando por los escasos centímetros de espacio disponible.

Después, los refugiados eran trasladados a otros campamentos, más grandes, y alejados de la frontera. En general, varias familias tenían que compartir la misma tienda de campaña.

Pero, aunque tuvieran techo, no había nada que cubriera el piso. Así que con plásticos y mantas de lana se hicieron una especie de alfombras. El problema era que muchas de las tiendas de campaña estaban construidas en terreno desnivelado y cuando llovía —y en esta primavera había llovido casi todos los días— el interior de estos hogares colectivos se convertía en charcos.

La noche macedonia es fría. Todos dormían con la misma ropa

que usaban durante el día; casi nadie, desde luego, tuvo el privilegio
de coger un cambio de ropa ni un par de pijamas mientras los soldados serbios los botaban de su casa con la amenaza de matarlos.

Por cierto, en los campamentos había muchos niños en pijama y
eso tenía una explicación: las operaciones de expulsión de los serbios
ocurrieron, en la mayoría de los casos, de noche. Los padres no tuvieron tiempo de cambiarle la pijama a sus hijos.

¿Había baños? Bueno, sí. Con la ayuda de palas mecánicas se
hicieron unos enormes hoyos, en las esquinas de los campamentos,
que cubrieron con plataformas de madera. Cada plataforma tenía
cinco o seis círculos, de unos 30 centímetros de diámetro, para que
por ahí pasara lo que tenía que pasar.

Desde luego, no había mucha privacidad. Los baños, si les podíamos llamar así, fueron divididos para hombres y mujeres y cada plataforma de madera estaba rodeada por una tela, sostenida con palos,
que llegaba a la altura de la cintura. O sea, había que ponerse de
cuclillas para mantener la dignidad.

Aun así, vi a un grupo de niños —no pasaban los siete años de
edad— riéndose a carcajadas de uno de sus amigos, con los pantalones en las rodillas, las nalgas al aire y en posición, digamos, compro-
metida.

No había regaderas. No había lavabos. No había estufas o refrigeradores. No había electricidad. No había teléfonos públicos.

Y esto último era importante, ya que dentro de Kosovo todavía
había más de un millón de albanos. Así que cuando un refugiado
identificaba a un corresponsal extranjero, inmediatamente lo veía
con cara de teléfono celular. Los celulares o móviles, como les dicen
en Europa, eran una línea para ponerse en contacto con la vida…
o con la muerte.

Cuando lograban convencer a algún reportero que les prestara el
teléfono, en dos o tres minutos de llamada a Kosovo se enteraban de
quién estaba vivo, quién fue violada, quién estaba perdido y quién
había muerto asesinado.

Así se sobrevivía en los campamentos de refugiados.

ASÍ COMENZÓ LA GUERRA

El viernes 15 de enero de 1999 un grupo de hombres armados, vestidos de negro, con guantes y las caras cubiertas, entró a la pequeña
población kosovar de Racak. Los habitantes del lugar sabían de las

tensiones con los serbios, pero no se imaginaron que ese gélido fin de semana serían el blanco de un ataque. Los hombres del comando se esparcieron por las colinas del lugar y a poca distancia, y sin motivo aparente, les dispararon a los campesinos y a sus familias. Casa por casa, calle por calle.

Los cuerpos de cuarenta y cinco personas, incluyendo muchos niños, fueron esparcidos por los patios y calles del villorrio. La mayoría mostraba heridas de bala en la cabeza y el cuello. Algunos no tenían extremidades; nunca sabremos si fueron mutilados antes o después de haber sido ejecutados y si lo hicieron frente a sus familiares. Las muertes pudieron haber ocurrido hasta muy avanzada la noche.

La masacre fue descubierta un día después, el sábado 16 de enero, y fue el hecho que convenció a las autoridades de Estados Unidos y de la OTAN de la necesidad de intervenir militarmente contra las fuerzas de Slobodan Milosevic.

Los ataques de los militares serbios contra los albanokosovares se iniciaron en febrero de 1998, coincidiendo con la intensificación de las operaciones guerrilleras del Ejército de Liberación de Kosovo (UCK). Pero la masacre de Racak fue el evento clave en esta guerra. Marcó un antes y un después.

Cuando dos militares estadounidenses enfrentaron a Milosevic, en Belgrado, con los datos de la matanza de Racak, el líder serbio aseguró que eso "no había sido una masacre" y que era producto de los "terroristas" albanokosovares deseosos de voltear contra él a la opinión pública internacional.

Tres días después de los asesinatos de Racak, la Secretaria de Estado estadounidense, Madeleine Albright, hizo una propuesta que Milosevic no podía aceptar; se trataba no sólo del retiro de las fuerzas serbias de Kosovo, sino también de la creación de un contingente militar con soldados de la OTAN, dentro de la provincia kosovar, para garantizar las vidas de la minoría de origen albano. La propuesta de Albright dejó a Milosevic sin espacio para maniobrar.

Mientras todo esto ocurría, Clinton estaba distraído con otros asuntos. El Congreso estadounidense lo estaba enjuiciando por mentir y obstruir la justicia en el caso de Monica Lewinsky y el propio presidente luchaba por su supervivencia política. Kosovo era, todavía, un tema demasiado lejano y complejo.

Finalmente, el 12 de febrero de 1999, en el Senado estadounidense no se juntaron las dos terceras partes de los votos necesarios para destituir al presidente Clinton. Terminaba así más de un año en que el escándalo Lewinsky prácticamente consumió a la presidencia y a la nación con sus sórdidos detalles. Clinton, una vez más, podía pensar en su lugar en la historia; su verdadera obsesión. Ahora tenía una segunda oportunidad —y dos años más en la presidencia— para rescatar el honor perdido. La oportunidad surgiría a nivel internacional.

A finales de ese febrero de 1999 habían fracasado las pláticas de Rambouillet, a las afueras de París. Ni Milosevic ni los rebeldes albanokosovares había aceptado el plan de paz presentado por Albright. A los serbios no les gustaba la cláusula que permitía la presencia de tropas extranjeras en Kosovo y a los albanos les molestaba que el acuerdo no incluyera su independencia de Yugoslavia.

Las pláticas de Rambouillet sólo otorgaban "autonomía" por tres años a los rebeldes kosovares, pero para ellos eso no era mucho. Después de todo, desde 1989 habían disfrutado de una autonomía de facto dentro de la antigua Yugoslavia. Las amenazas de posibles bombardeos, si no aceptaba el plan de paz, no tuvieron ningún efecto con Milosevic. Pero los guerrilleros independentistas sí cedieron.

El 28 de marzo, cuatro representantes de los rebeldes kosovares firmaron el plan de paz. Los serbios insistieron en su negativa. La guerra estaba a un paso.

El presidente Clinton, deseoso de quitarse de encima el estigma de mentiroso e irresponsable que le había dejado el escándalo Lewinsky, encontró en el conflicto de los Balcanes una oportunidad para poner a prueba su liderazgo mundial. Pero contrario a lo que hizo el ex presidente George Bush, padre, antes de meter a Estados Unidos en la guerra del Golfo Pérsico, Clinton no buscó el apoyo del Congreso estadounidense ni la aprobación del Consejo de Seguridad de las Naciones Unidas para iniciar los ataques contra los serbios.

Si Clinton no hubiera sido enjuiciado y no hubiera sentido la necesidad de demostrar que aún era un presidente capaz y con credibilidad, es probable que le hubiera dado más tiempo a la diplomacia y a otros métodos de presión —como un embargo a nivel internacional, tipo Cuba, Irak o Libia— antes de atacar a los serbios. Pero la frase anterior tiene tres "hubiera" y esa interrogante quedará, para siempre, enterrada en los libros de historia.

Usando la analogía del holocausto, cuando seis millones de judíos fueron asesinados durante la Segunda Guerra Mundial, Clinton dijo que si no se actuaba ahora contra la política de "limpieza étnica" de los serbios, el próximo milenio podría traer nuevos e insospechados conflictos en Europa. Pero su error fue creer que el ataque contra los serbios sería rápido y fulminante.

Los previos ataques aéreos que había autorizado el presidente Clinton —en Bosnia, Irak, Sudán y Afganistán— terminaron en días y con los objetivos militares cumplidos. Atacar a los serbios en Kosovo, argumentaron sus asesores militares y de seguridad nacional, debería ser algo parecido.

No lo fue.

Utilizando reportes de inteligencia poco confiables (publicados por el diario the *New York Times*), Clinton ordenó los primeros ataques aéreos el miércoles 24 de marzo de 1999 porque creía que Milosevic "interrumpiría la ofensiva y firmaría un plan de paz si sufre, o espera sufrir, daños sustanciales en sus fuerzas armadas y su infraestructura a nivel nacional por los bombardeos". Los primeros bombardeos no cambiaron la actitud desafiante y hostil de Milosevic.

Tanto así que el viernes 26 de marzo los reportes de inteligencia ya habían cambiado, de acuerdo con la misma fuente, para asegurar que "los ataques aéreos no serán suficientes para disminuir la confianza que tiene Milosevic".

La guerra se había echado a andar y Estados Unidos y la OTAN no tenían una idea muy clara sobre cómo ganarla ni cómo salir de ella.

¿GUERRA? ¿CUÁL GUERRA?

Skopje. Era viernes por la noche. Daban casi las doce y las empedradas calles del centro de la capital macedonia estaban repletas de jóvenes caminando.

—¿A dónde van? —le pregunté a Sanco, un macedonio de cuarenta y dos años que se ofreció a ser mi guía aquella friísima noche de abril.

—A bailar, a tomar, a escuchar música, que sé yo —me respondió, sin darle la menor importancia a mi pregunta.

Era difícil entenderlo. Cuando decidí venir a Macedonia a cubrir la guerra en los Balcanes, esperaba encontrarme un ambiente lleno de ansiedad, peligro, confusión y tristeza. Y eso, definitivamente, lo encontré en los campos de refugiados. Pero no en Skopje.

A pesar de su cercanía a la frontera con Kosovo, unos siete kilómetros o quince minutos en auto, no se había detenido la vida en esta ciudad de casi un millón de habitantes. Por el contrario, parecía que la guerra motivó a mucha gente al escapismo. Particularmente a los jóvenes.

Habíamos cenado, junto con la esposa de Sanco, Violeta, y tres periodistas estadounidenses de la cadena CBS en un verdadero ambiente de fiesta en el restaurante Oreoflat. La comída, muy decente —especialidades macedonias—, fue servida mientras una mujer treintona intercalaba la canción del *Titanic* con temas folclóri-cos. La gente aplaudía cada vez que la aprendiz de Celine Dion ento-naba una balada conocida. El ambiente se tornó tan agradable que, al final de la noche, una pareja terminó bailando entre las mesas como si estuviera en el Mezzanote de Miami Beach.

Bienvenido a la guerra, pensé.

Cerca de la una de la mañana, cuando creía que Sanco me iba a depositar gentilmente en mi hotel —llevaba casi cuarenta y ocho horas sin dormir— nos dirigimos a un viejo edificio con unas grandes letras que gritaban: COLOSSEUM CLUB.

Era una discoteca, dividida en dos pisos, y totalmente remodelada por dentro. Ahí era fácil olvidarse de que estábamos en una zona de guerra.

Los cientos de asistentes eran jóvenes macedonios, vestidos de negro y gris, igual que los muchachos de su edad en Milán o Nueva York. Pocos pasaban de los veinticinco años. Las mujeres, con esco-tes y apretadas con el Wonderbra. Los hombres, muy pelados por detrás y los lados y el copete parado.

—En esta discoteca no hay un solo joven albano —me dijo Sanco.

—¿Y cómo sabes? —le pregunté.

—Es fácil identificarlos por la forma en que se visten —dijo.

Aparentemente, dentro de la discoteca, todos eran macedonios. Nos encontrábamos del lado izquierdo del río Vardar —el sector macedonio de la ciudad— y no era extraño escuchar expresiones de apoyo a Slobodan Milosevic y a sus secuaces. En el lado derecho del Vardar, que divide a Skopje en dos, estaba el sector albano y musulmán.

Tres de cada cuatro habitantes de Macedonia son de origen eslavo y cristianos ortodoxos, igual que los serbios, y con frecuencia se pal-paba la animosidad de algunos macedonios con la minoría albana.

Prosigamos con el *tour* nocturno.

Al ritmo de "Disco Inferno" y otras canciones en inglés de los años setenta, los adolescentes macedonios le daban la espalda a la guerra y a la incertidumbre. Por fin, rascando las tres de la mañana, me fui a dormir.

El sábado, tras visitar los campamentos de refugiados en la frontera con Kosovo, recibí otra sesión de la vida nocturna skopjiana.

Cené, con el mismo grupo de la noche anterior, en Urania, uno de los mejores restaurantes de la ciudad. Ahí, tres violinistas se atrevieron a tocar "Las Mañanitas". Emocionado, le comenté a Sanco: "Ésa es una canción mexicana". "Claro que no —me dijo—. Ésa es una vieja canción de Macedonia". Nunca pude convencerlo de lo contrario.

Y ya que estamos en esto, la música y las telenovelas en español eran una presencia constante en la radio y la televisión de Macedonia. En un mismo día escuché a Thalía (...amor a la mexicana...), a la cubanísima Celia Cruz y al colombiano Carlos Vives.

Además, el país prácticamente se paralizaba durante la hora diaria en que se transmitía la telenovela venezolana *Kassandra*. Y nadie, ni el joven presidente del gobierno de Macedonia, Gupcho Georgievski —a sus treinta y tres años era uno de los mandatarios más jóvenes del mundo—, se atrevía a interrumpir a *Kassandra* para dar algún informe sobre el conflicto en Kosovo. En Macedonia la guerra tenía que esperar hasta que terminara *Kassandra*.

Bueno, de "Las Mañanitas" pasé a Sting. Tras la cena en el Urania, cruzamos la calle para entrar al Marakana Club. "Free, free, set them free" rechinaba como el músico británico el vocalista del quinteto Wild Bunch Band, mientras una mesera vendía *shots* de tequila.

El lugar estaba a reventar. Era el sitio *cool* de la ciudad, uno de los pocos con música en vivo. Bueno, el Marakana Club era tan *cool* que el baño lo compartían hombres y mujeres, igualito que en la popular serie de televisión estadounidense *Ally McBeal*. Supongo que los tequilas ayudan a perder las inhibiciones. Incluso en Macedonia.

Esa misma tarde me había tocado ver una gigantesca nube negra levantarse sobre las colinas de Kosovo; muestra innegable de otro bombardeo. Así que cuando la banda terminó una de sus sesiones —todas sus canciones eran en inglés— le pregunté al cantante si era difícil hacer sus presentaciones durante la guerra, mientras se escuchaba el paso de los aviones de la OTAN en sus misiones de bombardeo.

"¿Guerra? ¿Cuál guerra?" me dijo. *"We have to have fun"*. (Nos tenemos que divertir). Y luego, medio corrigiendo, agregó: "Estamos en guerra, pero no esta noche".

AMÉRICA LATINA

3 LOS DISIDENTES DE CUBA

La Habana, Cuba. No es fácil encontrarlos. Viven un poco ocultos, semiclandestinos. Todos sus vecinos los conocen, pero ninguno da la cara por ellos. Son, desde luego, los disidentes.

Ser disidente en este país es jugársela; en el trabajo, con la familia y los amigos… con la vida. Hay naciones en las que uno puede ser parte de la oposición y llevar una existencia relativamente tranquila. No en Cuba. Ser disidente aquí es asumir que la represión, las amenazas, los castigos y los encarcelamientos van a ser parte del día a día y pueden culminar con cárcel o muerte. Suena dramático. Lo es.

Lo curioso de todo esto es que los disidentes viven en una isla cuyo gobierno presume de ser "democrático". Cuando el papa Juan Pablo II llegó a esta isla en enero de 1998, Cuba acababa de tener elecciones. Pero no fueron unas elecciones comunes y corrientes como en cualquier otra parte del mundo. Fueron unas votaciones en las que todos los candidatos ganaron. Todos. No hubo perdedores. La mayoría de los candidatos a la Asamblea del Poder Popular era, desde luego, del partido comunista y el resto tenía, al menos, su tácita bendición. Ningún miembro de la oposición pudo, siquiera, participar.

Fidel Castro, en un discurso transmitido por la televisión nacional, dijo que esas elecciones constituyeron "uno de los más grandes triunfos políticos que ha conocido la revolución". La verdad, no era para tanto. Había 601 puestos a elegir y 601 candidatos. Es cierto, se requería de un mínimo de votos para ser elegido. Pero cada candidato, preaprobado y con el visto bueno del gobierno, tenía prácticamente garantizado el triunfo.

Lázaro, Yosvany y Galman no pudieron participar en esos comicios. Ellos eran miembros de distintas agrupaciones políticas que no habían sido reconocidas por el gobierno cubano. Eran, en otras palabras, disidentes.

Los conocí en una casa, muy modesta, a las afueras de La Habana. En la calle, un grupo de jóvenes estaba jugando béisbol con un palo de escoba y una pelota de trapo. Y, entre los gritos de los entusiastas adolescentes, escuché la voz entrecortada de quienes se oponen a la dictadura de Fidel Castro.

El ambiente estaba tenso. Hacía unos días que agentes de la Seguridad del Estado habían detenido al presidente de la Unión Nacional Opositora, Frank Fernández. Entraron un viernes a su casa, revisaron cada rincón y luego se lo llevaron. Galman Rodríguez, del mismo partido político, me contó cómo ocurrió la detención.

Fernández era uno de los 600 presos políticos que había en Cuba, a principios de 1998, según Amnistía Internacional. Pero esas cifras tenían muy molestos a los miembros del régimen. Ricardo Alarcón, presidente de la Asamblea Nacional, en un encuentro con la prensa, dijo que muchos de los disidentes, más que haber sido detenidos por cuestiones políticas, estaban encarcelados por "acciones vinculadas a planes dirigidos, organizados y financiados por un gobierno extranjero" (léase Estados Unidos).

Sin embargo, las evidencias que vincularan a la mayoría de los disidentes con Estados Unidos casi nunca se encontraron. Al régimen de Cuba, sencillamente, no le cabía en la cabeza que hubiera tantos cubanos, sin vínculos con el extranjero, que se opusieran a la tiranía castrista.

Pero los había.

Uno de ellos era Lázaro García Cernuda, del partido Pro Derechos Humanos de Cuba. Sus ojos destilaban miedo y mucha determinación para vencerlo. Él sabía que al hablar con un periodista extranjero, su vida corría peligro. Aún así, habló. Con barba de un día, pantalones negros sin cinturón y una camisa morada, me comentó que su agrupación trabajaba para que "exista una democracia verdadera y legitimizada, y no un gobierno como el actual, que fue un gobierno impuesto y no electo democráticamente".

Yosvany Pérez Díaz, del mismo partido político, fue un poco más lejos. "En unas elecciones libres", me dijo, "el gobierno (de Castro) no gana, no sale". Eso, desde luego, era pura especulación, ya que Castro jamás permitiría unas elecciones multipartidistas que incluyera a la oposición y con observadores internacionales.

En esos días, la última campaña internacional del régimen castrista era presentar a Cuba como una democracia. Así que agarré mis preguntas y me fui a platicar con José Cabañas, un joven e influyente funcionario del Ministerio de Relaciones Exteriores (Minrex). A sus treinta y seis años había nacido con la revolución y ahora le tocaba, gustosamente, defenderla. La plática —de casi una hora— se desarrolló en un tono cordial, aunque las diferencias de puntos de vista no pudieron salvarse.

Después de las cortesías de protocolo, entramos de lleno en un debate.

—¿Cómo es posible que (Cuba) sea una democracia si hay un solo partido político? —le pregunté—. ¿Y cómo puede llamarse democracia cuando, por ejemplo, había 601 puestos a elegir (en las pasadas elecciones) con 601 candidatos? ¿Qué tipo de democracia es ésa?

—En ciertas partes del mundo se ha identificado el fenómeno de la posibilidad de elegir, entre uno o más candidatos, como la democracia real —me dijo Cabañas, trajeado de azul marino—. Nosotros no lo vemos así.

—¿(La democracia) no requiere multipartidismo? —insistí.

—No necesariamente —contestó, para luego explicarme cómo todos los candidatos en las elecciones de Cuba tienen que surgir de las bases, desde abajo, desde los mismos vecindarios, en un proceso que él consideraba aún más democrático que el norteamericano o europeo.

—Si esto es una democracia —le reviré—, ¿cómo es que una sola persona (Castro) ha estado dirigiendo el país por treinta y nueve años?

—Él alcanzó más del 99 por ciento de los votos (en las últimas elecciones) —me dijo—. Si (Castro) es el Presidente del Consejo de Estado hoy, yo te puedo asegurar (que) es debido a que la inmensa mayoría —las cifras se conocen— de los cubanos que participamos en las votaciones consideran que es la persona con las mejores posibilidades de ser el presidente de nuestro país. Y ha estado ahí por esa razón.

Efectivamente, Castro ha tenido las mejores posibilidades de ser el líder de Cuba; durante décadas ha sido el único candidato a ese puesto. Sin oposición oficial.

Y, bueno, si los candados en el área política están cerrados para los disidentes, en otras áreas, como el periodismo, permanecen igualmente atrancados.

Durante mi estancia en Cuba visité los estudios de Radio Rebelde para ver cómo organizaban sus noticieros. Y me quedó muy claro que su prioridad era expresar el punto de vista de Fidel Castro. Uno de sus locutores comenzó así la lectura de su noticiero: "Como nos tiene acostumbrado el sabio magisterio de Fidel…"

Me apena mucho, y me molesta, cuando los periodistas se convierten en lustrabotas de los poderosos. Nuestra tarea principal como reporteros es ponerle límites a su autoridad, no abrirles el campo a los abusos. Desde luego, no disculpo al locutor que escuché en Radio Rebelde —él, después de todo, fue el que decidió limpiarle las botas al comandante—, pero lo entiendo. Todos los periodistas que participan en la elaboración de los noticieros de radio y televisión en Cuba tienen que ser miembros del partido comunista o conseguir su aprobación. Cualquier desviación de la línea oficial significaría sumarse a la línea del desempleo.

Eso le ocurrió a Luis López Prendes. Luis era un periodista del Buró de Prensa Independiente de Cuba, que perdió su empleo en la isla poco después que empezó a cuestionar algunos aspectos de la política de salud pública en Cuba. Visitaba hospitales y clínicas y reportaba, exclusivamente, lo que veía. Sus informes, distribuidos de manera muy irregular, no le gustaron a las autoridades cubanas que tanto presumían del avanzado nivel de cuidados médicos en la isla.

López Prendes ha sido arrestado más de quince veces, pero la peor humillación a la que había sido objeto era el ser mantenido por su familia ante la imposibilidad de encontrar trabajo. De hecho, Luis agachaba la cabeza y no me veía a los ojos cuando contaba sus penurias. No tenía, desde luego, computadora o máquina de escribir. Frente a una pared descarapelada, y que en un momento fue color durazno, Luis escribía sus informes a mano sobre un viejo escritorio de madera. Había días en que no tenía ni para comprar lápices o plumas.

Encontrarlo no fue fácil. Conseguí el teléfono a través de un conocido común y que, con mucha cautela, se puso en contacto con él. Quedamos en vernos una mañana en la casa de uno de sus amigos. Tras saludarnos, caminamos varias calles hasta que se aseguró que no era un espía o simpatizante del gobierno. Y hasta entonces, ya en su casa, conversamos.

—¿Corres riesgo al hablar conmigo? —le pregunté ingenuamente.

—Bueno —me contestó—. Si me detienen en estos días toda la responsabilidad es de los órganos de la contrainteligencia cubana, los cuales tienen contra nosotros (los periodistas independientes) una persecución constante.

Valga decir que sobre los corresponsales extranjeros también existía una vigilancia continua, pesada.

Durante los días que estuve en Cuba, en dos ocasiones me visitaron funcionarios del Minrex, en mi hotel, para advertirme que si seguía reportando sobre los disidentes no volvería a entrar a la isla. "Si insistes en reportar sobre la oposición", me amenazaron, "no tendrás otra visa".

Cumplieron; hasta el momento de escribir esto, no he podido regresar a Cuba.

4 PAYÁ: CAMBIANDO A CUBA DESDE ADENTRO

Miami. La visita del opositor cubano Osvaldo Payá a Miami en enero de 2003 sacó ampollas. Y no es de extrañar: Payá no cree que el embargo estadounidense haya servido para terminar con la dictadura de Fidel Castro ni coincide con quienes favorecen el asesinato de Castro o una salida violenta a su régimen. Pero Payá, en una larga entrevista, me pareció que está legítimamente comprometido con la búsqueda de la libertad y la democracia en Cuba.

"¿Es un infiltrado?" me preguntó una cubana en una cafetería. "No lo es", le dije. Pero su pregunta refleja el temor de muchos exiliados de que los viajes de Payá por Europa y Estados Unidos hayan sido producto de un contubernio con Castro. Payá se retorció en la silla y se le prendieron los ojos de rojo por el enojo cuando le pregunté: "¿Por qué lo dejan salir a usted (de Cuba)?" "La pregunta que hay que hacer", me contestó, "es ¿por qué no me han dejado salir durante tantos años?"

En realidad, a Osvaldo Payá lo dejan salir de Cuba porque al régimen de Castro no le quedó más remedio. La presión internacional fue muy intensa para que viajara a recibir el premio Andrei Sajarov de derechos humanos que otorga la Unión Europea. Luego lo recibirían el presidente del gobierno español, José María Aznar, el presidente mexicano Vicente Fox, el Secretario de Estado estadounidense, Colin Powell y el Papa en el Vaticano. Ningún opositor cubano —ninguno— ha recibido en los últimos años la misma atención que Payá. Y ninguno, como Payá, ha sido nominado al premio Nobel de la paz.

Sin embargo, fue el ex presidente estadounidense Jimmy Carter quien —con un discurso transmitido en vivo por la televisión nacional en Cuba— impulsó a Payá y a su propuesta de cambio. "El proyecto Varela", me explicó Payá, "pide que se consulte al pueblo cubano sobre cambios en las leyes para que se pueda ejercer la libertad de expresión y asociación, para que se liberen a los presos políticos pacíficos... para que los cubanos puedan elegir libremente a sus representantes y para que se realicen elecciones libres". Más de 11 mil cubanos han firmado ya la propuesta para exigir un plebiscito.

¿Quién, dentro del exilio cubano, no quiere esos derechos y libertades en Cuba? El problema para muchos exiliados no es el fondo sino la forma. En el mejor de los casos, el proyecto Varela les parece una propuesta ingenua, irrealizable, soñadora. Pero el argumento más fuerte es que no quieren validar la actual constitución cubana ni al sistema castrista. Y, para un sector del exilio, el proyecto Varela legitima, de alguna manera, las leyes de la dictadura. Se lo pregunté a Payá. "¿Le está haciendo el juego a Castro?" cuestioné. "Esto no es ningún juego; es un movimiento liberador contra ese régimen que dirige Castro", me contestó. "Y no excluye a otros proyectos, pero sí excluye la parálisis de los que dicen que esto es hacerle el juego a Castro".

Me queda muy claro que la mayoría de los dos millones de cubanos que vive fuera de Cuba quiere terminar con la dictadura de Castro. Pero donde no parece haber consenso es en la forma de atacarlo y de acabar con su régimen. Era doloroso escuchar en algunos programas de radio en Miami cómo criticaban e insultaban a Payá cuando él, al iqual que los radioescuchas cubanos, lo único que quiere es acabar con la dictadura.

Hay dos temas fundamentales que separaron a Payá de las alas más conservadoras del exilio cubano: el embargo estadounidense y una posible transición pacífica en Cuba. Aunque el embargo ha ido perdiendo apoyo, particularmente entre los cubanoamericanos más jóvenes, es para muchos una cuestión de principios y un símbolo de resistencia y de dignidad. "¿El embargo ha servido de algo para terminar con el régimen de Castro?" le pregunté. "No", me dijo. "¿No ha hecho nada en contra de Castro?" insistí. "No", confirmó Payá. "Ya hubiera terminado (con la dictadura)".

Payá tiene la teoría de que hay que "desamericanizar" el conflicto cubano y está convencido que "el embargo no es un factor de cambio dentro de Cuba". Tampoco apoya métodos violentos de cambio. Contrario a lo que piensan algunos de los exiliados cubanos más radicales, Payá se opone a cualquier intento de matar a Fidel Castro. "La muerte no trae la libertad", me dijo. "No es una forma de liberar a Cuba: es algo que yo no apoyo, es algo que yo repudio".

Lo que sí apoya Payá es un cambio desde adentro de Cuba. "Oígame", me dijo, "nosotros vivimos en un régimen totalitarista, como peces en un estanque de agua sucia". "¿El cambio no viene por fuera?" lancé, buscando una aclaración. "Por fuera de Cuba no viene", me dijo. "El cambio viene desde adentro porque la tiranía donde está es adentro". Es una estrategia similar a la que siguió Lech Walesa en Polonia y Vaclav Havel en Checoslovaquia, cuando ambos países eran dominados por líderes comunistas.

Este disidente fundador del Movimiento Cristiano Liberación, que gana sólo diecisiete dólares al mes —reparando equipos de terapia intensiva— para sostener a su esposa y tres hijos adolescentes, se está jugando la vida con el proyecto Varela. Y esa es, creo, la mejor prueba de la legitimidad de su lucha. "Temo por mi vida", me dijo, "porque me pueden meter un balazo; puede pasar uno de esos carros de la seguridad que me persigue… Yo vivo rodeado por dispositivos de la Seguridad del Estado, filmándome, observándome".

Otros, igual de comprometidos, pero inevitablemente más cómodos, luchan desde fuera por la libertad de Cuba. Payá hace lo mismo, pero desde adentro. Esa es la diferencia y ese es su valor.

5 BUSCANDO CASA DE LA HABANA A SANTIAGO

Santiago de Cuba. Había que rascar mucho, pero la búsqueda sonaba fascinante. Cuatro familias del exilio cubano —que huyeron poco después del triunfo de la revolución en 1959— me habían pedido que pasara a visitar la casa en la que habían vivido en Cuba y, de ser posible, filmarla y tomarle fotografías. A decir verdad, esto me llamaba más la atención que estar escuchando las larguísimas misas del papa Juan Pablo II y tratar de descifrar sus oscuros contenidos políticos.

Una de las casas estaba en La Habana, otra en Camagüey y dos en Santiago.

Quienes me lo habían pedido querían recuperar una parte de su pasado; un pasado apenas recordado en interminables charlas de sobremesa o mientras se veía a reojo algún reportaje de cómo era

Cuba —antes de que el dictador Fidel Castro se chupara la isla— por el Canal 23 de televisión en Miami.

Así que en los pocos momentos de calma que hubo durante la visita papal a la isla, me puse a buscar casas en Cuba. Lo que encontré fue una verdadera radiografía de los radicales cambios vividos por los cubanos a través de cuadros, jardines, techos y paredes.

La primera casa que visité, en el distrito de Miramar en La Habana, era de los abuelos de mi hija Paola. Fue fácil localizarla, por sus dos pisos y el color de pintura —verde pistache— que parecía no haber cambiado en los últimos cuarenta años. Pero por dentro sí había cambios.

La casa que antes ocupaba una sola familia, ahora la habitaban dos. Uno de los cuartos y el garaje se le habían entregado a la mujer que por años ayudó con el servicio doméstico. Y era fácil entender su apoyo incondicional a Fidel Castro y a su régimen; ella consiguió una casa y su hija, que vivía con ella, estudiaba gratis en la Universidad de La Habana.

La otra parte de la casa, la más grande, la compartían una madre y su hijo. Cuando le comenté lo que estaba haciendo, ella me dejó pasar a la sala, muy amablemente, para tomar algunas fotografías. Pero de pronto se apareció su hijo quien, según me comentaron después, era miembro del partido comunista. Nunca me dio la cara y rápidamente le pidió a su madre que me hiciera salir de la casa.

A decir verdad, hay muchos cubanos que temen perder sus casas si cae la dictadura castrista. Son, en su mayoría, construcciones viejas que les fueron expropiadas a quienes decidieron salir del país. Y el miedo —que no tratan de mitigar las autoridades cubanas— es que los exiliados cubanos están esperando la primera oportunidad para recuperar su propiedad. El asunto es sumamente complejo, ya que los actuales ocupantes llevan más tiempo viviendo en esas casas que sus primeros dueños. ¿De quién es, por ejemplo, una casa construida y pagada por la familia Pérez —antes de la revolución—, pero que lleva manteniendo y cuidando la familia Sánchez por más de tres décadas?

De La Habana me fui a Camagüey, la ciudad más católica de Cuba, donde llevaba la tarea de encontrar la casa de la familia de Vivián, una compañera del trabajo. También fue fácil dar con ella; por la puerta grande junto a una panadería. Igual que en La Habana, aquí me dejaron pasar para filmar su interior.

Me encontré con una viejita, blanca y enferma, que estaba escuchando el discurso del papa Juan Pablo II y a quien le parecía increíble que un líder anticomunista tuviera acceso irrestricto, sin censura, por la televisión cubana. Pronto empezamos a hablar del padre de mi amiga, que vivió en la casa que el gobierno le otorgó a ella.

Se emocionó al recordarlo con un par de gotitas que nunca lograron salir de sus cansados ojos. "Era un muchacho muy inteligente y muy decente", me dijo. "Siempre estaba cuidando a sus hermanos y hasta les cocinaba. Era muy decente, muy decente". No se acordaba de muchas cosas más, pero sí de que era muy, muy decente.

De dos, dos.

La tercera casa que visité estaba en Santiago. Manejamos —junto con el productor Rafael Tejero y el camarógrafo Raúl Hernández— durante toda la noche en una carretera de una sola vía, desde Camagüey, para llegar poco antes de la salida del sol. El avión del papa aún no había aterrizado, así que tempranito nos fuimos a buscar la casa donde vivió la mamá de Sylvia, con quien he trabajado varios años.

En realidad era un edificio de apartamentos sobre un banco en una calle empinada junto a una iglesia frente a una famosa plaza arbolada en el centro de la ciudad. Imposible de perder. Con un poco de preocupación nos abrieron la puerta, pero al rato ya estábamos fotografiando cuartos, sala, baños y cocina. Fue un verdadero viaje al pasado; la familia que se quedó con el piso había mantenido, incluso, algunos de los mismos muebles que dejaron los dueños originales.

Ya iban tres. Pero encontrar la cuarta casa, también en Santiago, iba a resultar un verdadero reto a la memoria y a la persistencia. Lo único que sabía es que quedaba en la zona de Vista Alegre en la calle 9, entre la 8 y la 10. Punto. Los papás de Lisa, rascando sus recuerdos, me dieron un número de la casa. Pero no estaban muy seguros de él.

Ésa, por cierto, fue una experiencia común en todas las búsquedas. Las familias en el exilio recordaban cosas impresionantes —olores de la cocina, forma de los árboles, que una puerta no abría bien o que una persiana estaba rota—, pero se olvidaban de lo básico de la casa, como su localización y número.

Total, con la información que tenía, me puse a pescar por Santiago. Llegamos a Vista Alegre —un fraccionamiento con calles muy anchas que sugerían, también, una época de carteras y bolsillos anchos— y a la calle y número que llevaba apuntado en un pedazo de papel. Ahí estaba, no me podía equivocar.

La casa de dos pisos era ahora de dos familias. El de arriba lo ocupaba un militar y estaba cerrado. Aparentemente se había ido desde muy temprano para participar en las labores de seguridad por la visita del papa. Y en el piso de abajo me encontré con una mujer, ya en la mediana edad, que aseguró conocer a la familia de José y Sally Bolívar, los padres de Lisa. Entré a la casa, lentamente y con una sonrisa, como si me develara de pronto algún misterio. Aquí —pensé— habría nacido y crecido Lisa, si la historia no hubiera dado tantos tumbos.

Tomé fotos y video, entré a todos los cuartos, caminé por el pequeño patio trasero y me detuve en la cocina. Aspiré, como si me pudiera llevar un pedacito de esas habitaciones en los pulmones, y traté de grabarme en la mente todos los detalles de una visita que, estaba seguro, tendría que contar y recontar. Pero debí sospechar algo raro cuando la mujer me dijo que el antiguo dueño de la casa "era una persona muy decente". Y lo es. Pero ésa era exactamente la misma frase que había escuchado antes en Camagüey.

Esa tarde regresé por avión de Santiago a La Habana y lo primero que hice fue llamarle a Lisa para contarle que había visitado la casa donde vivieron sus papás antes de emigrar a Puerto Rico. Le describí cómo era la casa de dos pisos, cómo estaba arreglada, etcétera…

Pero por la noche, Lisa se comunicó conmigo, después de hablar con sus padres, para decirme algo que me dejó helado. "La casa que visitaste en Santiago no era la de mis papás", me comentó muy seria. "La de ellos no era de dos pisos".

Obviamente algo no había salido bien; de seguro llevé el número equivocado o fui a una calle que no era la correcta. O quizá, los Bolívar habían bloqueado por tanto tiempo sus recuerdos de Cuba que cuando trataron de rescatarlos, no los hallaron intactos; había baches de la memoria, silencios intransigentes y hoyos demasiado dolorosos.

Sin embargo, todavía no acabo de entender por qué la mujer que encontré en la casa me hizo creer que ahí vivieron los Bolívar. ¿Para quedar bien conmigo? ¿Para no desinflar mis expectativas? O tal vez porque realmente no sabía. Pero al menos he aprendido una cosa: cuando alguien en Cuba te dice que una persona a quien tú conoces es muy "decente", hay que ponerse a dudar.

La historia de la búsqueda de la casa de los Bolívar tuvo, al menos, un resultado positivo. La mujer que me mostró la casa en Santiago me dio una carta para sus familiares en Miami. A mi regreso, les entregué la misiva junto con un videocassette con las imágenes que filmé. Inmediatamente reconocieron la casa donde ellos —no los Bolívar— habían vivido en Santiago. "Es el mejor regalo que alguien me ha dado en mucho tiempo", me dijo un sorprendido hombre. "Con ese video he recuperado un poquitico de mi infancia".

6 PUERTO RICO, ¿LA ISLA INDECISA?

Hay pájaros que se quedan en la jaula, aunque tengan la reja abierta.
(Esto se lo escuché a una periodista puertorriqueña —que estoy seguro prefiere que no la identifique— cuando le pedí que me ayudara a entender el estatus político de la isla.)

San Juan. Puerto Rico es un enigma para muchos latinoamericanos. Es prácticamente imposible imaginarse un país de América Latina que quisiera ceder su soberanía para convertirse en un estado más de Estados Unidos. Miles de latinoamericanos han muerto en guerras independentistas. Sin embargo, existen muchísimos puertorriqueños que estarían dispuestos a incorporar Puerto Rico, voluntariamente, a Estados Unidos.

Así.

Bueno —y es preciso decirlo—, aquí hay más de un siglo de historia conjunta desde que Estados Unidos venció a los colonizadores españoles en 1898 y es inevitable reconocer las ventajas de estar asociado con la única superpotencia militar y económica del mundo. Pero las cosas no son tan sencillas.

A pesar de que los habitantes de esta isla tienen pasaporte estadounidense, en ninguno de mis viajes he podido encontrar a un solo puertorriqueño que a la pregunta "¿De dónde eres?" me respondiera "De Estados Unidos".

Es decir, antes que nada, los habitantes de esta isla se perciben a sí mismos como puertorriqueños. No como estadounidenses.

Aunque en la práctica los puertorriqueños saben que su asociación político-económica con Estados Unidos les favorece —no pagan impuestos federales y tienen acceso a un gigantesco sistema de protección social, entre otras cosas—, su identidad está intrínsecamente ligada, como cualquier otro pueblo, a su historia, idioma, cultura y tierra.

Eso los hace únicos.

Por lo anterior, para muchos puertorriqueños el tener que decidir por una opción permanente —desde la estadidad hasta la independencia— implicaría perder algo. Quizá oportunidades económicas, quizá su cultura y lenguaje. Y por eso, ante las alternativas, han preferido quedarse como están.

¿Es Puerto Rico una isla indecisa?

Bueno, la respuesta no es tan clara. El blanco y negro no se hicieron para Puerto Rico.

Si Puerto Rico se convirtiera en el estado cincuenta y uno de la Unión Americana, los puertorriqueños podrían sentirse presionados a desechar su bagaje cultural y el español (como ya está ocurriendo en algunas poblaciones de Georgia).

Y si se independizara —aunque ni siquiera el 5 por ciento de la población isleña favorece esta opción— perderían los incentivos económicos y la red social que los protege.

En cambio, si se quedan como están, con un estado libre asociado, extenderían esa especie de limbo legal que tan bien les ha funcionado por varias décadas.

Para muchos, Puerto Rico actualmente vive lo mejor de dos mundos.

Puerto Rico es uno de los lugares más politizados que conozco.

Los niveles de participación electoral están entre los más altos del mundo y nunca me ha costado trabajo en Guaynabo, Río Piedras o Fajardo iniciar una acalorada conversación —entre tostones, tamales y cueritos de puerco— sobre el futuro político de la isla.

A pesar de análisis que sugieren lo contrario, es muy probable que el último plebiscito —en diciembre de 1998— haya reflejado correctamente el verdadero sentir de la mayoría de los puertorriqueños. Fue como decir: así estamos bien. El 50.2 por ciento votó por ninguna de las varias opciones políticas que tenían en la boleta, incluyendo la estadidad.

Es cierto; todo el proceso del referéndum estuvo ensuciado por intereses partidistas y plagado de zancadillas. Pero más de la mitad de los casi cuatro millones de votantes escogió la única alternativa que no obligaba a cambiar nada.

De nuevo, Puerto Rico escogió la flexibilidad como opción política porque es lo que más le conviene.

Por ahora.

El periódico the *New York Times* escribió poco después del referéndum un editorial (titulado "Confusión sobre el voto de Puerto Rico") en el que concluía que el voto de los puertorriqueños en el pasado plebiscito no los "acercaba a definir su futuro". Y en eso el diario tiene razón.

La verdad es que —con la excepción de algunos políticos— yo no he sentido en esta visita (ni en las anteriores) que a los puertorriqueños les urja decidir de manera permanente su futuro político. Han realizado varios plebiscitos y ninguno ha tenido consecuencias de peso.

Irónicamente, la división de los puertorriqueños sobre este tema ha tenido un fuerte aliado en el Senado de Estados Unidos. El Senado bloqueó un plan de transición de diez años que hubiera culminado con la estadidad o independencia de Puerto Rico.

Así, con la mayoría de los puertorriqueños que prefiere no tomar una decisión irreversible y con el Senado estadounidense que no los deja, el panorama a mediano paso es claro: estado libre asociado. Un poquito de aquí y un poquito de allá.

Quizá a los latinoamericanos nos cueste entender que en estos momentos Estados Unidos y Puerto Rico son de un pájaro las dos alas (perdón, Cuba) y que el concepto de soberanía de muchos puertorriqueños no es tan excluyente como el del resto del continente.

Creo que para la mayoría de los habitantes de América Latina la única opción legítima, si estuvieran en los zapatos de Puerto Rico, sería la independencia.

Pero esos zapatos no son nuestros.

Me parece que los puertorriqueños ya ejercieron su derecho a la autodeterminación y dijeron: déjennos como estamos.

Por ahora.

POSDATA DE ESPALDA AL SOL. Además de la política, hay ciertas cosas que los puertorriqueños hacen de manera diferente. Y déjenme contarles una anécdota, inocua, pero que refuerza este punto de vista. Durante mi primera visita a Puerto Rico, hace muchos años, fui a una de las playas del sector de Isla Verde. Y ahí me encontré a cientos y cientos de jóvenes, sentados, dándole la espalda al mar. Era como si algo, muy poderoso, jalara su atención al lado opuesto del océano.

Sorprendido, traté de identificar qué era lo que estaban viendo, pero no encontré absolutamente nada que justificara —para mí— esa extraña posición. Sólo unos edificios de apartamentos. A los pocos minutos, sin embargo, me di cuenta que los bañistas estaban siguiendo al sol para tostar sus pieles y que poco les importaba dónde estuviera el mar. Obviamente mi cultura isleña es muy limitada, pero ésa es la única playa del mundo donde he visto que, de manera colectiva, se le dé la espalda al mar para seguir al sol.

En Puerto Rico, también, he encontrado algunos de los restaurantes más fríos del mundo. No sé por qué les gusta tener a los clientes a punto de congelación y con la mandíbula paralizada. Generar electricidad en el Caribe es tan difícil y caro que, quizá, un buen sistema de aire acondicionado es sinónimo de prestigio y buena comida. No sé. Pero son friísimos.

Basta decir que, igual en las playas y restaurantes, como en la política, los puertorriqueños tienen una forma muy particular de ver y enfrentar sus dilemas.

7 EL DÍA QUE NOS EQUIVOCAMOS EN NICARAGUA (Y ENTREVISTA CON EL PRESIDENTE)

Managua, Nicaragua. La historia había pasado frente a mí y ni cuenta me di. Era el 25 de febrero de 1990. Después de un largo y tenso día, muchos esperábamos que los primeros resultados de las elecciones generales corroboraran lo que había pronosticado la mayoría de las encuestas: que el presidente Daniel Ortega se reelegiría fácilmente al ganarle a la candidata de la oposición, Violeta Chamorro. No había lugar para sorpresas. O por lo menos, eso creíamos.

Mónica Seoane, entonces corresponsal de Univision en Centroamérica —y una de las mejores que ha cubierto la región—, también estaba confiada del triunfo sandinista y decidió asistir a la conferencia de prensa de Daniel Ortega. Sus contactos con los sandinistas eran extraordinarios, tanto así que acabó casándose con Joaquín Cuadra, uno de los líderes del movimiento y luego jefe del ejército nicaragüense. No podía pelearle a Mónica su fuente. Me tocaba cubrir a la oposición; supuestamente, los perdedores.

Tomé una libreta de apuntes y me dirigí sin muchas ganas al centro de campaña de UNO, la coalición política que empujó la campaña de doña Violeta. Eran cerca de las ocho de la noche. Pero cuando llegué, lejos de encontrarme caras largas y denuncias de fraude, me topé con un ambiente de fiesta. Ellos, los simpatizantes de Chamorro, sabían algo que yo —y la mayoría de los corresponsales extranjeros— desconocía: Violeta estaba ganando.

Busqué una silla en una esquina, al fondo del salón, y me puse a presenciar el espectáculo, tratando de no llamar la atención. Pero al poco rato, la gente empezó a voltear a verme y a gritar: "Ramos, ustedes en Univision se equivocaron; Violeta le ganó a Daniel". El ambiente se caldeó cuando un par de opositores, bien conservados en alcohol, me trataron de echar del lugar.

Me quedé. Pero los gritos y las críticas no pararon.

Lo que había pasado es que casi todas las encuestas realizadas durante los meses previos a las elecciones en Nicaragua habían dado a Daniel Ortega como claro favorito. Una de esas encuestas fue realizada por el reconocido investigador Sergio Bendixen para Univision. Y, frente a las críticas de la oposición en Nicaragua, recuerdo haber dicho al aire, por televisión, que Sergio nunca se había equivocado al pronosticar una elección (hecho que, por supuesto, era cierto). Sin embargo, siempre hay una primera vez.

Hacia las 10 de la noche todavía no había resultados oficiales, pero la información de los jefes de campaña de la oposición parecía confiable. Lo impensable había ocurrido: Violeta sería la próxima presidenta de Nicaragua.

Inmediatamente me puse en contacto telefónico con Mónica y sólo me dijo con una voz muy suave, apenas audible: "Jorgito, no sé nada; están todos reunidos con Daniel". Ésa fue la confirmación que necesitaba. Si Mónica no podía dar como un hecho el triunfo de los sandinistas, es que algo les había salido mal.

La reunión duró toda la noche. Y al salir el sol, Ortega, bajo fuerte presión de los observadores internacionales, fue obligado a reconocer su derrota. La revolución sandinista había llegado a su fin. Y la arrogancia de los periodistas y las encuestas también.

Nicaragua nunca ha sido un país fácil de leer. Y el mejor ejemplo está en la forma tan garrafal en que nos equivocamos muchos periodistas —y con nosotros, la opinión pública internacional— en las elecciones presidenciales de 1990. Nos tragamos el cuento de las encuestas y nos quemamos al creer que los sandinistas se perpetuarían en el poder. Ésa es una lección que no debemos, no podemos olvidar.

Acabo de rescatar de un oscuro y polvoriento cajón los garrapateados apuntes que escribí en ese 1990; varias encuestas anunciaban con bombos y platillos que los sandinistas y el presidente Daniel Ortega ganarían la votación, extendiendo así por otro sexenio sus once años en el poder. Recuerdo también cómo dos encuestas indicaban con firmeza, pero sin tanta publicidad, que los sandinistas iban directo al fracaso. Pero nadie estaba escuchando esos mensajes. La triunfalista campaña de los sandinistas ya los había declarado ganadores, incluso antes de que el primer voto cayera en las urnas.

Como periodistas —y aquí hablo a título personal, no a nombre de ninguna empresa— hicimos lo obvio al informar sobre las distintas encuestas que favorecían a los sandinistas, pero creo que erramos en el énfasis y tono de los informes, y en la falta de profundidad del contexto. Fallamos al no percibir que los resultados de las encuestas eran muy distintos a lo que nos decía la gente; fallamos al no cuestionar los métodos y al personal usado por los encuestadores; fallamos al no darnos cuenta que, en ese momento, la historia del mundo estaba dando la vuelta al centro; fallamos al no entender que en un régimen autoritario nadie confía en extraños.

En la Nicaragua de 1990 había miedo y eso descuartizó la confiabilidad de la mayoría de las encuestas. La televisión —controlada por los sandinistas— se olvidaba casi siempre de la entonces candidata de oposición Violeta Chamorro, e insistía en reproducir las promesas de un jovial Ortega, eternamente uniformado de *jeans* y camisas de color. Pero la televisión nunca pudo transmitir el terror en los ojos de un elector que se inclinaba por la oposición, cuando el periodista o el encuestador preguntaba: "¿Y usted por quién va a votar?" La respuesta generalmente era una evasión o una mentira.

El miedo es lo que no supimos medir en Nicaragua. Era más fácil manejar números, aunque estuvieran cargados de prejuicios.

Otro error fue pensar en Nicaragua como si fuera una isla. La oposición chilena le había dicho no al general Augusto Pinochet durante el plebiscito de 1988, el muro de Berlín había caído, en 1989, Europa del Este se hacía rompecabezas, Cuba se quedaba sin los subsidios y la Unión Soviética estaba a punto de ponerle un ex a su nombre. Nicaragua no podía estar ajena a todo esto.

Pero más importante que este giro en la historia fue el que los sandinistas menospreciaron el poder político de una oposición unida. Entre los que apoyaban a Violeta Chamorro había diferencias abismales. Pero al menos coincidían en que sólo juntos podían ganarle a un Daniel Ortega que viajaba en sandinomóvil y que se sentía invencible. Los sandinistas jamás se imaginaron que los podía derrotar una candidata que les decía maternalmente a los corresponsales extranjeros: "Ay mi'jito, de eso no me pregunte". Se les olvidó a los sandinistas que la inexperiencia política de Chamorro estaba más que compensada por su valor simbólico y por el recuerdo de su esposo asesinado durante el fin de la dictadura somocista.

Chamorro ganó con el 55.2 por ciento del voto.

El recuerdo de esa larga noche del 25 de febrero de 1990, durante la cual los sandinistas se vieron obligados a reconocer su derrota, ha sido una de las mejores clases de periodismo que he recibido; hizo añicos mi fe en las encuestas, me forzó a cuestionarlo todo dos y tres veces, y solidificó mi convicción de que nada debe reemplazar el viejo arte de preguntar, escuchar y narrar lo que vemos.

POSDATA DESPUÉS DE LA VERGÜENZA. Para combatir la tentación de pronosticar, por un tiempo me dio en cargar entre mis papeles algunas páginas sueltas de *El laberinto de la soledad* de Octavio Paz, para leer y releer las partes en que habla de las máscaras. No podemos volver a olvidar que en Nicaragua —como en México y muchas otras naciones— la verdadera cara del país nunca ha estado en la superficie, ni se puede entender únicamente con cifras, porcentajes y encuestas.

POSDATA-ENTREVISTA CON EL PRESIDENTE DE NICARAGUA

Managua. Era la primera vez que entrevisto a un Arnoldo Alemán trajeado y con corbata. El día que platicamos —a finales de noviembre de 1998— estaba esperando al Presidente de Francia, Jacques Chirac, y a la Primera Dama estadounidense, Hillary Clinton, y supongo que la corbata era lo mínimo que exigía el protocolo.

Alemán siempre se ha autodefinido como "bien sencillo, campechano". Pero eso no quiere decir de que le falte disciplina. De hecho, desde que el huracán *Mitch* destruyó una parte de Nicaragua, les exigió a todos los empleados públicos que entraran a trabajar a las 7:15 de la mañana. Y él personalmente se aparecía en los ministerios, de sorpresa, para asegurarse que sus órdenes fueran cumplidas. A los jefes que no encontraba, les dejaba unas notitas que hacían temblar. Decían: "Te vine a buscar y no te encontré. Atentamente, Arnoldo Alemán".

A pesar de ejemplos como el anterior, Alemán también tenía su lado flaco. Sus opositores lo acusaban —entre otras cosas— de tener a demasiados familiares en su gobierno y de estar buscando, desde ahora, la reelección. De hecho, durante la entrevista, Alemán lanzó su campaña de reelección... ¡pero para el año 2006! Y en eso Alemán es único; no conozco a ningún político que se haya lanzado con ocho años de anticipación.

La conversación, por supuesto, comenzó con los destrozos causados por el huracán *Mitch* en Nicaragua y con la "deuda eterna, no externa" de 6,500 millones de dólares que Alemán quería que le fuera perdonada por los bancos y organismos internacionales. "Por cada dólar en educación", me dijo el mandatario nicaragüense, "pagamos cinco por el servicio de la deuda". Así iniciamos:

JORGE RAMOS: Hablemos de las cifras que tiene hasta el momento. ¿Cuántos muertos hay en Nicaragua (por el huracán *Mitch*)?

ARNOLDO ALEMÁN: Casi es imposible saber la cantidad de muertos en el aluvión más destructor que ha tenido Nicaragua... Yo especulo que tenemos más de cuatro mil víctimas, muertas, por consecuencia del *Mitch*.

JR: En el exterior no se acaba de entender por qué no quiso declarar el estado de emergencia en Nicaragua (tras el huracán).

AA: Es sencillo... Volveríamos a un triste pasado (totalitario). En primer lugar, la constitución no se lo permite al presidente. Si hubiese emitido (el estado de emergencia), inmediatamente la oposición —el Frente Sandinista— hubiese lanzado el mensaje a desacatar por haber dado una orden anticonstitucional. Hemos demostrado que somos un país que hemos dejado atrás la dictadura.

JR: El hecho de que haya decidido que la Iglesia Católica tome el liderazgo en la coordinación de la ayuda, ¿no es aceptar que hay corrupción en su gobierno y que usted no confía en su propio gobierno?

AA: Hay miles de percepciones. Hay gente que manipula las informaciones. (Escogimos a la Iglesia Católica) para dar una diafanidad y transparencia, no sólo local sino internacional. Ahora sí tengo la plena seguridad que (la ayuda) ha llegado a los damnificados. No importa que el gobierno ceda parte a la sociedad civil. Nicaragua es un país en que el 80, 85 por ciento es eminentemente católico (y) la iglesia tiene una experiencia de veinte siglos…

JR: Quería preguntarle un par de cosas más que no están vinculadas directamente con lo del huracán. ¿Cómo se siente usted, cuando va en su caravana de camionetas, y la gente le hace la señal de ladrón y lo abuchea en la calle?

AA: Eso, Jorge, yo te quiero decir…

JR: Lo vi.

AA: Lo viste y está en cámara. La gente que vino en el 79 —con una mano por delante y otra mano por detrás— ahora tienen canales de televisión, tienen radio, tienen periódicos. Saben manipular, saben manipular a la gente, a la pasada de un puente, como si Arnoldo Alemán fuera el causante de que nos cayera un diluvio por cinco días… Lo he dicho con orgullo —y tengo mi frente muy en alto— que se señale dónde están los actos de corrupción para que de inmediato podamos corregir.

JR: ¿Le puedo dar dos casos en que la gente nos ha dicho que perciben corrupción de su gobierno?

AA: Sí señor.

JR: La carretera de su casa a su finca. ¿Quién la pagó?

AA: No existe carretera.

JR: ¿No hay una carretera de su casa a su finca?

AA: No señor. Es un camino público… Y lo único que se hizo en el interior de la casa que tú conoces, verdad, es una vía de escape para la seguridad del presidente. Porque te quiero decir: yo no tengo de oposición a un San Francisco de Asís, ni tengo de opositora a una Madre Teresa de Calcuta. Aquí hay que ser pragmático.

JR: La otra acusación que le hacen a su gobierno es por nepo-tismo. Que tiene a demasiados familiares y amigos dentro del gobierno.

AA: La prueba más fehaciente es que, de cuatro hermanos, dos hermanos son los únicos que trabajan conmigo. Uno como asesor jurídico.

JR: Pero, ¿cuántos familiares de usted hay en el gobierno?

AA: Dos personas, que son mis dos hermanos.

JR: ¿Eso es todo?

AA: Y una hija de mi hermano, simple secretaria, en el aero-puerto. Si existen (son) cinco personas, por su capacidad y no por su apellido Alemán. Nosotros somos una familia sencilla. La única gratitud perpetua de herencia que me dejaron mis padres es la honestidad y la capacitación.

JR: Hay gente que siente que su manejo de la caravana, con varias camionetas, es muy ostentoso. Y se acuerdan de su época —como alcalde de Managua— cuando usted solito manejaba su carro.

AA: No es cierto. Nunca lo he manejado. Siempre he tenido chofer. Y por la misma sugerencia del custodio personal, ver-dad, son cuatro camionetas del mismo color para que no sepan en cuál voy. Porque te vuelvo a decir. Mis opositores no son hijos ni hermanos de San Francisco de Asís.

JR: ¿No se le ha subido el poder?

AA: No, no. Yo soy bien sencillo. Yo voy al mercado, hablo con la mercadera. Soy campechano. Les molesta eso. Su gran temor es la franqueza de Arnoldo Alemán. Es de decirles en su cara quién es sinvergüenza… Ahora, yo soy un hombre que tiene los pies en la tierra. Hice mis escalones para subir. Estoy formando mi escalera para bajar.

JR: Hablando de escaleras, ¿usted puede descartar totalmente la posibilidad de reelegirse si se modificara la constitución?

AA: Ése es el gran temor que tienen. Y yo he dicho, por benefi-cio de Nicaragua, por beneficio del partido liberal —que va a volver a ganar en el 2001 las elecciones— y por beneficio de Arnoldo Alemán: no reelección. Eso sí, desde ahora me lanzo para el 2006, si Dios me conserva con vida.

JR: ¿Aunque hubiera cambio constitucional?

AA: Aunque hubiera cambio a la constitución. Ese punto no se va a cambiar.

JR: Una última pregunta… ¿Le preocupa que Nicaragua deje de ser noticia?

AA: Tremendamente. Y lo he dicho. A nuestros países sólo nos ven cuando hay guerra y nos matamos entre nosotros, cuando hay huracanes o hay maremotos… Si mañana viene un juicio al presidente Clinton o sucede cualquier otro acontecimiento, y dejan a Honduras y Nicaragua olvidados, enterrados, pues va a ser difícil que la democracia —que nos ha costado mucho— se consolide y salga adelante.

Semanas después de la entrevista surgieron nuevas acusaciones contra Alemán. El contralor Agustín Jarquín le pidió al presidente que explicara cómo su riqueza personal había aumentado de 26 mil dólares en 1990 a 993 mil en 1997.

Alemán asegura que el impresionante crecimiento de su fortuna se debe al aumento en el precio de propiedades heredadas. "No tengo ninguna razón para robar", añadió.

Para ser justos, tengo que decir que en marzo de 1997 un asesor de Alemán me hizo llegar por fax la declaración de bienes del mandatario. Alemán es uno de los pocos presidentes latinoamericanos que ha hecho pública dicha declaración. Hacer pública la declaración de bienes es una actitud muy saludable en un hemisferio plagado de corrupción y de políticos que se sienten intocables. Así que no es ningún secreto que el presidente tenía resuelta su vida —económicamente hablando— antes de ganar la presidencia.

El 9 de enero de 1997 Alemán declaró públicamente que tenía 9,495,020 córdobas (que en ese entonces equivalía, más o menos, a un millón de dólares). Alemán tiene tres haciendas, tres casas y un terreno en Nicaragua, así como un apartamento que heredó de sus padres en Miami. En su declaración patrimonial se incluye el valor de sus inversiones, cuentas bancarias, joyas y objetos de arte.

El presidente de Nicaragua ganaba el equivalente a 1,333 dólares al mes y no recibía ningún bono o compensación extra. Así que cuando entregue el poder no debe tener más dinero que la suma de su patrimonio y la acumulación de su salario. Y si tuviera más dinero, tendría que explicar de dónde vino.

Sin embargo, sí es importante aclarar dos cosas: la primera, que no me consta el origen de la fortuna de Alemán. Y la segunda, que desconozco las verdaderas motivaciones de Jarquín, quien era un posible candidato presidencial y cuya contraloría tampoco fue ejemplo de pulcritud moral; lo agarraron en unos extraños manejos de fondos que aún no tienen plena explicación.

Y hasta ahí se los dejo.

8 ENTERRADOS BAJO EL VOLCÁN CASITA

Posoltega, Nicaragua. Muy poco en mis casi veinte años de periodista me había preparado para lo que vi en las faldas del Volcán Casita, al noroeste del país.

La catástrofe del pasado 30 de octubre de 1998 apenas se estaba conociendo en todas sus dimensiones. Y tuve la suerte —¿suerte?— de ser uno de los primeros reporteros en llegar, tras el deslave del volcán, a lo que hoy es un gigantesco e improvisado cementerio de más de dos mil personas. Pero vamos por partes.

La tragedia ocurrió un viernes. Apenas rasgaban las once de la mañana. Estaba muy nublado y hacía cinco días que no dejaba de llover; el huracán *Mitch* continuaba estacionado frente a la costa atlántica de Honduras y Nicaragua. La tierra estaba ablandada, pero casi nadie en el pequeño municipio de Posoltega podía sospechar que el Volcán Casita iba a salirse de su piel. Casi nadie.

La noche anterior al deslave, el encargado de la antena de transmisiones del Canal 2 de televisión —que se encuentra en la punta del volcán— llamó angustiadísimo a sus jefes para decirles que él se iba de ahí porque la tierra hacía unos ruidos muy raros. El Volcán Casita estaba a punto de reventar. Y vomitaría, no lava, sino una mole de agua, lodo, piedras y árboles.

El encargado de la antena de televisión no fue el único en dar la señal de alarma. La alcaldesa de Posoltega, Felícita Zeledón, había avisado a las autoridades en Managua, y a los medios de comunicación a nivel nacional, que el volcán se les podía venir encima. Algunos la tildaron de loca y exagerada. Otros ni siquiera le pusieron atención. ¿Quién se podía preocupar por un pequeño municipio, cerca de la frontera con Honduras, cuando el resto del país se estaba desbaratando por las lluvias e inundaciones?

No hubo vuelos de reconocimiento para analizar, desde el aire, las condiciones del terreno. La zona militar de Chinandega —que supervisa el municipio de Posoltega— no cuenta con un solo helicóptero; los siete helicópteros de la fuerza aérea nicaragüense estaban concentrados en Managua, la capital. No hubo órdenes de evacuación.

Nadie les fue a avisar a las dos comunidades agrícolas construidas sobre la ladera del volcán que corrían peligro de ser arrasadas. Estaban demasiado aisladas del resto del municipio y enviar un vehículo, en medio de las lluvias torrenciales, habría parecido suicida y quizá innecesario.

Bueno, no hubo ni siquiera una palabra de advertencia. Y, aunque la hubiese habido, a través de la radio, los 2,200 habitantes que vivían al pie del volcán tampoco la hubieran escuchado. Tenían, sí, agua potable. Pero no teléfonos ni electricidad. (Una radio con pilas era un lujo que no podía darse, prácticamente, ninguno de estos campesinos dedicados al cultivo del maíz.)

La muerte de estos pozoltecas estaba anunciada, en el resto del país, pero nadie se tomó la molestia de comunicárselos. Donde vivieron, murieron.

Esa mañana del viernes doña Anita creyó haber escuchado aviones. Muchos aviones. "Vienen a repartir provisiones", pensó la mujer de unos cuarenta años, pero cuyo rostro reflejaba veinte más. En lugar de provisiones se le vino encima un lodazal y la muerte de una nieta. Ella apenas salvó el pellejo. "Lo que soy yo, Anita, nunca había visto eso", me dijo.

En realidad, nadie había visto eso.

Lo que se les vino encima a quienes eran vecinos del Volcán Casita es difícil de cuantificar. Cuando un gajo del volcán se desmembró por la acumulación de las lluvias, toneladas y toneladas de lodo y piedras iniciaron su fatal recorrido desde la punta del volcán hasta el mar. El alud se llevó, en segundos, dos poblaciones completas; una —la Rolando Rodríguez— de 1,592 habitantes (según el último censo), y otra —El Porvenir— de unos 600.

El teniente coronel Denis Membreño, Jefe del Segundo Comando Militar del Ejército Nicaragüense, presintió que algo grave había ocurrido. Y ese mismo fin de semana, ante la imposibilidad de llegar por aire a la zona del volcán, envió por tierra a un grupo especializado de soldados.

Lo que vieron esos militares aún no se les borra de la retina; cientos de cadáveres confundidos con la maleza. Rescataron a algunos sobrevivientes, pero el lodo fresco les imposibilitó seguir adelante; un paso en falso hubiera significado ahogarse en verdaderas y humedas tierras movedizas.

Pasaron tres semanas desde ese viernes fatídico hasta que el lodo se solidificó.

Desde un helicóptero y en un día soleado vi, por primera vez, esa brecha mortal. Medía unos veinticinco kilómetros de largo, tres de ancho y hasta cinco metros de profundidad. A su paso no quedó nada. Tras aterrizar en el aeropuerto de Chinandega, manejé durante dos horas —sobre el cauce de un río recién creado— hasta llegar a las faldas del volcán. Y ahí sólo encontré silencio. Puro silencio.

Al poco rato di con una mujer que estaba buscando a su marido. Milagrosamente lo pudo identificar, pero los militares no la dejaron llevarse su cadáver. Había el peligro de infecciones y lo incineraron, sin mayor ceremonia, frente a sus ojos. Ella nunca dejó de llorar.

Ahí, más que los muertos, me impresionaron los vivos, los sobrevivientes. Cuando uno de ellos —Santos Centeno Vanega— se enteró que yo era un corresponsal extranjero, me jaló de la camisa y me detuvo. "Señor", me dijo. "Déjeme decirle unas palabritas, sólo unas palabritas".

Su historia me rompió por dentro. Santos Centeno Vanega perdió en el deslave del Volcán Casita a su padre, a sus cinco hermanos, a su esposa y a sus cuatro hijos. Y en una extraña necesidad interior, intentó recitarme, uno por uno, los nombres de sus familiares desaparecidos: "José Santos Centeno Vázquez, mi hijo, de catorce años.

Francis Centeno Vázquez, mi hija, de doce años, iba a cumplir los trece. Yaidirita Centeno, de ocho años. Juan Manuel... Juan Manuel... de cinco años..." No pudo seguir. Se echó a llorar.

Lo que vi junto al Volcán Casita es la versión nicaragüense de Pompeya y Herculano. Alguien, alguna vez, empezará a escabar y encontrará —como en las ruinas italianas— el momento exacto en que la vida se detuvo.

Y en esa lejana región de Nicaragua la vida se detuvo el viernes 30 de octubre de 1998 a las once de la mañana.

Si no lo hubiera visto, no lo creería.

9 LA GIRA DE LA INCONGRUENCIA: PERSIGUIENDO A CLINTON POR CENTROAMÉRICA

Managua, Tegucigalpa, San Salvador, Antigua. La idea de perseguir a Bill Clinton por cuatro países de Centroamérica en el mismo número de días no era, para ser franco, muy apetecible. A menos que se desembolsaran 5,500 dólares por persona para acompañar al presidente estadounidense en su avión, Air Force One, la odisea clintonia suponía una frántica carrera de obstáculos: aeropuertos llenos, vuelos atrasados, aduanas insoportables, noches sin dormir y ojeras hasta el piso, maletas desaparecidas, burócratas de mal humor y peor aliento, diplomáticos altaneros, presidentes (centroamericanos) nerviosos porque iban a pedir dinero y, lo peor, comida plástica de avión con jugo de úlcera.

Pero, ¿qué periodista le puede decir no, al que seguramente sería el último viaje de Clinton, como presidente, por Centroamérica?

¿Qué reportero puede resistirse a la tentación de ver cómo se maneja Clinton, en el exterior, sin Hillary y poco después de que Monica Lewinsky lo describiera por televisión como "un buen besador"?

Pero vamos a echarnos un poco para atrás.

La verdad es que mi viaje comenzó muy lejos de Centroamérica. Fue en Jackson Hole, Wyoming, donde me tocó ver la entrevista televisiva en que Monica contó con pelos y señales su *affair* con Clinton. Fueron dos horas en que 70 millones de estadounidenses se enteraron cómo una joven veinteañera le lanzó el anzuelo —o más bien, el elástico de sus calzones— al hombre más poderoso del mundo... y picó.

(Monica, y valga el paréntesis, me pareció una mujer inteligente, impaciente y ambiciosa que, al igual que sus compañeros de la generación X, tiene un marcado rechazo por la autoridad, una sensibilidad que odia ser coartada y, en general, una actitud irreverente hacia la vida. Pero ésa no es mi bronca; así le gustó a Clinton.)

En fin, con partes de esa llorosa y jugosa entrevista en la cabeza partí del hoyo de Jackson a Chicago (después de una poderosa tormenta de nieve) y luego de pasar un día en El Salvador —para cubrir las elecciones presidenciales del domingo 7 de marzo de 1999—, aterricé en el aeropuerto Augusto César Sandino, en Managua.

Ahí comenzaba la gira centroamericana de Clinton. Y el presidente llegó con varios aviones cargados de funcionarios y periodistas y un cheque sin fondos por 956 millones de dólares.

A pesar del interés de Clinton de repartir ese dinero entre las víctimas del huracán *Mitch,* el Congreso estadounidense no le había dado la autorización de gastárselo antes del viaje. Ni modo.

Mi avión, desde luego, se retrasó. El presidente de Nicaragua, Arnoldo Alemán, le estaba dando unas palmaditas de bienvenida a Clinton a un ladito de la pista, así que todos los vuelos fueron desviados por varios minutos hasta que acabaran.

Desconfiados como siempre de la alta tecnología del tercer mundo, Clinton y los estadounidenses trajeron sus propios helicópteros para este viaje. No querían un susto aéreo. Y quizá tenían razón. Tengo entendido que, después de la guerra, Nicaragua sólo se quedó con siete helicópteros y no todos funcionan; unos están descompuestos y otros son usados, literalmente, como refacciones.

Por si las dudas, o para que Clinton no se fuera solito a Posoltega,

Alemán se subió a uno de los helicópteros que traía el mandatario estadounidense. El presidente nicaragüense, quien se describe a sí mismo como "campechano", ayudó a que volaran las corbatas y la formalidad del norte. Alemán claramente estaba disfrutando esta pausa a las fuertes críticas de sus opositores que lo acusaban de haber acumulado, misteriosamente, casi un millón de dólares. Él decía que no se ha robado nada y que las acusaciones tenían motivaciones políticas.

Pero, me parece, que ambos presidentes hicieron un pacto: Alemán no le preguntó a Clinton sobre Monica y Clinton no le preguntó a Alemán del origen de su fortuna. Y asunto arreglado. Todos contentos.

En Posoltega, a las faldas del Volcán Casita, apareció Clinton el carismático. A los políticos les vendió promesas: "Le he pedido al Congreso estadounidense que reduzca las barreras comerciales con Centroamérica". Y a los sobrevivientes del huracán *Mitch,* Clinton los avasalló con su más potente arma: el saludo de mano.

A un pequeño hombre, con cachucha, que lo había perdido todo durante el huracán —casa, familia, trabajo y esperanzas—, Clinton casi lo levantó de la tierra. Lo saludó, con la mano derecha, le sostuvo el apretón por varios segundos, lo vio directa, intensamente, con unos ojos que gritaban compasión, y al final, en un toque mágico, Clinton puso la palma de su mano izquierda sobre el hombro derecho de este pobre, pobrísimo nicaragüense. Ahí lo quebró. Por unos segundos se sintió el ser más importante sobre la Tierra, aunque en realidad no tenía nada. Sólo el saludo de Clinton.

Lejos de Posoltega, algunos de los 10 mil damnificados por el huracán que viven en el asentamiento Nueva Vida, a las afueras de Managua, se habían preparado con sus trajes de domingo (aunque fuera lunes) para ver a Clinton. Pero esperaron y esperaron y esperaron y Clinton nunca llegó.

Qué lástima que Clinton no los vio porque ellos son algunos de los más pobres de los pobres. El Lago Managua se tragó sus casas durante el huracán y más de mil familias fueron trasladadas a un monte polvoriento. Ahí conocí a un muchachito de ocho años cuyos padres bautizaron como Jimmy Becker. Jimmy no tenía camisa ni zapatos ni iba a la escuela porque su mamá, sencillamente, no lo había inscrito. ¿El futuro de Jimmy? Tan sucio como su carita.

Como me dijo uno de los improvisados líderes de esta naciente comunidad, ellos viven en la "pobrería" y dentro de unas casuchas de madera, plástico y zinc.

Esto Clinton no lo vio. Es más, el presidente Clinton —no sé por qué— ni siquiera tenía en su itinerario un recorrido por uno de los más grandes campamentos de refugiados que he visto.

Los habitantes de Nueva Vida —que no es tan nueva ni es vida— se perdieron el saludo mágico del presidente chelito (así le dicen en Nicaragua a los rubios o güeritos como Clinton).

Siete horas y veinte minutos después de haber aterrizado en Managua, Clinton se fue a dormir. Pero en lugar de quedarse en algún hotel de la ciudad o en la embajada estadounidense, se subió a su avionzote con destino a El Salvador. Ahí durmió las dos primeras noches.

No sé si los nicaragüenses y los hondureños se ofendieron porque Clinton no quiso dormir en su tierra. ¿Por qué no se sentía seguro en esos lugares? En fin. Millones de dólares se gastaron para que Clinton durmiera en otra cama a cientos de millas.

Felices y caros sueños.

El martes 9 de marzo le tocó el turno a Honduras. Bueno, la verdad, Clinton se pasó la mayor parte de su visita en la base aérea estadounidense de Palmerola. Y cuando salió de ahí, pasó un ratito sobre un puente en Tegucigalpa donde, según decía la información oficial, "haría un recuento de los daños causados por *Mitch* en Honduras".

Estos políticos, en serio, a veces se la jalan.

Yo me fui al mismo puente en Tegucigalpa donde estuvo parado Clinton y no hay manera de analizar, desde ahí, la magnitud de la tragedia ocurrida a finales de octubre de 1998.

Nueve mil personas murieron por *Mitch*. Hubo más de cinco mil millones de dólares en pérdidas materiales. La industria bananera y cafetalera quedó hecha puré y el 70 por ciento de la infraestructura hondureña fue afectada en distintos grados.

No sé cómo todo esto se puede medir desde un puente. No sé.

Lo que sí está claro es que la mayoría de los viajes presidenciales se convierte en campañas de relaciones públicas, con muchas fotos, abrazos y comidas.

Por si las moscas, Clinton no voló en helicóptero en Honduras. Prefirió un minijet. Lo que pasa es que los helicópteros están ligados a una especie de maldición política en este país.

El ex presidente Rafael Callejas tuvo un accidente en helicóptero y se salvó. El actual presidente Carlos Flores se accidentó en su campaña electoral en un helicóptero y se salvó. Pero en el último incidente, el alcalde de Tegucigalpa, César Castellanos (mejor conocido como "el gordito trabajador"), murió en un helicóptero cuando realizaba una inspección de los daños causados por *Mitch*.

Por lo anterior, no es de extrañar que el presidente Flores se hubiera querido comprar un helicóptero que no se caiga. Pero el costo —tres millones de dólares— cayó como una cachetada a los damnificados por el huracán. Su canciller criticó el gasto diciendo que ese dinero podría utilizarse mejor en la construcción de viviendas para las víctimas de *Mitch*.

El canciller, por supuesto, ya no está en el gobierno, y Flores consiguió que Taiwán pagara por su tranquilidad aérea, según me comentó una diplomática hondureña.

De las siete horas que Clinton estuvo en Honduras, cuatro se las pasó encerrado en la base militar de Estados Unidos. La base de Palmerola fue crucial en la alianza de Estados Unidos con los contrarrevolucionarios nicaragüenses que querían desinflar a los sandinistas.

Hoy la base es un viejo símbolo de la intervención estadounidense en la región y de la negativa de Estados Unidos a salirse de un lugar una vez que ya metió el pie. Estados Unidos se ha tapado las orejas ante los pedidos de que se regrese a los campesinos hondureños las tierras donde se construyó la Soto Cano Air Base.

Y como Clinton estuvo tan protegido en la base aérea, no pudo ver a los miles de hondureños que se alinearon por las principales calles de la ciudad para saludarlo. Clinton no es John F. Kennedy. Comercios y calles fueron cerradas, los niños no fueron a las escuelas y manifestantes de un grupo de derechos humanos no pudieron acercarse a Clinton para que supiera que aún había 184 desaparecidos de la época de los militares (1981–1990). Entre los desaparecidos había dos estadounidenses: el padre James (Guadalupe) Carney y el ex boina verde David A. Báez.

La impunidad que gozan los militares hondureños es una de las más dramáticas señales del largo trayecto que aún tiene que recorrer la democracia en Honduras. Los militares están hoy más controlados que nunca, pero todavía mucha gente les tiene miedo.

El presidente Flores les había impuesto a dos civiles como ministros de defensa y seguridad, pero los militares hondureños seguían ejerciendo una enorme e inapropiada influencia política y económica. A través de un instituto, los militares son dueños de un banco, una aseguradora, una cementera y multitud de otros negocitos.

Sin embargo, los hondureños no se atreven a decirle a sus militares que el verdadero y único papel del ejército en una democracia es la seguridad del país y no la administración de los bienes nacionales. Los militares hondureños son un buen ejemplo de cómo el abuso del poder inhibe el crecimiento y desarrollo, con libertad y sin miedo, de otros sectores de la sociedad.

Cuando los militares hondureños entreguen al gobierno civil todas las empresas que manejan, ése será el momento en que podremos decir que Honduras tiene un balance del poder. Mientras tanto, el ejército hondureño sigue ejerciendo un poder que excede el que le asigna la constitución. Bueno, hasta aquí sobre estos angelitos verdes.

Regresemos con mister Clinton que aún hay tela que deshilar.

El presidente estadounidense se echó, en Honduras, su primer párrafo completo en español: "Los pueblos americanos debemos ser hermanos". Parece que lo practicó porque le salió bastante bien.

En El Salvador, el miércoles 10 de marzo, ante la Asamblea Legislativa, el presidente siguió con sus lecciones de español. Después de hablar de la necesidad de cooperación entre centro y norteamericano, dijo: "Se lo debemos a nuestros fallecidos y a nuestros hijos".

Los asambleístas salvadoreños, sólo por el esfuerzo, le aplaudieron, pero no hasta enrojecer las palmas de las manos. No era para tanto. Clinton, en realidad, había hablado un poquito de español, pero había evadido cualquier compromiso concreto sobre el tema migratorio como si fuera un amante huyendo por la puerta de atrás.

El presidente chelito llegó a Guatemala, el jueves, en momentos muy turbulentos. Días antes una comisión patrocinada por las Naciones Unidas había acusado al ejército guatemalteco de la mayoría de los 200 mil muertos durante los treinta y seis años de guerra civil.

A pesar del duro informe, en Guatemala los militares responsables de asesinatos, violaciones y torturas, entre otros crímenes, viven impunemente. Y los temerosos jueces del débil sistema de justicia no se atreven, en general, a tomar casos en que esté involucrado el ejército.

Clinton, era obvio, no estaba preparado para aceptar la corresponsabilidad estadounidense en algunas de las violaciones a los derechos humanos; la CIA, aseguraba el informe, había entrenado a muchos de los militares guatemaltecos responsables de matanzas y otras atrocidades.

Ésa no fue la única incongruencia de la gira clintonita.

La visita de Clinton a Nicaragua, El Salvador, Honduras y Guatemala estuvo marcada por una gigantesca incongruencia; mientras el presidente estadounidense expresaba su interés y preocupación por la situación económica de Centroamérica, en Estados Unidos su gobierno estaba deportando centroamericanos.

La inflada imagen de Clinton como un Santa Claus que venía a repartir regalos y besos se ponchó a los pocos minutos de tocar tierra en Managua, la primera parada de su odisea. Clinton llegó con las manos amarradas y con pocas ganas de desamarrarse.

La propuesta de suspender la corrosiva deuda externa de Honduras y Nicaragua se estrelló contra la pared. Así, el gobierno nicaragüense seguirá desembolsando diez dólares para el pago de su deuda por cada dólar que dedica, por ejemplo, a la salud de los nicaragüenses. Diez a uno es la proporción; diez para los bancos, uno para los pobres.

La idea de iniciar negociaciones con Estados Unidos para que Centroamérica gozara algunas de las ventajas que tiene México con el Tratado de Libre Comercio ni siquiera despegó del suelo.

Y el pedido —mejor dicho, la súplica— de legalizar permanentemente la situación migratoria de los tres millones de salvadoreños, guatemaltecos, hondureños y nicaragüenses que viven en Estados Unidos, no tuvo ningún éxito. Clinton, aparentemente, tenía los oídos tapados e insistió en que la política migratoria de su gobierno —control de las fronteras, deportaciones, separación de las familias y nula flexibilidad en casos extremos— se mantendría firme.

Clinton y sus asesores aún no se han dado cuenta que les sale más barato proteger legalmente a los inmigrantes latinoamericanos en Estados Unidos que estar enviando dinero al sur cada vez que estalla una crisis. Por ejemplo, los inmigrantes de Nicaragua, Honduras, El Salvador y Guatemala que viven en Estados Unidos envían a sus países de origen casi tres mil millones de dólares al año.

Eso es tres veces más que la ayuda de emergencia propuesta por Clinton a la región tras el paso del huracán *Mitch*. Si las matemáticas son tan claras, ¿por qué Clinton no apoya una amnistía general y permanente como la que legalizó la situación migratoria de más de tres millones de personas en 1986?

La respuesta de fondo —sospecho— es que Clinton, al igual que la mayoría de los norteamericanos, cree que ya hay demasiados inmigrantes en Estados Unidos. Pero se equivocan.

En Estados Unidos sólo el 7.9 por ciento de sus habitantes nacieron en el extranjero (según el último conteo en 1990). En 1890, en cambio, el porcentaje de personas nacidas en el exterior era más del doble (14.8 por ciento).

Las diferencias entre estas dos olas migratorias son muy preocupantes porque dejan ver un tinte de racismo. La mayoría de los inmigrantes que llegaron el siglo pasado era europeo y bienvenido. Los inmigrantes de hoy en día son, primordialmente, latinoamericanos y rechazados. ¿Por qué el trato tan desigual de Estados Unidos a los inmigrantes de América Latina respecto a los de Europa?

La razón de este trato desigual no es económica; Estados Unidos está viviendo su mejor momento en quince años. Sólo el racismo y la falta de comprensión sobre las verdaderas causas y efectos de la migración al norte pueden explicar las diferencias de trato... y la negativa actual a una amnistía.

Estados Unidos es, además, el responsable de que cientos de miles huyeran al norte cuando estadounidenses y soviéticos escogieron América Central para jugar su ajedrez ideológico en la época de la guerra fría.

Pero Clinton no hizo ni una sola referencia a esto durante su viaje.

Ni los abrazos ni los aplausos acumulados durante cuatro días pudieron ocultar el hecho de que la gira centroamericana de Clinton estuvo llena de huecos y silencios.

También es obvio que los presidentes de América Central trataron varias veces de torcerle el brazo a Clinton —sobre todo en el tema migratorio—, pero él no se dejó. Quizá por eso su sonrisa no fue tan calurosa como en otras ocasiones; le dolía el brazo.

Sí, es cierto, el interés de Clinton por la región es genuino. Al igual que el de Hillary. Pero, a decir verdad, Centroamérica no es una prioridad de la política exterior de Estados Unidos. Y así quedó demostrado.

En la conferencia de prensa final en Guatemala, sólo dos declaraciones de Clinton hicieron noticia en el resto del mundo: una sobre

China y otra respecto a Kosovo. Sus débiles menciones de Centroamérica quedaron enterradas en un montón de palabras y promesas.

Así que tras el viaje de Clinton, Centroamérica y los centroamericanos en Estados Unidos se quedan igual que como estaban antes: rascándose con sus propias uñas.

A nivel personal, lo más irónico de todo el viaje es que, después de varios días de andar persiguiendo a Clinton, jamás lo pude ver en persona.

Jamás.

10 EL SALVADOR: IMAGINÁNDOSE A UN NUEVO PAÍS

San Salvador. ¡Qué cambio! Hacía cinco años que no regresaba a El Salvador y lo que me encontré en marzo de 1999 fue un país que asombraba. Eso es lo que le comenté a varios periodistas salvadoreños con quienes estuve platicando. Pero ellos ya se habían acostumbrado a vivir en paz y democracia, y mi entusiasmado comentario —creo— les pareció exagerado.

Pero para quienes paramos aquí de vez en cuando, El Salvador es una nación que ha dado saltos gigantescos.

La tragedia ocasionada por el huracán *Mitch* en Centroamérica había centrado la atención del mundo en otras cosas y no le había permitido ver a muchos el singular avance del proceso político en El Salvador. Sin embargo, es preciso decir que en sólo siete años de paz, El Salvador difícilmente hubiera podido lograr más (en el aspecto político).

Y aquí hay que darle el crédito tanto a los dos gobiernos pasados como a su férrea oposición por seguir adelante en el camino democrático, a pesar de sus enormes diferencias y de los hoyos negros de la corrupción.

Desde luego, no soy el único sorprendido de lo que están logrando los salvadoreños.

"Es casi un milagro lo que está pasando aquí", le había comentado a la prensa, Ann Patterson, la embajadora de Estados Unidos en El Salvador. Se refería, con razón, a la extraordinaria manera en que este país ha pasado de la guerra a la paz, y luego de la paz a la democracia, en menos de una década.

Y aquí está el mejor ejemplo de ese cuasimilagro: el 7 de marzo de 1999 me tocó ver cómo un filósofo de treinta y nueve años le ganaba la presidencia, en unas elecciones, a un ex comandante guerrillero. Este escenario hubiera sido totalmente surrealista antes de la firma de la paz entre el gobierno y el Frente Farabundo Martí de Liberación Nacional en 1992.

Francisco Flores —un seguidor del líder espiritual de la India, Sai Baba, y un exitoso resultado de lo que la mercado-tecnia política puede lograr— obtuvo más de la mitad de los votos, evitando así una segunda vuelta electoral.

Llama la atención, por ejemplo, que el partido Arena haya ganado las primeras tres elecciones democráticas en El Salvador, a pesar de que su imagen aún está ensuciada por sus antiguos vínculos con los escuadrones de la muerte y con violaciones a los derechos humanos.

Como quiera que sea, los retos que tendrá que enfrentar Flores, con la ayuda de Sai Baba, son fundamentalmente dos: la pobreza —el 65 por ciento de los salvadoreños son pobres— y la criminalidad —cada día se reporta una veintena de asesinatos.

Del otro lado, de la izquierda, la presencia de un ex guerrillero, Facundo Guardado, como candidato presidencial habla del rápido proceso de maduración de la democracia salvadoreña. Perdió las elecciones, pero uno de cada tres votos fue para los antiguos rebeldes.

Ver a Facundo hacer campaña fue una verdadera fantasía política. ¿Se imaginan al rebelde *Tirofijo*, de las FARC, como candidato presidencial en Colombia, al enmascarado *Marcos* buscando la silla de Los Pinos, al senderista Abimael Guzmán hacerle la competencia a

Fujimori en Perú o a representantes de la ETA y del Ejército Republicano Irlandés participando en elecciones para llegar al poder?

Bueno, uno de esos imposibles políticos se ha hecho realidad en El Salvador.

Hoy los salvadoreños resuelven sus broncas en las urnas, no a pistolazos.

Sí, es cierto, se trata de un avance reversible y El Salvador aún es un país violento y polarizado. Además, los 70 mil muertos en los doce años de guerra civil aún flotan como fantasmas en el ambiente político. Y la razón es simple: la mayoría de los responsables de violaciones a los derechos humanos y masacres —como la de El Mozote, donde más de 600 niños, mujeres y ancianos fueron asesinados por el batallón Atlácatl—, vive como diablo con amnistía. En este aspecto, quizá aún no haya perdón y las heridas siguen doliendo como si estuvieran bañadas en limón.

Pero en otros —como en la democracia— el país avanza. Y lo están logrando izquierda y derecha juntas.

Cuando veo cómo la paz se ha colado aquí entre antiguos enemigos, en tan poco tiempo, es difícil dejar de pensar que colombianos, peruanos y mexicanos, irlandeses y kosovares, entre muchos otros, pudieran seguir este ejemplo... aunque sea sólo para un día de fiesta.

Por una de esas extrañas coincidencias me hospedé en el mismo hotel donde hacía muchos años nos resguardábamos de la guerra los corresponsales extranjeros. Me quedé en un cuarto que daba a la calle y que antes los reporteros y fotógrafos más veteranos hubieran rechazado para evitar el riesgo de que un balazo agujereara la ventana y sus sueños.

Pero quizá por tener tan enraizados esos recuerdos, me asombra constatar el ritmo de la democracia salvadoreña.

En 1994 lo que me encontré fue un país en transición. En esas elecciones la tensión no vino por los balazos sino por los votos. Y ése fue un cambio bienvenido. Los candidatos Rubén Zamora, de la coalición de izquierda (FMLN-CD-MNR), y Armando Calderón, Sol del partido Arena, tenían que disputarse la presidencia en una segunda vuelta, exponiendo al país a una mayor polarización.

Derecha o izquierda. No había medias tintas. Pero al menos era una lucha civilizada, democrática, no con armas como era antes.

Esto no quiere decir que no hubiera irregularidades en las votaciones. Sí, las hubo y fueron muchas. Pero, por fin, dos palabras pueden pasearse en El Salvador: paz y democracia. Son palabras que todavía están muy verdes y necesitan echar raíces. Sin embargo, dejaron de ser impronunciables.

Hay otras cosas que también me llamaron la atención en ese año, 1994. Parece lista de lavandería, pero es que la ropa sucia se está lavando en El Salvador, y son los propios salvadoreños los que la están lavando.

Me sorprendió que antiguos enemigos que hacía menos de tres años se hubieran matado, literalmente, ahora se saludaban, bromeaban y hasta se tomaban unos tragos juntos.

Me sorprendió que el presidente Alfredo Cristiani estuviera llevando la cuenta exacta de los días que le faltaban para entregar el poder. Me sorprendió que cuando le pregunté a Cristiani su opinión sobre el ex comandante guerrillero Joaquín Villalobos, me sonrió, a manera de respuesta, y después dijera: "Nos entendemos".

Me sorprendió que Villalobos acabara de conseguir una tarjeta de crédito de uno de los bancos más importantes de El Salvador y me causó gracia la anécdota que me contó de que todavía no se sabía hacer el nudo de la corbata.

Me sorprendió que el FMLN, que defendió con sangre ideas marxistas, vendiera en una de sus sedes políticas broches con la imagen de Farabundo Martí, llaveros con un colgante Che Guevara, camisetas con un puño dibujado y el logotipo del joven partido político. Valían 1.50, tres y cinco dólares, respectivamente. Era el "bisne".

Me sorprendió que el himno del partido oficialista Arena insistiera en mezclar sangre y sudor, y que una de sus estrofas dijera todavía que El Salvador sería la tumba de los rojos.

Me sorprendió que algunos salvadoreños me dijeran que el fallecido mayor Roberto D'Aubuisson era uno de sus héroes y que, según la oposición, los escuadrones de la muerte seguían operando en el país.

Me sorprendió que la delincuencia se hubiera convertido en el principal problema del país, después de la firma de la paz en enero de 1992. Me sorprendió que un pequeñísimo grupo seguía controlando la economía del país.

Me sorprendió que a los salvadoreños no les gustaba decirle a desconocidos, y menos a los extranjeros, por quién iban a votar. Y me sorprendió que los salvadoreños comieran huevos de tortuga. (¿Para qué, pensaba, cometer un acto gastronómico políticamente incorrecto si las pupusas son una maravilla?)

Me sorprendió Rodilio, un ex guerrillero de veinticuatro años que conocí en Aguacayo, un pueblito que quedó totalmente destruido por la guerra. Rodilio se pasó casi la mitad de su vida luchando como rebelde.

Pero un domingo de marzo de 1994 fue a votar por primera vez en su vida.

Se echó agua en la cara, se peinó y lustró sus botas para viajar a Suchitoto, donde le tocaba votar. Todavía me cuesta trabajo imaginarme lo que pensó al llegar y ver a sus antiguos compañeros de la montaña votando al lado de los soldados que combatió por tanto tiempo. Estoy seguro que fue difícil porque llevaba su machete en una funda y nunca se separó de él. Cuando me tocó cubrir las elecciones presidenciales en marzo de 1989 la guerra entre el ejército y los rebeldes del FMLN estaba en todo su destructivo apogeo. Fue entonces cuando por mala suerte y mucha imprudencia, me encontré en la mitad, un fuego cruzado entre soldados y guerrilleros en San Ramón, a las afueras de la capital.

Recuerdo que era muy temprano, antes de las siete de la mañana, e iba junto con el periodista y camarógrafo peruano Gilberto Hume y la productora Sandra Thomas, a buscar el origen de tanto ruido de ametralladora. Cuando lo encontramos, era demasiado tarde.

El chofer manejó exactamente al lugar donde se estaba realizando un combate. A la primera ráfaga de balas, Gilberto Hume salió con su cámara en el hombro para filmar la confrontación, y se fue derechito hacia donde provenía la metralla. Nunca he entendido exactamente qué es lo que hace que los camarógrafos de guerra tomen esos riesgos, pero a veces se sienten invulnerables, como si creyeran que por llevar una cámara nada les puede pasar.

Mientras Gilberto se escurría los balazos, Sandra y yo nos tiramos al piso de la camioneta. Pero lo hicimos tan rápido que nos pegamos en la cabeza. Tuvo que haber sido un tremendo cabezazo porque por unos segundos Sandra no se movió. Luego me confesaría que pensó que el dolor en la cabeza había sido por una bala y no por mi cabeza, y que se quedó inmóvil asumiendo que se iba a morir.

Todavía aturdida, Sandra se empezó a tocar la cabeza, y al no ver sangre, me sonrió con unas ganas que nunca he olvidado. Claro, en su mente, ella había revivido. Sin duda soy un cabeza dura y hoy Sandra se ríe cada vez que se lo recuerdo.

La situación dentro de la camioneta era bastante peligrosa, ya que había disparos de ambos lados, así que aprovechando una pausa en el combate, Sandra, el chofer y yo nos echamos a correr. Sandra corrió para un lado y el chofer y yo para otro. La perdimos.

De pronto aparecieron en el horizonte dos helicópteros del ejército salvadoreño, para dar apoyo a los soldados en tierra. Cuando los helicópteros se acercaron a unos 200 metros, el chofer alzó los brazos y me dijo que hiciera lo mismo para que se dieran cuenta que no éramos guerrilleros y que no íbamos armados. Pero el efecto fue contraproducente.

Tan pronto como alzamos los brazos, nos empezaron a disparar. Seguramente pensaron que éramos guerrilleros, vestidos de civil. Yo creía que el chofer, siendo salvadoreño, sabía que subir los brazos era una especie de señal de paz. "¿Por qué nos disparan", le pregunté aterrado, "si tenemos los brazos en alto?" "No sé", me contestó. "Es la primera vez que me toca algo así".

Desde luego, salimos despavoridos de ahí y buscamos refugio en una casucha de un solo cuarto y techo de lámina. Los niños, dentro de la casa, estaban llorando. Una mujer que se había mantenido en la cama durante los primeros minutos del combate se levantó como un resorte cuando se dio cuenta que los disparos de los helicópteros estaban cayendo muy cerca, y todos nos pegamos contra las paredes de adobe en un vano intento de protegernos de las balas.

Los casquillos al caer hacían un sonido aterrador sobre el techo de metal. Las balas rebotaban por todos lados. Sinceramente no sabía si íbamos a salir con vida de ahí.

Increíble, era el día de las elecciones y, en lugar de ver cómo votaban los salvadoreños yo me estaba escondiendo de las balas. Estuve paralizado unos veinte minutos, pegado como chicle contra una pared, junto a los asustados dueños de la chocita. Pocas veces he tenido tanto miedo.

Ahí, pensé que quizá mi papá había tenido razón cuando me insistía en que estudiara ingeniería, medicina o abogacía. "¿Y qué vas a hacer cuando salgas de la universidad con ese título de comunicación?" me decía. Nunca le pude contestar. Pero ahora ya le tenía una respuesta: "Ir a la guerra".

Los guerrilleros escaparon y un soldado murió en ese combate. Gilberto, sorprendentemente, lo captó todo en cámara y, además, no sufrió ni un rasguño.

Antes de irnos, quise filmar una presentación en cámara en la que explicaba qué es lo que había ocurrido ahí. Los motores de los helicópteros todavía se escuchaban a lo lejos y aún estaba muy pervioso. Por supuesto, me equivoqué un montón de veces hasta que por fin me salió algo más o menos coherente.

Ese mismo día tres periodistas murieron en combates en otras partes del país.

POR LO QUE LES ACABO DE CONTAR, por las huellas que esos balazos dejaron en mi memoria, a veces me parece increíble llegar a este país en paz. En realidad, en El Salvador, el cambio de la guerra a la paz, de la pañoleta del guerrillero a la corbata del político, de las balas al voto, de la impunidad a la atribución de responsabilidades, no deja de sonar a ficción. Pero es una realidad que se está construyendo ladrillo a ladrillo.

Por cosas como éstas El Salvador me marcó; igual en 1989 que en 1994 y 1999. Son los saltos que ha dado el país y a mí me ha tocado brincar con ellos.

El catedrático y negociador David Escobar Galindo me dijo en una ocasión que, antes de la paz, los salvadoreños tenían miedo hasta de la imaginación. Bueno, al irme esta última vez, no me quedó la menor duda de que ahora todos los salvadoreños se han atrevido a imaginarse un nuevo país... en paz.

11 RUFINA, LA SOBREVIVIENTE DE EL MOZOTE

El Mozote, El Salvador. Desde el aire es difícil identificar la población donde se realizó una de las masacres más brutales de los doce años de guerra civil en El Salvador. Está rodeada de montes y hace esquina con Nicaragua y Honduras.

El piloto del helicóptero que me llevó a El Mozote —treinta y cinco minutos de vuelo desde San Salvador— apuntó al pueblo a seis mil pies de altura y no era más que una polvosa mancha café: un montón de casuchas con calles sin pavimento. Pero en la memoria colectiva de los salvadoreños, El Mozote es de color rojo, rojo sangre.

Un 11 de diciembre de 1981 soldados del batallón Atlácatl entraron a El Mozote, con la infundada sospecha de que la población apoyaba a los rebeldes del Frente Farabundo Martí de Liberación Nacional. Horas después más de 600 personas habían sido masacradas; ancianos y bebés, mujeres embarazadas, jóvenes campesinos…

Casi nadie se salvó.

Casi.

Sólo Rufina y un niño conocido como Chepito salvaron el pellejo. Los nombres de los que murieron están escarbados en varias tablas de madera, junto a los restos de los cadáveres que se encontraron, en el centro del pueblo. El modesto mausoleo está enrejado para que las gallinas no se coman las flores de las dos tumbas colectivas.

Ésta es, pues, la historia de cómo Rufina se salvó.

La conocí una calurosísima tarde de marzo en 1999. Le dije que ella era conocida en todo el mundo por ser una de las sobrevivientes de la masacre de El Mozote y me contestó algo que no esperaba: "Soy famosa por mi dolor".

Estaba un poco mareada.

"Me ha caído esta enfermedad como de seis meses para acá", me dijo Rufina. Eran los nervios. No podía dormir bien y le costaba trabajo vestirse.

A sus cincuenta y seis años la vida le había pegado unos buenos trancazos a la "niña Rufina", como todavía le dicen quienes la conocen. Su pelo estaba todo canoso. Sus manos tenían los callos que dejan el campo y la pobreza extrema. Al vestido morado que llevaba puesto le faltaba un botón a la altura del pecho. Y como no pudo conseguir otro para reemplazarlo, cosió los dos lados del vestido con un hilo blanco para nuestro encuentro.

"Gracias por contarme su historia, doña Rufina", le dije. Y ésta es nuestra plática, editada y en la que, sorprendentemente, Rufina no soltó una sola lágrima. Quizá para revivir momentos insoportables, uno se tiene que proteger y desconectar la línea que va derechito a las emociones. No sé.

JORGE RAMOS: ...el 11 de diciembre de 1981. Se recuerda, ¿verdad?

RUFINA: Sí, me recuerdo bien cuando cayeron los helicópteros y cuando entró el ejército. Y después de eso nos encerraron por la noche; el día 10 (de diciembre) nos encerraron y nos sacaron a las cuatro de la madrugada (del día 11) a la plaza... Nos encerraron en las casas; nosotras en la casa de Alfredo Márquez y los hombres en la iglesia.

JR: ¿Separaron a hombres y mujeres?

RUFINA: Sí, separaron a hombres y mujeres... yo estaba con mis cuatros niños, mis cuatro hijos.

JR: ¿Cuántos años tenían?

RUFINA: El primero tenía nueve.

JR: ¿Cómo se llamaba?

RUFINA: Se llamaba José Cristino. Y María Dolores tenía cinco y Marta Lilián tenía tres. María Isabel tenía ocho meses; ella es la que tenía en mis brazos.

JR: ¿Qué pasó con sus hijos?

RUFINA: Yo digo que los mataron... Yo tenía a mi niña de pecho aquí y mis otros tres niños estaban agarrados de mí. Vinieron dos soldados y me los quitaron. Me arrancaron mi niña de pecho de los brazos.

JR: ¿(Le quitaron) los cuatro niños al mismo tiempo?

RUFINA: Sí, al mismo tiempo me los quitaron y los tiraron para allá y me sacaron (de la casa de Alfredo Márquez, una de las más grandes del pueblo) a mí sola.

JR: ¿Usted qué hizo?

RUFINA: ...me fui llorando por mis hijos y pidiéndole a Dios que me ayudara pues él es el que podía hacer el milagro.

(Los soldados habían puesto a las mujeres en fila y las estaban llevando de la plaza a un ranchito para asesinarlas. Eran como las cinco de la tarde.)

RUFINA: Me quedé de última de la fila donde venían las mujeres y cuando llegué a este lugar (apunta a un matorral) fue que yo vi que las mujeres gritaban y lloraban... Entonces lo que hice fue arrodillarme a la tierra y le pedí a nuestro Señor que me perdonara o me salvara.

(En medio del alboroto, por los gritos de las mujeres que estaban asesinando, los soldados se descuidaron. Aprovechando el momento, Rufina, gateando, se fue a esconder detrás de una planta de manzano rosa. Pero el refugio se convirtió en una tortura; desde ahí Rufina podía escuchar los gritos de auxilio de sus hijos.)

RUFINA: Yo me agachaba y con el dedo (movía una) ramita para que no me miraran los pies. Así me quedé. Me quedé desde las cinco de la tarde hasta como a la una de la mañana del siguiente día.

JR: ¿Los soldados nunca se dieron cuenta que usted estaba ahí?

RUFINA: No, nunca se dieron cuenta. Si se hubieran dado cuenta me hubieran matado. Yo intenté salirme cuando oía los gritos de mis niños cuando decían: "Mamita, nos están matando; mamita nos están metiendo el cuchillo".

JR: ¿Sus hijos (decían eso)?

RUFINA: Sí, mis hijos decían: "Rufina, nos están matando". Y yo no resistía cuando los niños gritaban y decían: "Nos están matando con cuchillos". Entonces yo no resistía estar ahí. Y yo decía: "Dios mío, ¿cómo hago si estoy escuchando los gritos de mis hijos?"

JR: ¿Qué piensa una madre, Rufina, cuando…?

RUFINA *(INTERRUMPE):* …me sostenía el temor y la petición que le hice a Dios cuando estaba debajo de la ramita: "Tú me salvas y yo voy a contar lo que ha pasado". Eso es lo que yo pensé.

JR: Pero cuando usted está escondida, y tiene dos opciones: una, si sale la matan. Y por el otro lado están los gritos de sus hijos…

RUFINA: Sí, sí, eso era lo tremendo. Que ellos me decían que los estaban matando y me daban ganas de salirme. Pero yo dije: si Dios me salva es porque yo tengo que decir qué es lo que pasó aquí. Entonces eso es lo que me daba fuerza.

JR: Rufina, ¿cómo salió?

RUFINA: Mire, yo salí como a la una de la mañana. Después que mataron a todas las mujeres, dijeron: "Ya terminamos de matar viejas y viejos".

JR: ¿Usted estaba escuchando?

RUFINA: Sí, yo estaba escuchando las voces de ellos y (dijeron): "Sólo queda la gran cantidad de niños; montón de niños cabrones".

JR: ¿Cómo vive una mujer que vio la muerte?

RUFINA: Pues sólo Dios puede saber.

JR: ¿Cómo lo hace?

RUFINA: Yo he hecho un gran esfuerzo. Mis hijos me hicieron una gran falta, verdad. Pero también he pedido a Dios que me dé fuerza para denunciar la injusticia que ha habido en nuestro país. No solamente por mis hijos, pero por la gran cantidad de niños que murieron aquí. Yo conocí a todas las gentes que vivían aquí.

JR: A ver si nos ayuda a entender, doña Rufina. ¿Cómo saca esas fuerzas para seguir adelante?

RUFINA: Pues mire, yo no sé cómo lo hago.

JR: ¿Usted es muy religiosa?

RUFINA: Sí, tengo fe en Dios. Yo siempre he creído en la religión católica y sí he creído en Dios.

JR: ¿Usted cree que hay cielo? ¿Cree que Dios existe?

RUFINA: Sí, sí creo.

JR: ¿Y cómo se explica que estas cosas pasen?

RUFINA: Mire, lo que no entiendo bien es porque Dios siempre le pone pruebas a uno. Es como una prueba.

JR: Cuando usted se va a acostar, ¿en qué sueña?

RUFINA: Yo siempre sueño con los angelitos (*y se ríe*).

JR: No me diga.

RUFINA: Sí, sueño con los angelitos porque cuando estuve grave en el hospital vi llegar dos angelitos por el agua de un río y me pasaron tocando a mí.

JR: ¿Cómo son los angelitos?

RUFINA: Yo los miraba con un colorcito café y bien chelito.

JR: ¿Rubios?

RUFINA: Sí, bien chelitos.

JR: Doña Rufina, ¿qué piensa usted de los soldados que mataron a sus hijos? ¿Los puede perdonar?

RUFINA: Mire, por el momento quizá no puedo decir que los perdono porque siento siempre el dolor en mi corazón.

JR: ¿Usted no los puede perdonar todavía?

RUFINA: No, por el momento todavía no.

JR: ¿Usted sabe quiénes fueron los que (realizaron la matanza)? ¿Se acuerda de sus caras?

RUFINA: No me acuerdo de nadie de las caras del batallón que masacró, sí, el que fue entrenado en Estados Unidos.

JR: ¿Usted qué piensa de Estados Unidos?

RUFINA: Bueno, que también fueron culpables de la muerte de tanto, tanto niño, tanta masacre que hubo aquí en El Salvador. Eso es lo que yo pienso.

JR: Dicen los soldados de esa época que ustedes apoyaban a los guerrilleros.

RUFINA: Ésas eran las amenazas que nos dijeron.

JR: ¿Usted conocía guerrilleros?

RUFINA: No, en ese tiempo no conocía guerrilleros. En ese tiempo era clandestino, usted no sabía dónde estaba el guerrillero.

JR: ¿Cuántos murieron aquí?

RUFINA: Como 600 por aquí alrededor de El Mozote.

JR: Usted y otra persona fueron los únicos sobrevivientes.

RUFINA: Sí, yo y Chepito que hoy está de policía. Un niño de siete años.

JR: ¿Chepito?

RUFINA: Yo lo conocía bien a Chepito. La mamá se llamaba Marcelina Márquez. Era bien pobrecito el niño, pero Dios lo salvó también.

JR: Doña Rufina, ¿todavía se sabe reír?

RUFINA: Tengo ratos de alegría con mis nietos, con los que me han quedado.

JR: Difícil, ¿no?

RUFINA: Sí, es difícil.

Antes de despedirme le pedí a Rufina que me mostrara el árbol donde se escondió. Y del manzano rosa colgaban unas frutas, con cáscara dura, como de nuez, y carne dulce, muy blanca. Abrió la fruta y me la dio a probar.

Mientras la comía, no dejaba de asombrarme que ese mismo árbol, hacía dieciocho años, la había protegido de los militares y de la muerte.

—Éste es el árbol de la vida —le comenté a Rufina.

—Es el árbol de la vida —contestó con entusiasmo—. Me salvó.

12 MI CIUDAD

Ciudad de México. Regreso a mi ciudad como si fuera un extranjero. Cuando alguien me pregunta "¿De dónde eres?" invariablemente contesto: "de la Ciudad de México". Después de veinte años viviendo fuera de aquí no sé si tengo el derecho de contestar así. "No, tú ya no eres de aquí", me han llegado a decir, "tú eres de Estados Unidos, tú eres de Gringolandia". Pero la verdad es que yo me sigo sintiendo de la Ciudad de México. ¿En qué momento uno deja de ser de la ciudad donde nació, del lugar donde creció?

El problema es que soy de una ciudad que, en varios aspectos, desconozco. No es suficiente regresar de visita o de trabajo tres o cuatro veces al año. Hay partes de esta metrópolis de 20 millones de personas que han sufrido una metamorfosis tal que, para mí, son casi irreconocibles. Nuevas construcciones ocupan los espacios que marcaron mi infancia y mi juventud. No paro de decir: "Antes, ahi, había otra cosa" o "¿Cuándo tumbaron ese edificio?" o "¿Quién está detrás del rechoncho personaje del doctor Simi, que anuncia una cadena de farmacias?"

No, yo no crecí con el doctor Simi, ni con el monumental edificio de la Torre Mayor, ni con el extraordinario Museo del Niño ni con la democracia. Yo crecí con Pancho Pantera —un personaje "fuerte, audaz y valiente" que aparecía en los botes de chocolate en polvo—, con el Auditorio Nacional sin remodelar, con el también maravilloso Museo de Antropología, y con un violento y corrupto partido —el PRI— que quería quedarse en el poder hasta que se murieran los nietos de nuestros nietos, o sea, para siempre. No, el México en que yo crecí no era mejor que el actual. Pero no lo puedo borrar de mi mente como si fuera una mancha en la ropa sucia.

Mis ojos y mi olfato están marcados por esta ciudad. He visto muchos zócalos, pero ninguno más interesante que el de la Ciudad de México. La historia del país y su particular forma de ver la vida —hacia adentro, centralista, pisando el pasado a cada paso, con un nacionalismo que a veces pudiera sugerir (equivocadamente) que estamos en peligro de extinción— se puede recorrer en tres cuadras y en tres cuartos de hora. Y no hay paisaje más impresionante que el de dos volcanes guardianes de una urbe gorda que se desborda después de cada comida, de cada devaluación, de cada crisis económica. Además, nada huele como el pasto de la Ciudad de Mexico después de un chubasco. Así es como debe oler el color verde.

"Ay, Dios mío", me dijo un amigo peruano en Miami, cuando le conté que iba a la Ciudad de México a participar en una carrera de diez kilómetros. "Si no te mata la altura (2,300 metros sobre el nivel del mar), lo hará la contaminación". Efectivamente, mi avión cruzó una nata café claro de humos y gases putrefactos antes de aterrizar con temeridad inusitada en el centro mismo de la ciudad. Los ojos, rápido, se me pintaron de rojo irritado y mi lengua desentrenada saltó ante las primeras gotas de una salsa de chile chipotle.

Pero mi amigo estaba equivocado; la carrera no me mató. Por el contrario, me llenó de vida.

Corrí sin que me detuviera uno solo de los legendarios embotellamientos de tránsito que llenan las excusas de quienes, de todas formas, llegan tarde a las citas. Corrí junto con otros 10 mil inconscientes —¿optimistas?— a quienes no les importó meterle un poquito de negro a sus pulmones en la ciudad más contaminada del mundo. Cada respiración me rayaba la traquea.

Corrí en el segundo piso de una carretera que mandó a construir un alcalde, a quien le querían cortar las alas para que no llegara a ser presidente porque aún no acababa de explicar cómo se enriquecieron a sus espaldas dos de sus principales colaboradores. Corrí despreocupado, alegre, compartiendo el silencio del esfuerzo y los dolores de piernas con mi hermana Lourdes, mis hermanos Eduardo y Alejandro, y mi gran amigo Benjamín. ¿Acaso hay una mejor forma de correr que ésta?

Y así, en las alturas artificiales de un puente, me reencontré con mi ciudad y con los míos.

Es una ciudad distinta a la que recordaba, sí, pero es mi ciudad. Es, también, una ciudad muy distinta a la que pintó Juan O'Gorman en 1942. O'Gorman, en un magnífico cuadro que cuelga en el Museo de Arte Moderno sobre la Avenida Reforma, nos muestra una capital casi idílica, todavia rodeada de campo. Parado sobre el mismísimo monumento a la Revolución Mexicana y en dirección oriente, el pintor destaca simbólicamente los edificios de la Comisión Federal de Electricidad y la Asociación de Periodistas, luz y palabra. Y para no perder la perspectiva histórica, O'Gorman incluye en su cuadro un plano hecho en 1540 por el español Alonso de Santa Cruz en el que se aprecian los canales que rodean a la antigua Tenochtitlan ¡Cómo ha cambiado esta ciudad!

Tenochtitlan fue para los conquistadores españoles tan amenazante y peligrosa —*remember* La Noche Triste— como lo es hoy la capital mexicana para sus habitantes y visitantes. Sólo en Colombia hay más secuestros que en México y no hay familia mexicana que no haya sufrido un crimen o un robo entre algunos de sus miembros.

Aún así, la complejidad y los duros contrastes de la Ciudad de México siguen atrayendo y sorprendiendo a nuevos conquistadores —léase inversionistas—, a inmigrantes pobres y esperanzados y a mexicanos como yo que no logramos sacudirnos del todo la coraza de la que salimos.

No hay remedio; yo sigo siendo de aquí.

13 FLORENCIO, EL DEL 68
¿SE MURIÓ O LO MATARON?

Ciudad de México. "Tengo miedo", me dijo Alma Rosa, la viuda de
Florencio. "Mucho miedo por mis hijos".

—¿Tiene miedo que maten a sus hijos?—, le pregunté.

—Sí—, me contestó con una voz temblorosa.

—¿Y cómo se siente hablando en esta entrevista?—, insistí.
—¿Por qué lo hace?

—Porque se tiene que saber esto—, respondió con más firmeza.
—Yo necesito que se aclare la muerte de mi esposo.

Su esposo era Florencio López Osuna, un dirigente del Instituto
Politécnico Nacional, de cincuenta y cuatro años de edad, a quien
encontraron muerto en un hotel de esta capital la madrugada del 20
de diciembre de 2001. La versión oficial es que estaba alcoholizado,
que se le vió entrar con una prostituta morena y que murió de un ata-

que al corazón. Pero Alma cree que son puras mentiras "para desprestigiar (la) imagen" de su esposo.

La muerte de Florencio ocurrió unos días después que la revista *Proceso* diera a conocer una fotografía inédita de él —a los veinte años de edad— en la que aparece golpeado, sangrando y con la ropa hecha tirones el 2 de octubre de 1968. Ese día miembros del ejército mexicano masacraron a decenas (y quizás a cientos) de jóvenes y estudiantes en la Plaza de Tlatelolco. La fotografía de Florencio, junto con varias más publicadas recientemente, son la evidencia gráfica que faltaba para sustentar las graves acusaciones de violencia, tortura y asesinato contra el ejército de México, el ex presidente Gustavo Díaz Ordaz y su secretario de gobernación, Luis Echeverría Álvarez.

Florencio López Osuna —el único líder estudiantil que pudo hablar en Tlatelolco el octubre antes de que comenzara la matanza— se había convertido (con la aparición de las fotografías) en un importantísimo testigo. Pero, más que nada, Florencio era el nuevo símbolo de la lucha contra el olvido y la impunidad. La pregunta es: ¿Se murió o lo mataron?

—¿Cree que (fue) muerte natural?—, le pregunté a su esposa Alma, poco después de la muerte de su esposo.

—No—, me dijo.

—¿Usted cree que lo mataron?

—Si—, contestó sin titubear.

—¿Quién?

—Pues no sé.

Lo que sí sabe Alma Rosa Hernández, viuda de López Osuna, es que Florencio recibió una amenaza telefónica en su oficina del Politécnico poco después de que se publicaran las primeras fotografías.

—¿Más o menos recuerda lo que Florencio le contó de esa llamada?—, le pregunté a Alma.

—Un tipo le habló, pero no le dijo quién—, recuerda.

—¿Y qué dijo (ese tipo) en la llamada?—, cuestioné.

—Estoy cerca de ti en la foto.

En las fotografías que aparece Florencio ese 2 de octubre de 1968 hay un hombre con un guante blanco a sus espaldas. Ese guante blanco identificaba a los miembros del Batallón Olimpia que, en parte, realizaron la masacre.

Desde luego es imposible saber si es ese hombre o alguien más quien realizó la amenaza telefónica. Pero lo que sí queda claro es que la investigación de la muerte de Florencio deja mucho que desear.

Primero, la policía y la procuraduría de justicia de la Ciudad de México nunca investigaron esa amenaza telefónica contra la vida de Florencio antes de cerrar apresuradamente la investigación. ¿Cómo lo sabemos? Bueno, porque esta es la primera vez que Alma lo dice públicamente.

Segundo, según Alma, la tarjeta de crédito de su esposo se usó en varias ocasiones después de la muerte de Florencio utilizando su número secreto de identificación personal (o NIP). Es decir, antes de morir, alguien tuvo que forzarlo a darle dicha información. Por esto resulta sospechosa la conclusión de que Florencio murió de un paro cardíaco. Además, en las cámaras de video de los cajeros automáticos donde se retiró el dinero de la cuenta de Florencio debe aparecer él o los posibles sospechosos de su muerte.

Tercero, antes de su muerte, Florencio nunca tuvo problemas serios de salud ni del corazón e incluso —recuerda su esposa— se daba el lujo de vez en cuando de correr hasta tres kilómetros en la altura de la Ciudad de México.

Ante esta nueva información —la amenaza telefónica, el uso de su tarjeta de crédito y las declaraciones de su esposa, hermano (Faustino) y sus tres hijos (Angélica, Erendira y Vladimir) que contradicen la versión de los investigadores de que Florencio era borracho y mujeriego— era preciso volver a abrir la investigación. Y había que darle protección inmediata a los miembros restantes de la familia López Hernández. Por las implicaciones de este caso, el gobierno federal debía involucrarse y asegurar una investigación fidedigna y a fondo.

"No tengo la capacidad de afirmar que Florencio y (la activista) Digna Ochoa fueron ejecutados por un comando enviado por esa fraternidad de las sombras, por darle un nombre", me dijo el académico del Colegio de México y defensor de los derechos humanos, Sergio Aguayo. "Pero de lo que sí tengo certeza es de la profunda incapacidad que han mostrado el gobierno capitalino y el gobierno panista… para esclarecer estas muertes".

La muerte o asesinato de Florencio continúa una larga y triste tradición de olvido y obstrucción de la justicia en torno a los hechos ocurridos el 2 de octubre de 1968. Los asesinos del 68 viven en absoluta impunidad entre los mexicanos; son vecinos, gente a nuestro lado en la mesa de un restaurante o manejando en la misma calle, que deberían pudrirse en una cárcel en vez de burlarse de todo un país en sus casas de altos muros.

El presidente Vicente Fox prometió, cuando era candidato, crear una Comisión de la Verdad y meter en la cárcel a los "peces gordos" vinculados con la matanza de Tlatelolco. Pero esas promesas fueron humo.

Y con la de Florencio se añade otra muerte más a una de las peores violaciones a los derechos humanos en la historia de México y que por décadas no ha podido ser esclarecida. México; el país de la justicia durmiente.

14 CHIAPAS, MENTIRAS Y *VIDEOTAPE*

San Cristóbal de las Casas. Durante cinco días, en febrero de 1995, el mundo no supo lo que estaba pasando en las montañas de Chiapas.

Desde que el presidente de México Ernesto Zedillo anunció una virtual declaración de guerra contra los rebeldes zapatistas el 9 de febrero, hasta que se echó para atrás y decidió buscar una solución negociada el 14 de febrero, el ejército mexicano impidió el paso de periodistas y observadores de los derechos humanos a la zona del conflicto. Hoy podemos tratar de reconstruir lo que pasó en la selva lacandona durante esos cinco días, pero el testimonio directo lo hemos perdido para siempre.

La censura a la prensa en Chiapas se dio en varios niveles; desde lo más burdo hasta lo más sofisticado. El principal obstáculo fue la orden de no permitir el paso a reporteros por los retenes militares. Nadie me lo tiene que contar; yo lo vi. Otro más sutil, pero igualmente intimidatorio, fue la presencia de agentes de migración (de la

Secretaría de Gobernación) para revisar las visas de los corresponsales extranjeros y amenazarlos con la deportación del país.

Lo más absurdo de todo es que un mayor de la séptima zona militar en Tuxtla Gutiérrez nos sugirió que si queríamos pasar por los retenes sólo dijéramos que éramos turistas. El problema es que los soldados no estaban acostumbrados a ver turistas con una cámara de televisión Betacam que pesaba 15 kilos y costaba 40 mil dólares. "¿Cómo la escondemos, mayor? ¿En un morral?"

Durante esos días el ejército mexicano organizó *tours* con periodistas y camarógrafos a ciertas poblaciones que estuvieron controladas por los zapatistas, como Guadalupe Tepeyac y Aguascalientes. Pero fueron visitas maquilladas, en donde sólo se dejaba ver lo que el gobierno quería, con discursos y explicaciones preparadas y con el objetivo de demostrar que todo estaba en calma. Si en verdad todo estaba tranquilo, ¿por que no nos dejaron circular libremente? ¿Qué escondían?

Amnistía Internacional acusó al gobierno del presidente Zedillo de cometer abusos contra los derechos humanos en Chiapas. Denunció torturas, detenciones arbitrarias y desapariciones. El sacerdote Pablo Romo, Secretario General del Centro de Derechos Humanos Fray Bartolomé de las Casas, me dijo que sí hubo combates en el municipio de Altamirano, que se realizaron "sin testigos" y que se violó la constitución al impedir el libre tránsito en la zona. Los zapatistas, en un comunicado, dijeron que hubo bombardeos con helicópteros (aunque nadie ha podido confirmar independientemente esa información). Cierto o no, es difícil saberlo. El gobierno mexicano nunca nos permitió a los periodistas entrar a la zona de conflicto durante esos cinco días.

La Presidencia de México, la Secretaría de Gobernación y la Secretaría de Relaciones Exteriores enviaron a sus representantes a San Cristóbal de las Casas para promover su punto de vista. (A esos personajes les llaman *spin doctors,* en inglés). Pero la línea oficial fue negarlo todo; que no hubo bombardeos, combates ni torturas. Nos dijeron que el ejército estaba realizando "labor social" en los altos de Chiapas. Sin embargo, ésta fue la primera vez en mi carrera como periodista que no me dejan filmar el trabajo social de unos militares.

La Secretaría de Gobernación insistió en que no hubo "acciones de guerra" en Chiapas. Pero esas declaraciones contrastaron con el discurso del presidente Zedillo, el 14 de febrero, en que ordenó al ejército el cese de "acciones ofensivas". Por fin, ¿hubo o no hubo ataques? Y si no hubo acciones de guerra, entonces, ¿por qué la censura?

Lo que ocurrió en Chiapas viola la Declaración de Chapultepec, firmada el 11 de marzo de 1994 por once jefes de Estado y el gobernador de Puerto Rico. La declaración establece que la "censura previa, las restricciones a la circulación de los medios de comunicación... la imposición de obstáculos para el libre flujo de la información y las limitaciones a las actividades y movimiento de los periodistas" son violaciones a la libertad de prensa.

Con lo ocurrido en Chiapas, México seguiría formando parte del selecto grupo de 120 naciones que tenían una prensa censurada o parcialmente libre, según la clasificación de la organización Freedom House.

Una verdadera democracia requiere de ciudadanos bien informados. Y eso no ocurrió con el conflicto en la selva chiapaneca. Durante esos cinco días de 1995 alguien mintió en Chiapas. La desinformación y la manipulación de las noticias fueron la norma. El rumor dominó. Nada quedó grabado en una cinta de video.

POSDATA DE UN SEXENIO PERDIDO PARA LA PAZ. Chiapas es uno de los grandes temas inconclusos de la presidencia de Ernesto Zedillo. En una clara muestra de la presencia del pensamiento mágico en la política mexicana, Zedillo se negó a mencionar el tema de Chiapas en su informe presidencial de 1998, como si eso lo hiciera desaparecer. Pero la teoría del avestruz no sirve para resolver conflictos armados.

Zedillo se mostró como un presidente ajeno al país que decía gobernar.

La actitud de Zedillo frente a la guerrilla, comparada con la del presidente colombiano, Andrés Pastrana, ha sido asustadiza y ambigua. Pastrana se lanzó, de manera audaz, a negociar personalmente con las Fuerzas Armadas Revolucionarias de Colombia (FARC). Zedillo ni siquiera se había atrevido a sugerir un encuentro, cara a cara, con los líderes zapatistas. Pero al evadir el tema no lo resolvía; por el contrario, estaba dejando su explosiva carga para otro gobierno mucho más decidido que el suyo a buscar la paz.

Para ser justos también hay que decir que entre los zapatistas no había muchas ganas de reunirse con Zedillo. *Marcos*, en una entrevista realizada en 1996, me comentó que no consideraba a Zedillo como un presidente legítimo y que, desde su punto de vista, el mandatario no sabía nada ni de política ni de economía. Para alcanzar la paz es necesario respetar al enemigo. Y está claro que en las declaraciones de *Marcos* existía un marcado desdén por Zedillo y sus políticas. No había respeto de los zapatistas al presidente.

Ante este panorama, todo parece indicar que en Chiapas no habrá paz a corto plazo. Las lecciones de paz dadas por países como El Salvador, Guatemala e incluso Irlanda del Norte sugieren que sin negociaciones directas de los presidentes en turno con los líderes de los grupos rebeldes nada se puede lograr. Y ni Zedillo ni *Marcos* han mostrado la voluntad política que se necesita para terminar con el conflicto chiapaneco.

Zedillo no ha sido el presidente que necesitaba México para entrar al próximo milenio. No es un visionario y en varios asuntos —como el de Chiapas— ha resultado francamente intrascendente.

A nivel económico, desde el principio de su mandato sumió al país en una de las peores crisis económicas que recuerden los mexicanos, para luego clamar victoria cuando se registraron los primeros niveles positivos de crecimiento.

El título de Yale no sirvió; reprobó la prueba de fuego. Millones de mexicanos, seguramente, responderían con un rotundo NO ante la pregunta: ¿vives mejor ahora que cuando comenzó el gobierno de Zedillo? Según cifras proporcionadas por funcionarios gubernamentales, más de la mitad de los 100 millones de mexicanos viven en la pobreza; 26 millones de ellos en la pobreza extrema. Además, cinco millones de niños trabajan en la calle, de acuerdo con denuncias de la Organización Internacional del Trabajo.

La promesa de campaña de Zedillo: "Bienestar para tu familia", nunca se materializó. Palabras vacías.

Y si en economía no la hizo, en política Zedillo tampoco aprovechó la gran oportunidad de consolidar a México definitivamente en el camino democrático. Nunca se atrevió a tomar las decisiones más difíciles. Escogido por Salinas de Gortari por dedazo como candidato del PRI a la presidencia, Zedillo no se pudo sacudir la tradición autoritaria que le precedió.

Reconoció, sí, el triunfo electoral de Cuauhtémoc Cárdenas, en 1997, como jefe de Gobierno de la Ciudad de México. Eso era inevitable. Pero la "sana distancia" que había prometido entre el Estado y el Partido Revolucionario Institucional (PRI) nunca quedó demarcada. Él y sus principales colaboradores entraban y salían a voluntad de los asuntos del gobierno a los asuntos partidistas y viceversa. E incluso, en el proceso de designación del candidato del PRI a la presidencia para el año 2000 fue innegable la participación de Zedillo. Nunca se cortó el dedo. Si no hubo dedazo, al menos hubo dedillo.

Conozco a pocos presidentes —y he conocido a un manojo de ellos— a quienes se les haya subido tan rápido el poder a la cabeza. Áun recuerdo los primeros días de la presidencia de Zedillo, cuando lo conocí en un hotel de Miami durante la primera Cumbre de las Américas; su aparente sencillez y ganas de escuchar me llamaron la atención. Tres años después, ya la arrogancia y la impaciencia dominaban muchas de sus acciones públicas; lo pude constatar en una entrevista en Los Pinos donde se retorció ante varias preguntas incómodas. Nunca más volvimos a hablar.

Uno de sus asesores dijo que la entrevista —realizada en octubre de 1996 junto con María Elena Salinas— se había convertido en un enfrentamiento entre "dos inquisidores y un jefe de Estado". No lo sé. Lo que sí sé es que Zedillo exigía respeto a la investidura presidencial, pero el hombre había desaparecido. Casi todo parecía artificial, ajeno a la realidad. Rápido olvidó Zedillo que él —antes que nada— es un servidor público y que, le gustara o no, estaba obligado a responder por cada una de sus acciones.

México se quedó con un presidente de cartón.

15 HISTORIA DE UN DESAPARECIDO

Washington. Es el primer niño "desaparecido" de la guerra sucia en México que se encuentra con vida. Se llama Lucio Antonio Gallangos, aunque todavía no se había acostumbrado a que le dijeran así. Prefería que lo llamaran Juan Carlos Hernández, el nombre que le dieron sus padres adoptivos. Pero cualquiera que sea su nombre, el simple hecho de estar con vida saca a relucir uno de los capítulos más oscuros de la historia reciente de México.

Lucio desapareció el 3 de junio de 1975 cuando tenía sólo tres años de edad. Un operativo policial en la casa donde se escondían sus padres —ambos miembros de la Liga Comunista 23 de Septiembre— aparentemente lo dejó herido con un rozón de bala en la pierna izquierda y luego fue llevado por cuatro agentes al Hospital Pediátrico Moctezuma de la Ciudad de México. El niño Lucio fue el único capturado por la policía en ese operativo; todos los guerrilleros que estaban en la casa lograron escapar. Lucio estuvo en el hospital durante nueve días hasta que fue llevado a la Casa Cuna de Tlalpan para ser adoptado.

De sus padres —Roberto Antonio Gallangos y Carmen Vargas Pérez— se supo muy poco; que eran guerrilleros, que habían participado en protestas antigubernamentales y que al menos en una ocasión él —cuyo nombre de guerra era "Simón"— fue fotografiado mientras cometía un atraco bancario. Nadie supo nada de ellos desde ese verano de 1975.

Hay una versión no confirmada de que Roberto Antonio, tras sobrevivir el asalto a la casa seguridad que compartía con sus hijos Lucio y Aleida, trató sin éxito de rescatar a su hijo del orfanato. Documentos oficiales confirman que Roberto Antonio fue arrestado el 17 de junio de 1975 y su compañera, Carmen Vargas, unos días después. Es probable que Roberto Antonio Gallangos haya sido torturado como sugiere una fotografía aparecida recientemente en la prensa mexicana y obtenida gracias al nuevo acceso a los archivos de la nación.

La suerte de Roberto Antonio y Carmen está escondida en la memoria de agentes y policías que no quieren recordar. Sus familiares creen que fueron torturados y ejecutados. Sus cuerpos no han sido encontrados.

Todo esto era nuevo para Lucio. Él llevaba la típica existencia de cualquier trabajador inmigrante en el área de la construcción de Washington, D.C. Lucio se fue de México en 1997 ante la imposibilidad de seguir estudiando en la Universidad de Puebla y frustrado con trabajos de mesero y de carpintero que no le dejaban más que el equivalente de siete dólares diarios. Pero un día de Navidad hizo una llamada telefónica que le cambió la vida y que rescata una página escondida de la historia de México.

Lucio estaba viendo la televisión en español el 23 de diciembre de 2004 cuando en el noticiero local de la cadena Univision, a las seis de la tarde, vio una entrevista que le llamó poderosamente la atención. En la entrevista aparecía una mujer llamada Aleida Gallangos que decía venir de México en busca de su hermano perdido. Y él tenía el mismo nombre del hermano perdido de Aleida: Juan Carlos Hernández.

Debe haber una equivocación, pensó. Hay tantos latinos en este país con un nombre y apellido así. Esperó a ver el noticiero de las once de la noche para ver si repetían el reportaje. Efectivamente. Ahí estaba Aleida, otra vez, pidiéndole a su hermano —o a cualquier persona que lo conociera— que se comunicara con ella. Lucio no pudo resistirse a apuntar el teléfono que aparecía en la pantalla.

Esa misma noche, después del noticiero, Lucio recibió inesperadamente una llamada desde México. Era su mamá. Y lo que le dijo lo dejó estupefacto.

"Todo esto que te voy a decir, te lo voy a decir con todo el dolor de mi corazón", dijo Francisca Valadez. "Hay unas personas que te andan buscando que dicen que tú eres su familiar".

"Pero ¿cómo es eso?" dijo Lucio.

"Perdóname por no habértelo dicho, pero yo no soy tu madre", continuó llorando la mujer por el teléfono. "Nosotros fuimos a la casa cuna y te adoptamos; ahí teníamos siete años de casados y no habíamos tenido hijos. Había muchos niños, pero, no sé, desde que te vi algo me llamó la atención en ti. No sé, no sé que haya sido. Nosotros no éramos tan desconocidos para ti porque ya nos habías visto. Y no, no nos dijiste nada, solamente me abrazaste y me dijiste que si iba a ser tu nueva mamá. (Y yo te dije): 'No hijo, yo voy a ser tu mamá completa.' "

El mundo, tal y como lo conocía, se le cayó a Lucio. Durante treinta y tres años, sus padres adoptivos —Francisca Valadez y Rosendo Hernández— le habían ocultado que era un niño adoptado. "Para que nunca nadie te himille", le diría más tarde su padre, a manera de explicación, por haber guardado ese secreto por tanto tiempo.

Los padres adoptivos de Lucio, enterados de los esfuerzos de Aleida por encontrarlo, trataron de obstaculizar su búsqueda. Pero cuando se enteraron que Aleida ya había llegado a Washington, D.C., y que lo estaba buscando por nombre y apellido en la televisión, prefirieron ser ellos —y no Aleida— quienes le dieran a Lucio la dura noticia de que era adoptado. En esa conversación telefónica Lucio se enteraría de que era mentira el cuento familiar de que había pasado los primeros años de su vida en un internado porque estaba muy enfermo.

Lucio no pudo dormir esa noche. Aleida, la muchacha que vio por la tarde en la televisión, era su hermana. Buscó el papelito donde había apuntado el teléfono de Aleida e hizo la primera llamada. Eran las 12:58 AM del 24 de diciembre. Nadie contestó.

A las cinco de la mañana volvió a prender el televisor para ver la repetición del noticiero de la noche anterior. Y ahí estaba Aleida, por tercera vez, buscándolo. Lucio hizo una llamada más a las 5:28 AM y otra a las 8:30 AM. No hubo respuesta.

El número del teléfono celular que apareció en la televisión si era el de Aleida, pero ella ya llevaba varios días en Washington, con muy poco dinero, dependiendo de la ayuda de extraños y esa noche, agotada, apagó el timbre. En la mañana del 24 de diciembre, Aleida notó que tenía tres llamadas perdidas y a alrededor de las 9:10 AM recibió una más.

Del otro lado del auricular Aleida escuchaba una voz de un hombre que tenía muchos interrogantes. "¿A quién buscas?" le dijo él. Sin embargo, no había dado su nombre. A los pocos minutos, Aleida le hizo la primera pregunta:

—¿Quién eres?

—Soy Juan Carlos—, le dijo.

Juan Carlos/Lucio, aún desconfiado y digiriendo la información, tardó cinco días en hacer una cita para ver por primera vez a su hermana en un apartamento de la capital estadounidense. Y así, el 29 de diciembre de 2004, se encontró al primer infante "desaparecido" de la guerra sucia en México.

Conversé ampliamente con Lucio (o Juan Carlos) en enero de 2005 en Washington, D.C., en la primera entrevista en persona que daba a un medio de comunicación. De pelo muy oscuro, con chamarra azul y botas negras, fue despojándose poco a poco de una historia que aún no acaba de comprender del todo. Y empezamos por lo básico, su adopción:

JORGE RAMOS: ¿Te dolió enterarte que eras adoptado?

LUCIO/JUAN CARLOS: No puedo negarlo. Sí, me duele hasta la fecha. Es un choque enterarte que no eres su sangre.

JR: ¿Qué pasó el tres de junio de 1975 en esa casa? ¿Qué es lo que tú sabes?

LUCIO: Lo que me dicen es que hubo un enfrentamiento con una fuerza especial que había creado el gobierno para reprimir este movimiento político. Que era la brigada blanca.

JR: ¿Hubo disparos? ¿Hubo violencia?

LUCIO: Sí, sí, eso sí… Me han dicho que primero desaparecí yo. A Aleida, un amigo de nuestros padres la tomó, la sacó.

Hubo un enfrentamiento, llegó la fuerza, la brigada blanca, a la casa donde estaban estos líderes de este partido comunista o esta fuerza política a la que pertenecían (mis padres biológicos).

JR: ¿Hubo muertos ese día?

LUCIO: No sé exactamente si hubo muertos. Lo que sé es la historia de Aleida; a ella la tomaron y este muchacho la llevo con su propia familia y les dijo que la cuidaran, que a sus padres los habían matado. A mí me tomaron, por lo que sé ahora, unos agentes. Tenía una herida en la pierna que ellos dicen que es de bala.

JR: ¿En qué parte tenías la herida?

LUCIO: En la pierna izquierda.

JR: ¿En tu pierna izquierda identificas algún tipo de herida?

LUCIO: Yo ahora he visto una marca, cerca de mi cadera, en que hay una pequeña descoloración; un poquito más clara que el resto de la piel. Sí, se ve.

JR: Pero si tú fuiste herido de bala ¿te acuerdas de ese momento?

LUCIO: Yo siempre tuve un recuerdo que algún día me había raspado la cadera. Pero nunca tuve ese recuerdo claro. No sé en qué circunstancias, en qué momento pasó eso. Quizás sea ese día.

JR: Déjame decirte este nombre: Lucio Antonio Gallangos.

LUCIO: Un nombre nuevo, para mí desconocido.

JR: Es tu nombre.

LUCIO: Ahora lo sé, pero antes del 23 de diciembre no me decía nada.

JR: ¿Eres Juan Carlos o eres Lucio?

LUCIO: Soy Juan Carlos y fui Lucio. Mis padres (biológicos) me registraron como Lucio Antonio. Ahora lo sé. Hay una historia de esto, por lo que leí: Lucio le pusieron por Lucio Cabañas.

JR: El (líder) guerrillero en México en los años setenta.

LUCIO: Sí. Y Antonio es por mi padre que se llamaba Roberto Antonio. Por eso tengo esos nombres.

JR: ¿Qué sabes tú de la guerra sucia en México? ¿Eres una persona muy involucrada en la política?

LUCIO: No mucho. Más allá de leer las noticias, no soy una persona que se envuelva en discusiones de política.

JR: Pero tus padres biológicos sí tenían claros intereses políticos.

LUCIO: Sí, ahora lo sé. Sé que mi padre solicitó una beca al gobierno mexicano para ir a estudiar ideología marxista a La Habana, Cuba. No sé exactamente que año; por el 72, 73.

JR: ¿Pudo él ir a estudiar a Cuba o no?

LUCIO: No pudo. No le dieron la visa y no le autorizaron esa beca.

JR: ¿Alguna vez has leído la carta abierta que te escribió tu hermana Aleida (antes de encontrarte)? ¿Qué recuerdas de esa carta?

LUCIO: Dice que durante muchos años, desde que supo que tenía un hermano, había tenido esa inquietud por conocerme más. Y me daba datos. Me decía que ya sabía que yo me llamaba Juan Carlos Hernández, que ya sabía donde vivía, donde había crecido. Esa carta circuló por Internet y que por cosas del destino yo nunca encontré.

JR: Tu hermana Aleida se tardó tres años en encontrarte. ¿Cómo te encontró?

LUCIO: Ella ya estaba enterada (de) que tenía un hermano. Y cuando encontró a la familia (de nuestros padres biológicos) le cuentan que tenían esperanzas de que estuviéramos juntos en algún lugar. Cuando encontraron a Aleida, se dieron cuenta que no era así. Después empezaron la búsqueda por información de otros compañeros de esa época, de nuestros padres, y unos amigos supieron que me habían llevado a un hospital. Lo que sé es que cuatro agentes me llevaron —están sus nombres en los archivos— y me dejaron ahí.

JR: ¿Qué piensas de esos agentes? Tres de ellos están vivos.

LUCIO: No sé. No puedo pensar mucho de ellos. Supongo que recibieron órdenes. No creo que ellos hayan dicho: "Vamos a llevarlo aquí".

JR: En 1975, Luis Echeverría era el presidente. ¿Tú crees que el presidente Echeverría ordenó este tipo de acciones?

LUCIO: No lo sé. Lo que sí sé es que lo ordenó alguien de su gabinete o el jefe de la policía.

JR: En última instancia ¿tú crees que es Echeverría el responsable de la muerte de tus padres?

LUCIO: No sé si lo fue. Pero no lo evitó.

JR: ¿Tú tienes alguna esperanza de que tus padres estuvieran vivos, escondidos o encarcelados en algún lado?

LUCIO: Es una pregunta muy difícil después de veintinueve años. En todos estos años que los han estado buscando, la familia no sabe nada de ellos.

POSDATA. La corroboración de esta historia depende, literalmente, de un pelo o de una gota de saliva. A pesar de que investigaciones previas, documentos del Archivo Nacional de México, fotografías y el parecido físico sugieren que Lucio y Aleida sí son hermanos —y que ambos son hijos de los guerilleros Roberto Antonio Gallangos y Carmen Vargas— aún no se han realizado las pruebas genéticas para confirmar científicamente su parentezco. La Fiscalía Especial encargada de investigar los crímenes del pasado en México pidió la autorización de Aleida y de Lucio, el pasado 5 de enero, para realizarles las pruebas del ADN. Ambos han aceptado hacérselas. Pero hasta el momento de publicar este artículo, no se habían realizado.

Aleida, sin embargo, no tiene la menor duda. Cuando hace poco le pregunté si existía la posibilidad de que Lucio no fuera su hermano, me dijo sin titubear: "Sí, es mi hermano, lo sé, estoy segura".

POSDATA. Un estudio genético (ADN) realizado en 2005 por el gobierno mexicano confirmó que, efectivamente, Lucio y Aleida son hermanos.

16 ¿QUIÉN MATÓ A COLOSIO?
ENTREVISTA CON EL PADRE DE
MARIO ABURTO

Miami. Rubén Aburto, a sus cincuenta y seis años, nunca antes se había subido a un avión. El primero lo tomó en marzo de 2003 para viajar de Los Ángeles a Miami y realizar esta entrevista. Rubén Aburto me había dicho por teléfono que estaba enojado, muy enojado, y que quería decirlo todo sobre su hijo, Mario Aburto, acusado de ser el único responsable de la muerte del candidato priísta a la presidencia de México, Luis Donaldo Colosio. Efectivamente, cuando empecé a hablar con él, Rubén Aburto venía enojado y lo dijo todo. Ni siquiera las fuertes medicinas que estaba tomando contra las úlceras y el dolor de la espalda lo hicieron detenerse.

Este hombre que sólo termino el sexto grado de primaria en Michoacán, México, y que vino por primera vez a Estados Unidos en 1972 es, desde 1986, residente legal de este país. Su esposa de toda

la vida es María Luisa. Con la excepción de Mario, todos sus hijos —
Rafael, Rubén Jr., José Luis, Elizabeth y Karina— viven en Estados
Unidos desde 1995 debido a las amenazas de muerte que han recibido en México. Su esposa y una de sus hijas, dice Rubén Aburto,
fueron obligadas a desnudarse en una de las tantas averiguaciones
judiciales. Esa afrenta él no la perdona.

Mario es el único de la familia Aburto que vive en México. Para
ser más exactos, está en la prisión de Almoloya de Juárez donde cumple una condena de cuarenta y cinco años por el asesinato de Colosio. Desde 1994 hasta el 2000 estuvo totalmente aislado del resto de
la población del penal de alta seguridad. Pero, con la entrada de Fox
a la presidencia, le han permitido comer y conversar con otros reos, y
hasta jugar fútbol y básquetbol en el patio de la prisión. Sin embargo,
Mario Aburto aún duerme solo y está vigilado las veinticuatro horas
al día. Esto me lo contó su padre basado en las pláticas telefónicas
que ellos tienen.

Rubén Aburto venía bien preparado para la entrevista. Me atrevería a decir que llevaba años pensando en lo que iba a decir. Me dijo
que sospecha de los periodistas mexicanos porque, alguna vez, funcionarios de los gobiernos de Carlos Salinas de Gortari y de Ernesto
Zedillo se hicieron pasar por reporteros y que otros que sí eran periodistas no se atrevieron a publicar lo que él decía.

Rubén Aburto me dio un montón de documentos que, a su entender, probaban una conspiración gubernamental para matar a Colosio,
para encubrir el asesinato y para usar a su hijo, Mario, como chivo
expiatorio del crimen. Los documentos, decenas de ellos, incluyen
recortes de periódicos, fotografías del día del crimen —23 de marzo
de 1994— y numerosos reportes de los cinco fiscales que nunca
pudieron dar con un motivo por el asesinato ni con los autores intelectuales.

Pero lo más importante que traía Rubén Aburto eran unos pequeños casetes —seis o siete— con las grabaciones de las conversaciones
telefónicas que ha tenido con su hijo durante casi nueve años. "Un
día voy a hacer un libro", me dijo. Rubén Aburto no se separa de esos
casetes. Los trata con una delicadeza como si su vida dependiera de
ellos.

Me dejó escuchar varios de ellos. En uno, grabado a principios
de 1995, se oye claramente a Mario Aburto decir: "Mira, Papá, si no
han agarrado al verdadero asesino material ¡imagínate! Nunca van

a poder agarrar tampoco al intelectual". Un poco más adelante se escucha a Mario Aburto asegurar que "si un día me llegan a matar por cualquier cosa, lo importante es que la gente ya sabe que fue el mismo gobierno que lo mató (a Colosio) y que yo no fui".

"El gobierno mató al propio licenciado Colosio", dice Mario Aburto en la cinta de audio. "Mira, las autoridades al no tener a la mano a los verdaderos culpables agarran a un chivo expiatorio para acallar a la gente y mantenerla calmada... las personas que vinieron a torturarme me hicieron comentarios sobre eso también".

Tortura. Tanto Mario Aburto, en la cinta de audio, como su padre Rubén, aseguran que fue bajo tortura y con otros métodos coercitivos que Mario fue obligado a decir que él había asesinado a Colosio. "Mi único pecado es haber sido pobre", oigo decir en una vieja grabadora negra a Mario Aburto, "y no tener para haber pagado un abogado defensor particular que me defendiera". Hasta aquí la voz de Mario Aburto.

Me senté junto a Rubén Aburto frente a una pantalla de televisión y empezamos a ver los videos de ese 23 de marzo de 1994 en Lomas Taurinas, Tijuana. Vimos una y otra vez el momento del disparo contra la cabeza de Colosio. Pero nunca se puede ver la cara del pistolero.

Nadie ha hablado más con Mario Aburto sobre el caso Colosio que su propio padre. Rubén Aburto piensa que, posiblemente, dentro de "la escolta presidencial que cuidaba" a Colosio están sus verdaderos asesinos.

Rubén Aburto no está seguro, siquiera, que la persona arrestada en Lomas Taurinas, momentos después de la muerte de Colosio, sea su hijo. El arrestado en el video tiene el pelo largo y bigote. "Mi hijo es lampiño", me dice Rubén Aburto, y no tenía bigote. Además, dice su padre, Mario se había cortado el pelo quince días antes y el arrestado en el video "está greñudo".

JORGE RAMOS: ¿Es probable que la persona que arrestaron en Lomas Taurinas no sea su hijo?
RUBEN ABURTO: Es probable que no sea. Hay personas idénticas a mi hijo que pudo haber metido el gobierno.
JR: Las declaraciones oficiales indican que Mario Aburto reconoce haber matado a Luis Donaldo Colosio.
RA: No. Él dice lo que ellos quieren que diga.
JR: Pero, ¿por qué se va a incriminar él mismo?

RA: Es a base de torturas y amenazas de muerte a él y a la familia... Cuando lo agarran en Lomas Taurinas a mi hijo se lo llevan, no directamente a la PGR (Procuraduría General de la República) de Tijuana, sino se lo llevaron a las orillas de Tijuana. Estuvo ahí y lo torturaron. Estuvo presente en la tortura el gobernador de Sonora Mario Fabio Beltrones. Eso está confirmado de que ese estuvo presente en la tortura de mi hijo... Hay pruebas de eso, verdad, de que a mi hijo lo torturaron. Y le dijeron a mi hijo: si no te das culpable vamos a matar a tu mamá, a tu papá y a tus hermanos... a todos... Por eso mi hijo se dio culpable, porque lo amenazaron de muerte a él y a la familia. Eso es lo que le he dicho a todos los periodistas y sigo diciéndolo y gritándolo al mundo entero.

Le muestro a Rubén Aburto un programa de televisión en el que aparece su hijo Mario, en la cárcel, participando en una recreación del crimen de Colosio. Mario Aburto, en el video, reconoce haber hecho el primer disparo a la cabeza de Colosio, pero no el segundo que impactó al candidato en el estómago. Hubo otro pistolero, se escucha decir a Mario Aburto en la cinta.

JR: Su hijo, señor Aburto, está reconociendo ante una cámara de video que él mató a Colosio.

RA: No, él no lo mató. A él ahí (y apunta a la pantalla) lo están obligado a hacer una obra de teatro.

JR: ¿Es una mentira?

RA: Sí, es una mentira... Hay declaraciones de mi hijo ahí en Almoloya en que lo han inyectado, le pusieron droga a él.

JR: Usted dice que su hijo no mató a Colosio... ¿Quiénes fueron, entonces?

RA: ...Yo digo lo que ha dicho don Luis Colosio Fernández: que fueron dos tiradores del gobierno los que asesinaron a su hijo.

JR: ¿Qué evidencia tiene de esto, señor Aburto, que fueron dos tiradores del gobierno (los que asesinaron a Colosio)?

RA: Bueno, hay evidencias de que el ex presidente Carlos Salinas de Gortari en sus declaraciones acusa a Luis Echeverría. Y luego Luis Echeverría acusa a Carlos Salinas de Gortari. Entonces se comprende que este es un asesinato de los altos niveles del gobierno. Esas son las evidencias que hay, ellos lo han dicho... es un asesinato político de las altas esferas del gobierno.

Rubén Aburto me comentó que el vio por televisión una entrevista que yo había tenido con Carlos Salinas de Gortari el 6 de octubre de 2000 en la Ciudad de México.
    "¿Mandó usted matar a Colosio?" le pregunté en ese entonces a Salinas. "Luis Donaldo Colosio era mi amigo entrañable", me contestó el ex presidente. "Quienes afirman que Donaldo Colosio y yo tuvimos una diferencia, no conocen los diálogos intensos, la relación directa y el trabajo común político a lo largo de quince años". "¿Usted no tuvo nada que ver con el asesinato de Colosio?" insistí. "Yo fui de los que más perdieron con la muerte de Colosio", respondió molesto Salinas.

JR: Yo tuve la oportunidad de hablar con el ex presidente Carlos Salinas de Gortari y él me dijo que no había mandado matar a Colosio.
RA: Bueno, se comprende que el licenciado Colosio... dio un discurso y en ese discurso el licenciado Colosio dió evidencias de lo que iba a hacer en el país. Se comprende que por ese discurso él dijo que se iba a separar al PRI del gobierno.
JR: O sea, ¿usted cree que fue una conspiración del gobierno de Salinas de Gortari la que culminó con la muerte de Colosio?
RA: Mi teoría es, pues, que sí. Que sí. Posiblemente el gobierno de Salinas sí pudo haber sido.
JR: ¿No tiene evidencias de esto?
RA: Las evidencias son que ellos, mutuamente, se están acusando... Carlos Salinas de Gortari acusa al ex presidente Luis Echeverría Álvarez y Luis Echeverría Álvarez acusa al licenciado Carlos Salinas de Gortari.
JR: Yo no he escuchado esas declaraciones. Pero usted ¿sí las ha escuchado?
RA: Las he visto dentro del periodismo. Las he leído.

Paramos para ver de nuevo, en la pantalla de televisión, el momento en que Colosio recibe un balazo en el cráneo y cae al suelo. El estudio de televisión donde entrevisto a Rubén Aburto está helado; se apagan las luces y ahora está totalmente oscuro. Rodamos la cinta. La piel se me pone como carne de gallina,

igual que la primera vez que vi ese video. En cámara lenta,
superlenta, una y otra vez nos quedamos con los ojos fijos, incré-
dulos, en la mano que dispara. "Este es el momento en el que
matan a Colosio el 23 de marzo", le digo a Rubén Aburto. "Ahí
está". No me dice nada. Por varios minutos tratamos de encon-
trar a su hijo, Mario Aburto, entre las personas que rodean a
Colosio antes de su muerte. No lo vemos.

"Mi hijo nunca estuvo cerca de Colosio", asegura desafiante,
confiado, Rubén Aburto. "Nunca estuvo cerca".

POSDATA. Rubén y Mario Aburto hablan diez minutos por teléfono
cada tres o cuatro meses. Mario Aburto habla por cobrar desde la
cárcel a la casa de su padre en California, cerca de Los Ángeles.
"Gano muy poco", me dice a manera de explicación, "y las llamadas
telefónicas están muy caras". Pero Rubén Aburto ha vuelto a hablar
del caso Colosio —nueve años después de su muerte— porque está
convencido de la inocencia de su hijo y porque está buscando a un
abogado privado que logre reabrir el caso. Varios abogados se han
negado a hacerlo por miedo, me dijo. Uno que iba a retomar el caso
recibió una amenaza de muerte contra su familia y se retiró inmediatamente. "¿No sabe usted quién me podría ayudar?" me preguntó
antes de irse al aeropuerto de Miami para tomar su vuelo —el
segundo de su vida— a Los Ángeles. Allá, medio escondido, está su
refugio. Y desde allá todos los días Rubén Aburto planea cómo liberar
a su hijo. Es su misión. "Estoy seguro (de) que mi hijo no fue", me
dice. Y si no fue él, entonces ¿quién o quiénes?

PREGÚNTENLE A SALINAS DE GORTARI Y A ZEDILLO
(Marzo 23, 2004) No lo podía creer. Mi amigo, el periodista y productor, Porfirio Patiño, me estaba diciendo por teléfono que habían
matado a Luis Donaldo Colosio, el candidato del Partido Revolucionario Institucional (PRI) a la presidencia de México. "¿Pero estás
seguro, Porfirio?" le pregunté varias veces. "¿De dónde sacaste eso?"
Porfirio tiene un extraordinario sentido del humor, pero esta vez no
estaba bromeando. "Es cierto", insistió sin perder la compostura y
dándome sus fuentes. "Hay que salir al aire y decirlo".

Pocos minutos después, con la voz entrecortada y claramente des-
compuesto, salí por la televisión a anunciar el atentado contra la
vida de Colosio. Diez años después de su asesinato no hay ni pista

de los autores intelectuales del crimen y existen serias sospechas de que Mario Aburto, el supuesto autor material del atentado, haya actuado solo.

Quien siempre ha sospechado sobre la versión oficial del gobierno ha sido Rubén Aburto, el padre de Mario Aburto, quien cumple una condena de cuarenta y cinco años de prisión en la cárcel de Almoloya de Juárez. "Lo que queremos es justicia. Mi hijo no lo mató. Es inocente, lo han usado como chivo expiatorio. Estoy convencido", me dijo Rubén Aburto por teléfono desde su casa en el sur de California. "A Colosio lo mataron los del gobierno, ese fue un crimen de estado. ¿Quién más pudo haber cometido ese crimen?"

Rubén Aburto habla con su hijo por teléfono cada tres o cuatro meses. Y al hablar sobre el asesinato de Colosio, Mario Aburto frecuentemente insiste en su inocencia. "Mira, Papá, si no han agarrado al verdadero asesino material ¡imagínate! Nunca van a poder agarrar tampoco al intelectual", dijo Mario Aburto en una grabación telefónica que hizo su padre en 1995 y que guarda con extremo cuidado junto a decenas más. "El gobierno mató al propio licenciado Colosio".

La verdad es que todavía no sabemos quiénes estuvieron detrás del asesinato de Colosio en Lomas Taurinas, Tijuana, ese 23 de marzo de 1994. Pero lo menos que podemos hacer es preguntarle a los dos hombres más poderosos del país en ese entonces: Ernesto Zedillo y Carlos Salinas de Gortari. Lo que es realmente increíble y lamentable es que ninguno de los dos ex presidentes haya testificado sobre el caso. ¿Por qué? Salinas era el presidente en ese entonces y Zedillo era el coordinador de la campaña de Colosio, antes de llegar a la presidencia. Ambos estaban en posiciones privilegiadas, mantuvieron un cercano contacto con Colosio y fueron afectados, de distintas maneras, por la muerte del ex candidato priísta.

La realidad es que ninguno de los dos ha querido testificar. En una entrevista a finales de 1996, le pregunté al entonces presidente Zedillo lo siguiente:

—¿Cree usted que una investigación seria deba incluir su testimonio? ¿Usted estaría dispuesto a testificar?

—Mire, si yo tuviera cualquier elemento que aportar para resolver este o cualquier otro caso, naturalmente mi responsabilidad sería ofrecerlo, me contestó.

—En la carta que usted le escribió a Colosio el 19 de marzo de

1994 —en la que le decía a Colosio que había tensiones con el presidente Salinas de Gortari— muchos creen que ahí hay una línea de investigación. ¿No cree que ahí hay una línea de investigación en el caso de Colosio?" le pregunté a Zedillo.

—No me corresponde a mí, pero me parece que esa deducción, pues, es una deducción muy cuestionable—, respondió molesto.

Salinas de Gortari me contestó lo siguiente respecto al asesinato de Colosio, durante una entrevista en octubre de 2000:

—Déjeme preguntárselo directamente—, le dije. —¿Mandó usted matar a Colosio?—

—Luis Donaldo Colosio era mi amigo entrañable—, me contestó. —Luis Donaldo Colosio y yo teníamos una relación de quince años durante la cual desarrolllamos una afinidad política y una cercanía fundamental. Quienes afirman que Donaldo Colosio y yo tuvimos una diferencia, no conocen los diálogos intensos, la relación directa y el trabajo político común que tuvimos a lo largo de quince años.

Luego le mencioné a Salinas de Gortari sobre la carta de Zedillo a Colosio, en la que destacaba las tensiones del candidato priísta con el entonces presidente.

—¿No es esta una línea de investigación?—, le pregunte a Salinas.— ¿La gente no tendría razón en sospechar que usted tuvo algo que ver en el asesinato de Colosio?

—Mire usted, me dijo, mirándome directamente a los ojos, casi sin parpadear. —Si la gente supiera que, después de la familia, quien más afectado resultó por la muerte de Luis Donaldo Colosio fui yo, entonces tendrían una perspectiva diferente.

—Quiero volver a preguntar: ¿Usted no tuvo nada que ver con el asesinato de Colosio?— repetí.

—Yo fui de los que más perdieron con la muerte de Colosio—, contestó Salinas de Gortari. Y luego se creó un largo silencio.

No he vuelto a hablar ni con Salinas de Gortari ni con Zedillo desde esas entrevistas. Pero lo que sí me queda claro es que una investigación seria, creíble y completa sobre el asesinato de Colosio debería incluir, forzosamente, los testimonios de ambos ex presidentes. Pregúntenle a Salinas y a Zedillo. Por ahí debieron haber comenzado hace diez años.

—¿Por qué razón ellos se han quedado callados?— se preguntó Ruben Aburto antes de colgar. —Ya son diez años de impunidad. Queremos que se esclarezca la verdad.

17 EL CHICHONAL: "HA LLOVIDO PIEDRAS"

De un empolvado video casete rescaté uno de mis primeros reportajes. Y después de apretar el botón de *play* lo que encontré me hizo revivir uno de los momentos más intensos de mi carrera como periodista; no sólo por la magnitud de la tragedia que presencié, sino también porque estuve a punto de terminar achicharrado gracias a una inexcusable irresponsabilidad.

El domingo 28 de marzo de 1982 a las 9:15 de la noche había hecho erupción el Volcán Chichonal y, poco después, yo ya estaba camino a Chiapas, junto con un equipo de televisión, para ser testigo de uno de los desastres naturales más devastadores que ha tenido México. El volcán de dos conos había lanzado piedras y ceniza a hasta diez mil metros de altura. Una nube grisácea, de 375 kilómetros de radio, iba apagando poco a poco la vida alrededor del Chichonal.

"Ha llovido piedras", me dijo el vulcanólogo Federico Mosser, entre entusiasmado y sorprendido. Desde luego que no debe de haber nada más emocionante para un vulcanólogo que presenciar el momento mismo de una erupción. Pero incluso este científico tuvo que buscar refugio bajo unas casuchas de láminas para no acabar como una víctima más.

Un anciano, con la ceniza confundiéndose en sus canas, no estaba tan entusiasmado con el Chichonal. "Parecía que íbamos a perecer", me dijo. "Y luego las piedras, TA, TA, TA, TA".

Después de la primera y brutal erupción del último domingo de marzo, otras le siguieron. Las pequeñas poblaciones de Nicapa, Francisco León, Chapultenango, El Guayabal y El Volcán quedaron, literalmente, enterradas bajo piedras y minúsculas partículas grises y negras. Nunca antes había visto algo así.

"Creo que el mundo se va a acabar", me dijo una mujer que estaba rezando en la iglesia de Pichucalco y que se había resignado a morir ahí mismo. Otros, haciendo fila en la plaza, buscaban escapar en los camiones que había traído de emergencia el ejército.

"Yo soy de aquí, de Pichucalco", me dijo uno. "¿Y a dónde va?" le pregunté. "A donde nos lleven", contestó. En realidad, no importaba a dónde. Lo importante era irse lo más lejos posible del volcán. Y miles se fueron sólo con lo que llevaban puesto.

Tras las primeras tres erupciones —que se escucharon a cincuenta kilómetros de distancia— varias poblaciones quedaron bajo metros de lo que antes era una parte del volcán. En un principio, muchos creyeron que lo peor había pasado. Pero estaban equivocados; las erupciones continuaron y con fuerza.

Conocí a un hombre llamado Enrique Díaz Bautista que había dejado a su esposa y a su hijo mayor en Chapultenango; sencillamente no se quisieron ir de ahí. Y murieron ahogados entre cenizas ardientes. Las lágrimas de Enrique —cuando me contó su historia— se le atoraron al salir de sus ojos por las costras de mugre y tierra que aún cubrían su cara.

"La gente es muy necia; no quieren salir", me comentó uno de los compañeros de Enrique. Eran unos diez. Y me los encontré en el camino de terracería que, en situaciones normales, hubiera conectado a Pichucalco con la población de El Volcán. Cuando di con ellos, estábamos a unos tres kilómetros del Chichonal. Ellos huían del volcán mientras que nosotros tratábamos de acercarnos lo más posible.

Ése era mi primer reportaje importante y sabía que tenía que demostrarle —a mis jefes, a mis compañeros, a la teleaudiencia— que no había conseguido el trabajo por conocer a algún influyente ejecutivo de la televisión. (No había nada más lejos de la realidad; comencé desde abajo y sin ninguna palanca.)

Sin embargo, en el intento de demostrar que sí podía realizar un buen trabajo periodístico casi me quedo en el camino, junto con el camarógrafo y sonidista que me acompañaban. Al llegar a Villahermosa, Tabasco —el único aeropuerto abierto de la región—, habíamos rentado un automóvil automático que ciertamente no era el más apropiado para cruzar montes y cañadas.

Durante el primer día de trabajo —cuando recorrimos algunos de los poblados más afectados— la luz del sol quedó bloqueada después de las diez de la mañana; la ceniza proveniente del volcán era muy densa y la visibilidad prácticamente nula. El segundo día queríamos ir lo más cerca posible del volcán, con o sin luz. Pero el carro, sencillamente, no cooperó.

A las pocas horas de nuestro trayecto hacia el Chichonal, el motor del auto se atascó y el sistema eléctrico no dio más. Estábamos demasiado cerca del volcán y una nueva erupción o una explosión de gases nos hubiera dejado en el esqueleto.

Por pura suerte, nos topamos con ese grupo de campesinos que huían de Chapultenango y, cargando el auto, nos ayudaron a darle la vuelta en una estrechísima vereda. Ahora sólo faltaba prenderlo. El sonidista —que sabía algo de mecánica— limpió como pudo el motor y después desapareció debajo del auto. Todavía no sé cómo lo hizo, pero en unos minutos lo prendió sin necesidad de utilizar la llave. Finalmente, el auto —tosiendo y andando a paso de gallina— nos sacó de la zona de peligro. Aguantó casi hasta el final. Y al llegar a una de las carreteras principales, no se volvió a mover. (Años más tarde, un amigo me comentó que el automóvil se tuvo que declarar como pérdida total.)

Dos días después, regresamos al mismo lugar donde se nos había quedado el coche y el panorama parecía irreconocible. Según nos comentó un campesino, poco después que nos fuimos hubo una violentísima explosión —por los gases acumulados del volcán— y la zona quedó como un desierto; no había un solo árbol parado y las pocas vacas que vimos estaban negras y quemadas.

Nos salvamos por un pelito. Esos campesinos de Chapultenango nos rescataron y, de paso, mantuvieron a flote mi carrera. Lo que hicimos para filmar ese reportaje —ir contra la corriente, desafiar a los que conocían la zona y acercarme lo más posible al volcán— fue una verdadera irresponsabilidad. Lo reconozco.

Ahora, claro, veo las imágenes que obtuvimos de las poblaciones enterradas por el volcán Chichonal —las únicas que existen de esos días— y pienso que valió la pena el riesgo. Pero si no nos hubiéramos encontrado con esos campesinos en el preciso momento en que más ayuda necesitábamos, otro gallo cantaría.

Muchos otros que vivían alrededor del volcán no tuvieron nuestra suerte.

POSDATA AUTOMOTRIZ. El automóvil, desde luego, se declaró como pérdida total a la compañía de seguros, pero el reportaje fue, sin duda, único, por el acceso a las poblaciones más afectadas por el volcán. Nadie, nunca, se quejó por lo del auto y ahí aprendí otra de las lecciones básicas del periodismo; la noticia, si no sale a tiempo, se pudre y empieza a apestar. La noticia tiene que salir al aire, no importa cómo y aunque cueste un carro.

18 TERREMOTO DEL 85

Para Félix

I

El 19 de septiembre de 1985, a las 7:18 de la mañana, un terremoto de 8.1 grados en la escala de Richter sacudió por dos minutos a la Ciudad de México. Al menos diez mil personas murieron y más de siete mil edificios quedaron dañados o destruidos. El sismo cimbró los cimientos, no sólo de la capital, sino también de las principales premisas bajo las que funcionaba toda la sociedad mexicana: el autoritarismo, el Estado todopoderoso, el presidente intocable, la distribución piramidal del poder, la supuesta infalibilidad de un sistema que había traído estabilidad...

II

Las primeras imágenes del terremoto las vi por televísión, desde Los Ángeles. Unas horas después estaba volando hacia la Ciudad de México. Me acompañaba un camarógrafo y un productor del Canal 34, la estación afiliada de Univisión en Los Ángeles. Para nuestra sorpresa, se le permitió aterrizar al avión sin ningún contratiempo. Tan pronto como pude hablé a casa de mis padres, y una vez que me aseguré que ellos y mis hermanos estaban bien, nos pusimos a filmar y a hacer entrevistas.

Como periodista se supone que uno sea observador y no participe de la noticia. Pero me costó, como nunca, poderme separar del desastre que estaba viendo. Después de todo, ésa era la ciudad donde había vivido por veinticinco años. El drama de sus dieciocho millones de habitantes estaba demasiado cerca de mí.

De alguna manera me bloqueé emocionalmente por unas horas y trabajamos hasta el amanecer. Enviamos nuestro reportaje para televisión, vía satélite a Los Ángeles, y luego tratamos de descansar un poco. Fue imposible.

III

Cuando la política se combina con una tragedia natural, el resultado es un desastre de aun mayores proporciones. El entonces presidente Miguel de la Madrid, asumiendo un falso sentido del nacionalismo, retrasó —de acuerdo con varias versiones— el pedido de ayuda internacional. Quién sabe cuántas personas se hubieran salvado con una reacción más rápida y efectiva. Mientras los funcionarios gubernamentales parecían paralizados, los ciudadanos tomaron las labores de rescate en sus manos. Literalmente. El gobierno perdió el control.

Luego vino el encubrimiento. Los edificios donde más vidas se perdieron fueron construidos y administrados por el gobierno: el Hospital Juárez, el Hospital General, el edificio Nuevo León… Quizá por eso los funcionarios gubernamentales intentaron manipular y ocultar la información. Todavía un año después del terremoto el gobierno insistía en que el número oficial de muertos era de sólo 4,287, aunque ellos sabían que eran muchos más.

Al respecto, el diario *The Washington Post* recogió entonces las voces de dos duros críticos. Cuauhtémoc Abarca, líder de los damnificados, denunció: "El gobierno consistentemente ha tratado de esconder información, de minimizar los hechos". Y Adolfo Aguilar Zínser, quien entonces trabajaba para un centro de estudios económicos, le encontró una explicación al encubrimiento. Los funcionarios gubernamentales, dijo el hoy congresista, temían que el terremoto "dañara la imagen de un superestado omnipotente, capaz de resolver cualquier problema".

IV

El terremoto fue un jueves. El viernes por la tarde, cuando estaba en mi habitación del piso treinta y seis en un céntrico hotel, hubo una fuerte réplica. El edificio de acero y concreto parecía desmayarse. Nunca he bajado unas escaleras más rápido en mi vida. Ya en la calle, junto con el camarógrafo que empujó hasta viejitos para darse paso, nos preguntábamos qué había pasado con Jaime García, nuestro productor. Resulta que él se estaba bañando cuando ocurrió el segundo temblor. Desnudo, mojado y en pánico, se quedó sobre la cama de su cuarto sin saber qué hacer.

V

En México —según el dicho popular— nunca pasa nada…, pero cuando pasa, pasa. Hay una serie de fechas en la historia moderna que dejan ver cómo los mexicanos le han ido perdiendo la confianza a su gobierno. Ahí está la masacre de cientos de estudiantes, mujeres y niños en la Plaza de Tlatelolco el 2 de octubre de 1968, el masivo fraude electoral del 6 de julio de 1988, el alzamiento rebelde-indígena del EZLN de enero de 1994, los asesinatos de dos líderes priístas —Luis Donaldo Colosio y José Francisco Ruiz Massieu— más tarde el mismo año, y por último las elecciones del 6 de julio de 1997 en que el PRI, el partido del gobierno, perdió el control de la Cámara de Diputados, por primera vez en la historia, así como la jefatura de Gobierno de la Ciudad de México.

Pero a estos momentos clave en la descomposición del sistema y en la fractura del poder en México, hay que incluir ese 19 de septiembre de 1985, después del terremoto, cuando los habitantes de la capital se dieron cuenta de que no podían dejarle al gobierno el control de los asuntos más importantes de sus vidas.

VI

Crecí en una ciudad —la de México— cuya historia va de la mano con los terremotos. Y los temblores me han seguido, casi como maldición, en mi carrera de periodista.

De niño los sismos me parecían hasta divertidos. Me sentía invencible; lejos de asustarme, disfrutaba ver cómo se movían las cosas, solitas, de un lado a otro y cómo perdía el control gente que en circunstancias normales parecía de piedra.

Mucho más tarde, ya como reportero, los temblores dejaron de ser chistosos. En septiembre de 1985 perdí en el terremoto de México a uno de mis mejores amigos, Félix Sordo; él fue quien me metió en esto del periodismo.

Cada vez que yo regresaba a la Ciudad de México nos veíamos. Félix vivía de prisa. Dormía poco. Quería experimentar muchas vidas en una sola. Y qué razón tenía. Es como si siempre hubiera presentido que su vida sería muy corta.

Tras el terremoto, lo busqué como loco entre escombros y hospitales.

La última vez que alguien lo vio fue el jueves por la mañana, en su trabajo, antes del temblor. Circulaban rumores de que lo habían rescatado, pero no aparecía por ningún lado. Una de esas veces, esperanzado, llamé a su casa. Me contestó su mamá. "Señora", le dije, "escuché que ya encontraron a Félix y no lo quiero molestar, sólo quería que supiera que estoy pensando en él…" Ahí me interrumpió. "No, Jorge", me dijo. "No lo hemos encontrado".

Desesperado, me metí sin permiso en varios hospitales a donde llevaban a las víctimas del terremoto. Aún recuerdo haber corrido por largos, interminables pasillos. Sudaba. Se me quedaron grabadas las caras, llenas de dolor y confusión, de los que habían sobrevivido. Nada. Félix no estaba ahí.

Su cuerpo fue encontrado cuatro días después del terremoto, entre los estudios de televisión donde trabajaba en Televisa. Siempre vivió de prisa e intensamente. "No tengo mucho tiempo", me decía, como en una especie de premonición. Murió antes de cumplir los veintiocho años, mucho antes…

Pero cada vez que tiembla, lo recuerdo.

Así fue cuando me agarró una réplica de 7.6 grados en la escala de Richter en el piso treinta de un hotel de la capital mexicana; y cuando llegué a El Salvador tras el terremoto de 1986 o a Oakland y San Francisco unos años más tarde; y cuando saqué a mi hija de su cuna y salí a una calle de Los Ángeles, temiendo que el frágil edificio de madera donde vivíamos no resistiera las oscilaciones de un temblor; y cuando me sorprendió un sismo en la azotea de un rascacielos, cerca de Northridge en 1994, mientras hacía una transmisión en vivo   por televisión; y cuando en Cumaná, Venezuela, vi cómo un montón de basura reemplazaba la construcción que simbolizaba la solidez de la ciudad donde nació Sucre...

Sí, cada vez que tiembla lo recuerdo.

En fin, esto es lo que pasa cuando te toca vivir y trabajar en una América epiléptica.

19 LOS TEMBLORES DE CUMANÁ

Cumaná, Venezuela. No sé por qué en los terremotos lo primero que pierden las víctimas son los zapatos. Frente al amasijo de placas de cemento, metales retorcidos y cadáveres sin rescatar —en eso quedó convertido un edificio de seis pisos tras un temblor de 6.9 grados en la escala de Richter—, me encontré un zapato de mujer, izquierdo, pequeño, gris claro, con el largo y fino tacón desgastado en la punta, y con la huella de alguien que lo usaba sin medias. Ese zapato —¿de una testigo de la tragedia?, ¿de una sobreviviente?, ¿de una muerta?— esconde una historia que es prácticamente imposible rescatar; sólo podemos imaginárnosla.

En un día cualquiera, Cumaná hierve a las 3:23 de la tarde, igual que las otras poblaciones costeras del oriente venezolano. Pero el miércoles 9 de julio de 1997 no fue un día cualquiera. El sol quemaba como siempre, pero la tierra se movió con tanta rabia como en

1929, o peor aún, como en 1797, cuando un terremoto aplanó la arquitectura colonial de la ciudad habitada más antigua de América del Sur.

Cuando llegué a Cumaná, un día después del último sismo, la ciudad estaba tratando de desenterrar a sus muertos y de salvar a los que les quedaba un hilito de vida.

Como en muchos rescates, los civiles de Cumaná resultaron ser mucho más efectivos que sus autoridades. Con una destartalada camarita, Telesol —una diminuta televisora regional— captó el momento cuando los habitantes del barrio central sacaron, con su valentía y con sus uñas, a los primeros sobrevivientes de los escombros.

El terremoto llegó en horas de oficina, y algunos de los atrapados se comunicaron a través de teléfonos celulares con sus familiares y los rescatistas… hasta que se acabaron las baterías de sus teléfonos, y de sus desangrados cuerpos.

Irónicamente, el edificio más afectado fue el de la compañía aseguradora "La Seguridad", cuyo lema es "tan segura como su nombre". Las palabras, en Cumaná, no pesan mucho; la que debió haber sido la construcción más sólida fue la única que se cayó.

¿Estuvo mal construido el edificio? ¿Se le dio dinero a los inspectores y a los funcionarios públicos para aprobar su diseño? El alcalde de Cumaná, Elio Figueroa, me dijo —con cara de enojo por la pregunta— que todavía no podemos concluir que el edificio "La Seguridad" se cayó por mala construcción. Sin embargo, Pastor Fermín Bermúdez, presidente de la Asamblea Legislativa del Estado de Sucre, quería saber por qué ése fue el único edificio de la ciudad que no soportó las ondas telúricas.

Los políticos tuvieron mucho que ver en esta tragedia y no siempre de manera positiva. El presidente de Venezuela, Rafael Caldera, desafortunadamente, rehusó aceptar ayuda internacional en las labores de rescate. Y por eso, entre otras cosas, aquí brillaron por su ausencia esos perros salvadores que huelen la vida entre los escombros. Con colaboración de expertos extranjeros, ¿se hubieran podido encontrar más sobrevivientes? Eso nunca lo sabremos. Pero, al menos, había que tratar.

La decisión de Caldera —absurda, tonta y ciega— me recordó a una similar tomada por el ex presidente mexicano Miguel de la

Madrid tras el terremoto del 85. ¿A qué escuela fueron De la Madrid
y Caldera?

Y mientras los políticos tiraban sus rollos y su bla, bla, bla, no
pude dejar de pensar en la dueña de ese zapato gris que encontré
tirado, junto a una libreta de teléfonos abierta en la letra C, en el
último de los temblores de Cumaná.

20 CUARENTA Y SIETE HORAS
SIN HUGO CHÁVEZ

Caracas, Venezuela. Las imágenes eran terribles. Varios hombres armados aparecian en un video, filmado por un camarógrafo de Venevisión, disparando aparentemente en contra de una marcha que se dirigía por la céntrica Avenida Baral hacia el Palacio de Miraflores. Era escalofriante ver cómo al menos cuatro hombres, sobre el puente Llaguno, disparaban, cargaban sus armas y, luego, volvían a disparar.

Las imágenes del video no permitían determinar a quién disparaban. Pero la dirección de sus disparos sugería claramente que lo hacían en dirección opuesta al trayecto de la marcha.

El presidente Hugo Chávez había prohibido las transmisiones de las cadenas privadas de televisión que, antes de la orden presidencial, reportaban extensamente sobre la marcha y, luego, sobre las muertes ocurridas en el centro de Caracas. Pero cuando llegó la prohibición presidencial, ya era demasiado tarde. Millones de personas, dentro y fuera de Venezuela, habían visto una y otra vez el video en que unos pistoleros —identificados por la prensa local como los chavistas "Círculos Bolivarianos"— disparaban supuestamente en contra de los manifestantes.

La marcha de unas cinco mil personas, el jueves 11 de abril de 2002, había sido convocada por la Confederación de Trabajadores de Venezuela (CTV) tras los despidos de varios empleados de la empresa Petróleos de Venezuela (PDVSA). Además de exigir la restitución de los trabajadores despedidos, muchos de los manifestantes pedían también la renuncia del presidente Hugo Chávez.

Diecinueve personas murieron ese día y cerca de un centenar resultaron heridas. Entre los muertos estaba un joven de dieciocho años de edad. Gustavo Tovar, un amigo de la familia, me explicó cómo fue asesinado el muchacho. "Le dispararon, desde quien sabe dónde, y lo mataron con un disparo en la cabeza", me dijo Tovar, mientras tocaba con suavidad una fotografía del joven. "Dieciocho años, un niño que apenas estaba empezando a vivir".

Al día siguiente fue arrestado Germán Atencio, un ex empleado del Ministerio del Ambiente, identificado gracias al video como uno de los hombres que estaban disparando sobre el Puente Llaguno. "Yo sé que hice mal y estoy arrepentido por eso", dijo Atencio a la prensa poco después de su detención. "Pero yo no estaba disparándole al pueblo en ningún momento".

Un día despues del tiroteo subí al Puente Llaguno y desde ahí tenía una vista ininterrumpida, por varias cuadras, de la avenida por la que avanzó la marcha antichavista hacia el Palacio de Miraflores. Los pistoleros, sin duda, pudieron ver que miles de personas se dirigían hacia el puente donde ellos se habían apostado. Si era cierto que esos pistoleros chavistas no dispararon a la multitud, sino a otros hombres armados, hubieran requerido de una puntería excepcional para no herir y matar a manifestantes inocentes. Los videos muestran a varios pistoleros disparando desordenadamente hacia el lugar donde estaba la multitud sin preocuparse mucho por dar en un objetivo específico. Además, esos mismos videos no parecían registrar disparos en contra de los pistoleros pro chavistas que se encontraban sobre el puente.

Los sucesos del 11 de abril de 2002 nunca quedaron totalmente aclarados. El gobierno de Chávez aseguraba que la mayoría de los muertos era simpatizante del gobierno que se había concentrado cerca del Puente Llaguno para evitar el paso de la marcha opositora hacia el Palacio de Miraflores. Ellos insistían en que francotiradores y miembros de la Policía Metropolitana —aliados al alcalde de Caracas, Alfredo Peña, y opuestos al régimen chavista— fueron los responsables de iniciar el tiroteo. Además, calculaban que los manifestantes nunca se acercaron a más de 380 metros del Puente Llaguno, dejándolos demasiado lejos del alcance de los pistoleros chavistas.

Independientemente de lo que ocurrió ese 11 de abril, las imágenes de los pistoleros chavistas disparando hacia donde venían los manifestantes opositores tuvieron enormes implicaciones políticas. En el vacío de poder que surgió luego del tiroteo, tomó fuerza la versión de la oposición de que el gobierno de Chávez había disparado contra el pueblo que lo puso en el poder. Chávez, argumentaban los opositores, organizó la resistencia a la marcha y autorizó el uso de armas por parte de los "Círculos Bolivarianos" o, en el mejor de los casos, permitió que dispararan contra los manifestantes con absoluta impunidad.

Para reforzar el argumento de la oposición, las confiscaciones y los allanamientos realizados durante los dos días posteriores al tiroteo demostraban que en oficinas y casas de los seguidores del presidente había grandes cantidades de armamento. ¿Para qué querían esas armas?

La legitimidad del poder de Chávez desaparecía con las horas. Sí, era cierto, Hugo Chávez había ganado legalmente en las últimas elecciones presidenciales y recibió el apoyo de la mayoría de los venezolanos para cambiar la constitución y reformar las principales instituciones del país. Pero eso no le daba ningún derecho para disparar en contra la gente. Y ahí estaban los videos para probarlo.

Desde el punto de vista de la oposición, ya había una razón legal, documentada, que justificaba la democión de Chávez de la presidencia. Sin embargo, aún faltaba encontrar el mejor camino para hacerlo. Si él se negaba a renunciar, la Asamblea podría exigírselo o, incluso, pudiera ser sometido a un juicio por complicidad en los asesinatos.

La noche del 11 de abril de 2002 Chávez había perdido el control de Venezuela. Su autoridad estaba siendo cuestionada por opositores, empresarios y, también, dentro del mismo ejército. Una matanza de civiles era injustificable. Y el dedo acusador apuntaba directamente al Palacio de Miraflores.

Esa misma noche se reunieron los dos principales líderes de los empresarios y los trabajadores: Carlos Ortega de la CTV y Pedro Carmona de Fedecámaras. La alianza entre empresarios y trabajadores ponía en cuenta regresiva a la presidencia de Chávez. Se trataba de encontrar una manera legal y constitucional de destituir al presidente. Pero hasta la madrugada del viernes 12 de abril no habían hallado la forma de hacerlo. Chávez —eso sí lo sabía— no renunciaría voluntariamente.

Carmona, de acuerdo con algunas versiones de prensa, dejó a Ortega y a otros líderes opositores —incluyendo a miembros de los partidos políticos Copei y Alianza Democrática— para irse a cambiar al Hotel Four Seasons de Caracas. Pero poco después de hacerlo se dirigió hacia el Fuerte Tiuna para conversar con el general Efraín Vásquez Velasco. El general Vásquez, entonces, decide enviar a un militar de alto rango, el general Néstor González, a que le pidiera la renuncia al presidente Chávez. El presidente, ahora sabemos, no renunció, pero fue obligado a dejar el Palacio de Miraflores para ser detenido, primero en Fuerte Tiuna, luego a la Base Naval de Turiamo y, finalmente, en una instalación militar en la Isla de la Orchila.

Esto, sin lugar a dudas, no era una salida constitucional. Se trataba de un golpe de estado. Punto. Carmona, un empresario de sesenta y un años de edad, y un grupo de militares inconformes y sublevados se tomaron el poder por la fuerza. Ese fue un gravísimo error. Lo que había comenzado como una impugnación al poder de Chávez por la matanza en el centro de Caracas se había convertido en un golpe de estado. Chávez, que ya estaba contra la pared por crímenes cometidos por sus simpatizantes, de pronto se convertía en una víctima. Eso, horas más tarde, le permitiría recuperar el poder.

El brevísimo gobierno de Carmona, al frente de una alianza cívico-militar, fue desastroso. Una de sus primeras medidas de gobierno fue abolir la Asamblea y a los jueces del Tribunal de Justicia. Así, Carmona concentraba los tres poderes, el ejecutivo, el legislativo y el judicial, y se convertía en un dictador *de facto*. Su supuesto poder superaba en mucho, al menos en papel, al que ya había acumulado Chávez.

La noche del 12 de abril fui con un grupo de amigos periodistas a cenar a un restaurante de la zona de Altamira. El ambiente era, francamente, de celebración. Estaban reunidos muchos venezolanos opositores a Chávez y ellos pensaban que, por fin, se habían desecho de "ese dictadorzuelo amiguito de Fidel". El vino y el *whisky* fluían de una mesa a otra con gritos de "Salud" y "Viva Venezuela".

La celebración duró muy poco.

Yo había viajado a Venezuela para reportar sobre la caída de Chávez, pero jamás me imaginé que terminaría reportando sobre su rápido retorno al poder.

El rumor que corría esa noche en Caracas era que Chávez había renunciado y que pronto sería enviado a Cuba. Otros, en la embriaguez del poder, pedían venganza y querían a Chávez y a sus colaboradores tras las rejas. Durante el día, varios seguidores del depuesto presidente fueron detenidos y golpeados por turbas opositoras.

El problema era que se hablaba mucho de la renuncia de Chávez —una versión que le convenía a la oposición ya que no tenía otra alternativa legal para explicar la creación de una junta cívico-militar—, pero nadie podía mostrar un documento o un video con la renuncia del presidente. El general Lucas Rincón, jefe del estado mayor, había aceptado públicamente una renuncia de Chávez que, en realidad, nunca se había dado. Eso le abrió el camino a Carmona y al general Vásquez para abolir la presidencia de Chávez y crear su propio gobierno transitorio.

Pero eso no le sonaba bien a Raúl Isaías Baduel, encargado de la Brigada Aérea de Maracay. "Eso es un golpe y de derechas. Yo no me sumo", le dijo el general Baduel a uno de sus subordinados, según reportaría más tarde la revista *Cambio*. La posición del general Baduel no se dio a conocer inmediatamente en los medios de comunicación, muchos de los cuales aún estaban celebrando la caída de Chávez. Pero sí se filtró a otros mandos militares. Los militares de Carabobo pronto se unieron al movimiento de resistencia iniciado en Maracay por Baduel. Así se inició la contrrarevuelta militar que permitiría el regreso de Chávez al poder.

La mañana del sábado 13 de abril sorprendió a muchos caraqueños con comercios destruidos, tiros al aire y señales de violencia atribuidos a grupos simpatizantes de Chávez que habían bajado de los cerros durante la madrugada. Yo visité un centro comercial en ruinas; hasta el cajero automático del banco local había sido saqueado. No había un vidrio sin romper y sólo los locales con puertas metálicas aguantaron el enojo de los chavistas. El movimiento para regresar a Chávez a Miraflores se había iniciado.

Los medios de comunicación que habían sufrido anteriormente de la represión y de los antojos de Chávez se rehusaron a reportar sobre lo que estaba ocurriendo. Estaban apostando abiertamente en contra del presidente depuesto y, en lugar de noticias, llenaron su programación con películas y entretenimiento. Quien estuvo viendo la televisión privada ese sábado podía concluir, erróneamente, que no estaba pasando nada en Caracas y que la salida de Chávez era irreversible. Pero en las calles de Caracas, miles de seguidores del presidente se disponían a retomar, por las buenas o por las malas, el Palacio de Miraflores.

La televisión privada, tomando partido, podía negarse a transmitir lo que estaba ocurriendo en las calles. Pero no la prensa internacional. La cadena CNN en español, transmitiendo continuamente sobre la crisis en Venezuela, presentó una entrevista con Marisabel, la esposa de Chávez, quien aseguraba que su esposo no había renunciado. Poco después, dos miembros de la Asamblea dieron a conocer un documento supuestamente firmado por Chávez que decía:

Turiamo, 13 de abril de 2002, a las 14:45 horas, al pueblo venezolano: Yo, Hugo Chávez Frías, venezolano, Presidente de la República Bolivariana de Venezuela, declaro: No he renunciado al poder legítimo que el pueblo me dio. ¡Para siempre!, Hugo Chávez.

El documento aparentemente había sido sacado por uno de los soldados de la guardia nacional que custodiaba a Chávez en la base naval de Turiamo. Aquellos venezolanos que tenían satélite en sus casas o que de alguna forma recibían la información del exterior se dieron cuenta que Chávez, en realidad, no había renunciado y que, en tono desafiante, se resistía al golpe de estado. Carmona y los militares golpistas no pudieron mantener su versión de que Chávez había renunciado y su gobiernito de horas se empezó a desmoronar.

Toda esa tarde me la pasé editando mi reportaje para el noticiero Univision de esa noche en el edificio de Venevisión. En varias ocasiones tuvimos que encerrarnos bajo llave ya que turbas chavistas, en motocicleta, se acercaban con palos, piedras y pistolas a amenazar a los empleados de la televisora. Los mismos ataques ocurrían en las instalaciones de Globovisión y de Radio Caracas.

Sin embargo, los medios de comunicación privados insistían en su

silencio. Nada de noticias; sólo películas y programas de entretenimiento. Pero el rumor del posible regreso de Chávez era muy fuerte.

Esa noche, cuando fui a cenar en uno de los restaurantes del
Hotel Hilton de Caracas, uno de los cocineros me jaló a un lado y me
preguntó: "¿Es cierto que Chávez ya está regresando a Caracas?" Él,
sin duda, estaba mejor informado que yo. "No sé", le contesté, "pero
voy a averiguarlo". Pedí una pasta y con teléfono en mano le hablé a
algunos de mis contactos.

Efectivamente, algo estaba ocurriendo. En Fuerte Tiuna donde se
encontraba un equipo de reporteros de Univision, nadie podía entrar
ni salir. El presidente provisional, Ramón Carmona, estaba ahí también para hablar con la prensa. Pero, de pronto, quedó atrapado
como el resto de los civiles. Los militares que hasta hace unas horas
controlaban el país habían perdido el control del Fuerte Tiuna.
Mientras tanto, otras unidades militares se unían a las que se habían
alzado en rebelión contra la junta de gobierno cívico-militar.

El terminar de cenar lo llamé al cocinero y le dije: "Tenías razón,
parece ser que Chávez regresa al poder esta misma noche". Cuando
el cocinero volvió a la cocina y le comentó lo que le había dicho a sus
compañeros, alcancé a escuchar un alegre griterío: "¡Regresa Chávez,
regresa Chávez!"

Cuando llegué a cenar, Chávez estaba a punto de ser exiliado a
Cuba, pero a la hora del postre le había dado vuelta a la historia y
estaba a punto de recuperar el poder.

El vacío de información era casi total. Las televisoras privadas no
reportaban nada. Los medios oficiales sólo transmitían una serie de
rumores sin confirmar. Carmona y los militares golpistas no aparecían por ningún lado y Chávez continuaba en la Isla de la Orchila,
pero casi nadie sabía si estaba en calidad de presidente o prisionero.

La violencia se intensificó esa misma noche del sábado. Se escuchaban tiros por todos lados y era muy peligroso circular por la ciudad. Sin embargo, teníamos que transmitir el noticiero de esa noche
y era preciso salir del hotel. Conseguimos una señal de satélite para
transmitir e iniciamos nuestro noticiero en vivo desde Caracas. Buscamos una esquina segura dentro del patio de una casa; no queríamos que algún grupo chavista viera las luces de nuestras cámaras de
televisión y nos atacara. Para ellos, todos los camarógrafos y periodistas, sin distinción, eran considerados enemigos de Chávez.

Eran casi las doce de la noche del 14 de abril.

A la mitad del noticiero, uno de los productores me hizo saber que se habían puesto en contacto telefónico con el Ministro de Defensa del gobierno chavista, José Vicente Rangel, y que estaba listo para entrevistarlo. Era la oportunidad perfecta para preguntarle sobre los rumores de que Chávez regresaba al poder.

"El presidente Chávez, dentro de poco, despega en un helicóptero de la Orchila, una isla venezolana, donde estaba detenido", dijo Rangel a manera de explicación. "Y llegará dentro de una hora aproximadamente a Caracas, al Palacio de Miraflores, para asumir nuevamente el poder. Todos los componentes militares, la Fuerza Aérea, la Marina, la Guardia Nacional y el Ejército, son leales al presidente de la república. En este momento está encargado de la presidencia el vicepresidente Diosdado Cabello".

La aventura de Carmona y los militares golpistas se había estrellado con su ilegalidad y con un Chávez aún apoyado por amplios sectores del ejército.

"¿El presidente (Chávez) renunció?", le pregunté a Rangel.

"Eso es completamente falso, nunca renunció", respondió. "Esa fue una patraña más, una mentira más, inventada por los golpistas. El presidente Chávez nunca renunció".

"¿Lo que nos quiere decir es que Hugo Chávez regresará y volverá a ser presidente de Venezuela", insistí.

"Dentro de una hora, o dos horas a más tardar, se estará reencargando de la presidencia de la república. Él va a descender en un helicóptero en el helipuerto de Miraflores. Hay miles y miles de personas esperándolo. Hemos derrotado al golpe", continuó el ministro de defensa. "Los asaltantes del poder pretendieron instaurar un gobierno plutocrático y un gobierno de intereses comerciales y económicos. Nosotros queremos un gobierno social; un gobierno que no es comunista ni nada por el estilo. Lo que quiere es que el 80 por ciento de la población que es pobre pueda disfrutar de los inmensos recursos del país".

"Muchos pensaban, despues de (la matanza) del 11 de abril que era precisamente el gobierno de Hugo Chávez el responsable, ya sea, de ordenar o de tolerar los asesinatos", le planteé a Rangel. "¿Es el presidente Hugo Chávez el responsable de esos asesinatos?"

"Eso es lo que dijeron los golpistas para justificar el golpe, para impresionar a las fuerza armadas", contestó. "Ya va a aparecer la verdad al respecto. La mayor parte de los muertos, yo diría casi el 90 por ciento, son partidarios del presidente Chávez. Eran francotiradores, de la policía que no controla el gobierno, los que ocasionaron las muertes".

Minutos después de la entrevista, Chávez estaba regresando al Palacio de Miraflores, ante una enardecida multitud que ya había obligado a salir a los militares que protegían a Carmona.

Chávez estuvo fuera del poder por cuarenta y siete horas.

El domingo 15 de abril por la noche, con claras señales de cansancio y falta de sueño, pude conversar telefónicamente con el presidente Chávez. Había conseguido el teléfono celular del vicepresidente Diosdado Cabello y él, sin muchas reservas, la pasó el teléfono al presidente.

"Primero debo decirte que la situación está regresando rápidamente a la calma", me dijo Chávez. "Ayer, en verdad, estaba aún detenido, estaba preso en la Isla de la Orchila, en el Caribe. Tan pronto llegamos aquí al palacio en la madrugada la situación comenzó a tener un mayor grado de gobernabilidad. Estuvimos trabajando toda la madrugada y el pueblo que estaba en las calles fue regresando a sus casas. Ordené el incremento del patrullaje policial y en algunas zonas patrulla militar".

"¿Su vida corre peligro en estos momentos?" pregunté.

"No, absolutamente", me dijo un poco más animado. "Estoy aquí precisamente con mi esposa, con mis cinco hijos, con mis nietas y trabajando con varios ministros, con el vicepresidente... En la tarde (de hoy) me fui a Maracay, donde está el comando de la brigada de paracaidistas, que fue la unidad donde se generó la acción popular y militar para restituir la legalidad y la constitución, y restituirme a la presidencia de la república. Cosa que se logró sin un tiro. No hay ninguna razón para creer que hay peligro para mi vida. Son totalmente falsos esos rumores, por ahí, de un posible secuestro".

"¿Qué ha pasado con el señor Pedro Carmona? ¿Está arrestado?"

"Sí, el señor Pedro Carmona está detenido", dijo Chávez antes que se cortara la comunicación. Nunca más pudimos reestablecer el contacto telefónico ni preguntarle sobre su responsabilidad en la matanza del 11 de abril.

Chávez había regresado al poder y, al poco tiempo, había purgado a los militares que se levantaron en su contra y apretó, aún más, su control sobre legisladores y jueces.

¿Supo el gobierno estadounidense respecto al golpe de estado contra Chávez? Lo que sí parece haber ocurrido es que la CIA, la Agencia Central de Inteligencia estadounidense, sabía que militares venezolanos planeaban un golpe contra Chávez. En un reporte secreto el 6 de abril del 2002 —dado a conocer por el periodista investigativo Jeremy Bigwood y publicado posteriormente por el diario the *New York Times*— la CIA advierte que "militares de alto rango y un grupo de sus subordinados están organizándose para realizar un golpe contra el presidente Chávez, posiblemente este mismo mes... aprovechando los disturbios generados por las protestas de la oposición".[1]

Un diplomático estadounidense, según reporta el mismo diario, se reunió con Chávez una semana antes del golpe y le advirtió de la amenaza. Pero, aparentemente, el presidente venezolano no le dio mayor importancia al reporte.

Después del golpe, el vocero de la Casa Blanca, Ari Fleischer, declaró que "el gobierno de Chávez provocó la crisis"[2]. Y esto dio pie a que, una vez reestablecido en el poder, el propio presidente venezolano culpara a Estados Unidos de estar detrás del intento golpista. Eso, sin embargo, nunca se pudo probar.

La oposición, por su parte, luego del golpe de cuarenta y siete horas, entendió que la única forma de sacar a Chávez del poder tendría que ser de forma pacífica y electoral. De no ser así, no tendría nunca el apoyo y reconocimiento internacional. No, el golpe de estado no hizo de Chávez un gobernante más justo y democrático. Por el contrario, reafirmó en él sus tendencias autoritarias y le dio la excusa que necesitaba para asfixiar a la oposición interna y limitar a la prensa libre con la llamada "ley mordaza".

Chávez, como si tuviera un resorte, regresó más fuerte que nunca al Palacio de Miraflores y las muertes del 11 de abril quedaron sumergidas en la oscuridad y en la impunidad. Los venezolanos tendrían a Chávez para rato.

---

[1] The *New York Times*. December 3, 2004. Documents show CIA knew of a coup plot in Venezuela. Senior Intelligence Executive brief dated April 6, 2002: "... disgruntled senior officers and a group of radical junior officers are stepping up efforts to organize a coup against President Chávez, possibly as early as this month ... (plotters would try to) exploit unrest stemming from opposition demonstrations slated for later this month."

[2] Ari Fleischer, White House Press Secretary, April 12, 2002: "The Chávez government provoked the crisis."

21 "YO NO SOY EL DIABLO": ENTREVISTA CON EL PRESIDENTE DE VENEZUELA

Caracas, Venezuela. Las manos del comandante Hugo Chávez estaban llenas de cicatrices; de tanto saludar a la gente durante su campaña electoral, le quedaron marcadas en su piel morena los rasguños y apretones de sus seguidores. Pero ésa era la única señal de que este ex militar golpista recorrió toda Venezuela, de arriba abajo, varias veces. No tenía ojeras a pesar de que dormía sólo tres o cuatro horas por noche. Y en su pelo negro, crispado, no había sembrado ni una sola cana.

Era el 5 de diciembre de 1998, un día antes de las elecciones que lo convirtieron —con un gigantesco voto de castigo— en el primer presidente venezolano en cuarenta años que no surgió de uno de los dos partidos políticos tradicionales (Acción Democrática y Copei).

Le gustaba que le dijeran comandante. "Ésa es mi profesión", insistía, como si nadie se acordara que él comandó en febrero de

1992 una sangrienta y fallida rebelión en la que posiblemente murieron más de 240 personas. (Él asegura que no pasaron de dieciocho.) La noche anterior a la entrevista me lo encontré firmando ejemplares de un libro sobre la manera en que su movimiento —el polo patriótico— había despertado a los más pobres de Venezuela. Es zurdo. Estuvo poniendo dedicatorias y autógrafos durante casi tres horas. Luego hablaríamos.

Pero de pronto, antes que le hiciera la primera pregunta, su equipo de guardaespaldas lo sacó de la librería, con urgencia y nerviosismo. Aparentemente detectaron un problema de seguridad y prefirieron salir por piernas. Antes de irse quise comprometerlo a una conversación la mañana siguiente y me dijo, seco: "Tiene mi palabra; no necesita más".

Cumplió. Hablamos en el edificio que una compañía de seguros le prestó en Caracas y que él transformó en sede de campaña. Iba vestido de amarillo y corbata azul celeste. La conversación estuvo salpicada de citas de Simón Bolívar y referencias bíblicas, como si hace poco hubiera experimentado una conversión cristiana. Pero negó, muchas veces, haberse convertido a la democracia tras fallar como golpista.

JORGE RAMOS: Lo veo totalmente rodeado de guardaespaldas. ¿Quién lo quiere matar?

HUGO CHÁVEZ: Yo creo que a estas alturas nadie. Han querido hacerlo, han estado pensando en ello. A mí no me gustan esos cercos de seguridad. Yo me siento muy tranquilo de conciencia.

JR: Fuera de Venezuela —particularmente en Estados Unidos— hay mucha preocupación por sus credenciales antidemocráticas. ¿Cómo puede llamarse demócrata a alguien que intentó realizar un golpe militar? ¿Cómo es posible?

HC: Es posible… Pero, ¿sabe usted qué pasa aquí? Que un sistema que se llamó democrático degeneró (en tiranía). El 4 de febrero del 92 cuando yo y muchos militares venezolanos salimos con un fusil en la mano lo hicimos buscando la democracia.

JR: Pero el gobierno que usted quería tirar había sido elegido democráticamente.

HC: Ciertamente. Pero a nombre de una elección democrática un presidente (Carlos Andrés Pérez) no puede masacrar un pueblo como aquí ocurrió y utilizar a las mismas tropas para ametrallar a un pueblo a mansalva. Usted vio eso, el mundo lo vio: el Caracazo. Más de cinco mil muertos. No se sabe cuántos muertos hubo. Entonces un sistema de ese tipo no merece llamarse democracia.

JR: Pero ése es el problema. Que usted quiso imponer su verdad sobre el resto de los venezolanos.

HC: No fue así, absolutamente.

JR: Venezuela era una democracia y usted se levanta contra una democracia. Por eso la pregunta si usted es verdaderamente democrático.

HC: Yo soy un demócrata. Nosotros no nos levantamos contra una democracia. Nos levantamos contra una tiranía con una careta democrática. Y le arrancamos la careta... El pueblo venezolano sabe que yo no soy un dictador.

JR: ¿Ahora va a lograr con los votos lo que no pudo lograr con las armas?

HC: Yo no lo diría de esa manera. ¿Sabe por qué? Porque cuando nos alzamos en armas yo no tenía ni la más mínima idea de que iba a ser el presidente de una junta de gobierno. No... Yo tenía treinta y siete años. No me sentía capacitado para conducir un país.

JR: Comandante, ¿cuántos murieron en el 92?

HC: El 4 de febrero del 92, dieciocho vidas se perdieron.

JR: ¿Usted es responsable de esas vidas?

HC: De todas. Incluso de los que fueron fusilados por las fuerzas.

JR: O sea que en sus hombros hay dieciocho muertes.

HC: Sí. Ése es un tema muy del alma... El que me quiera cargar esos muertos yo los asumo... Sí, yo respondo por ellos. Que me juzgue quién quiera, empezando por Dios. Pero, ¿quién responde por los miles de muertos del 27 de febrero (de 1989)? Mis muertos los cargo. Pero, ¿quién responde por los otros?

JR: ¿Usted ha matado a alguien?

HC: Jamás. Sería incapaz de matar a alguien.

JR: ¿Nunca ha matado a nadie?

HC: No. Yo creo que si aquí pasara una cucaracha, yo lo más que haría sería apartarla. Yo amo la vida.

JR: Comandante, déjeme hablarle del miedo que usted genera en muchas personas. Hay gente que le tiene miedo. ¿Usted sabe eso?

HC: No sé por qué.

JR: Bueno, primero dicen que no es demócrata. ¿Usted está dispuesto a entregar el poder después de cinco años?

HC: Claro que estoy dispuesto a entregarlo. Yo he dicho que incluso antes porque nosotros vamos a proponer aquí una reforma constitucional. Si, por ejemplo, a los dos años resulta que soy un fiasco o cometo un delito o un hecho de corrupción o algo que justifique mi salida del poder antes de los cinco años, yo estaría dispuesto a hacerlo.

JR: ¿Va a pagar la deuda externa?

HC: La deuda externa de nosotros vamos a pagarla, pero estamos planteándole al mundo entero la comprensión para reestructurarla. Cuarenta por ciento del presupuesto se va en pago de la deuda. Esa carga es muy pesada dada la situación del país. El barril del petróleo está a ocho dólares con cincuenta centavos, casi la mitad a lo que estaba hace dos años. El desempleo (está) a más del 20 por ciento. La pobreza está por el orden del 80 por ciento. Vamos a pagar la deuda, pero necesitamos revisar eso, reestructurarla y hacer unos nuevos acuerdos.

JR: Comandante, usted generó miedo cuando dijo que quería freír a sus opositores en aceite.

HC: Eso es totalmente falso. Jamás lo he dicho ni lo diría. Eso es parte de la guerra interna. Aquí se ha desatado un laboratorio de guerra psicológica para hacerle creer al mundo que yo soy el diablo, que yo todos los días desayuno con Satanás, que me baño con azufre.

JR: ¿Nacionalizaría algún medio de comunicación?

HC: No, basta con el medio de comunicación que tiene el Estado. Los demás canales, yo tengo las mejores relaciones, deben de seguir siendo privados.

JR: ¿No hay intención de nacionalizar absolutamente nada?

HC: No, absolutamente nada. Incluso estamos dispuestos a darles facilidades —aún más de las que hay— a los capitales privados internacionales para que vengan aquí a invertir. Y yo aprovecho para hacer un llamado a todo el mundo: yo no soy el diablo. Yo soy un hombre que va a trabajar con todos los países de América Latina, de Norteamérica y del mundo entero.

Al momento de hacer la entrevista, Chávez no tenía visa para ir a Estados Unidos. Sin embargo, después de su triunfo electoral (y de esta entrevista), le dieron la visa y viajó a Norteamérica.

JR: ¿Usted quiere ir a Estados Unidos?

HC: Necesitamos tener las mejores relaciones. Yo quise ir hace dos años y hay una prohibición.

JR: No le han dado la visa.

HC: La pedí una vez y no me la dieron. Pero seguramente tendré que ir. Estados Unidos va a reconocer —tiene que ser así— la decisión de un pueblo… Yo soy un amigo del mundo y amigo también de Estados Unidos.

JR: Qué extraño que diga eso porque en diciembre de 1994 usted le dijo en La Habana a Fidel Castro que le enorgullecía como soldado rebelde que no lo dejaran entrar a territorio estadounidense.

HC: Bueno, permítame ponerle contexto a eso.

JR: Lo dijo, ¿no?

HC: Sí, pero hay que ponerle contexto…

JR: Dice que quiere ir a Estados Unidos, pero luego dice que le enorgullece que no lo dejen entrar. Es una contradicción.

HC: Me gustaría ir a Estados Unidos. Creo que voy a ir pronto como presidente de Venezuela… Yo no me refería que el honor era por no entrar a Estados Unidos. Yo tengo hasta un sobrino en Estados Unidos, tengo muchos amigos allá. Me gustaría mucho ver la Estatua de la Libertad. El honor no estaba, entonces, en no entrar. No. El honor está en ser soldado rebelde de un pueblo que merece un mejor destino.

JR: ¿Cuál es su relación con Fidel Castro? ¿Es su amigo?

HC: No, no lo es. ¿Usted sabe lo que es la amistad, verdad? Yo en mi vida he visto una vez a Fidel Castro porque él tomó la decisión de esperarme en el aeropuerto de La Habana —me sorprendió— y de acompañarme en el evento que hicimos en (la Universidad de) La Habana.

JR: ¿Para usted Cuba es una dictadura?

HC: Sí es una dictadura. Pero no puedo yo condenar a Cuba. Hay un principio de derecho internacional que es la autodeterminación de los pueblos. Los pueblos deben hacer sus propias historias. Si los cubanos deciden juzgar a su presidente, ése es un problema de los cubanos. Dejemos el problema de Cuba para los cubanos.

JR: Déjeme plantearle el siguiente escenario: usted toma posesión (como presidente) y después hay un grupo de militares que consideran que usted es un tirano —porque usted es responsable de estas dieciocho muertes (en el 92)— y se levantan y quieren hacer un golpe de estado contra usted. ¿Es legítimo que ellos traten de hacer lo mismo que usted trató de hacer?

HC: Mire, si yo en esa situación (hubiera) utilizado las fuerzas armadas para masacrar un pueblo, (ellos) tendrían derecho de hacerlo. Tendrían derecho de hacerlo porque ningún presidente, por más legítima que sea su elección, está autorizado por ninguna ley para mandar matar a un pueblo. Si Hugo Chávez es presidente dentro de un año o dos años, y Hugo Chávez da una orden para masacrar a un pueblo o comete hechos de corrupción espantosos, de manera descarada, o lleva una amante para el palacio de gobierno a mandar más que él, estaría justificada una rebelión contra Hugo Chávez.

La entrevista terminó cuando se aparecieron, sin previo aviso, dos de las hijas de Chávez. (Tiene cinco hijos de dos matrimonios.) Besó a sus hijas, como si no las hubiera visto hace mucho tiempo. Y luego, desapareció en otro mar de asistentes y guardaespaldas.

CHÁVEZ LIGHT (ENERO DE 1999)

Caracas, Venezuela. Quizá el peso de sentirse tan cerca del poder suavizó a Hugo Chávez. Quizá. Aunque sus muchos críticos sugerían que la moderación del Presidente de Venezuela, antes de tomar posesión, era sólo otra de las caras del camaleón.

Fuera lo que fuera, el hecho es que Hugo Chávez le había bajado decibeles e intensidad a sus discursos tan pronto se supo ganador en las elecciones. Sobre todo cuando hablaba de economía; sobre todo cuando hablaba con extranjeros; sobre todo cuando estaba de viaje. Corrían los primeros días de 1999 y Chávez estaba a punto de tomar posesión.

A veces Chávez parecía muy lejano de ese candidato cuya campaña amenazó con freír en aceite a sus opositores. Lo que vimos poco después parecía la versión *light* de Hugo Chávez. Incluso el comandante dejó a un lado la boina roja y el "liqui-liqui" verde —el uniforme militar— por trajes oscuros, camisas de cuello blanco y corbatas de seda.

El intento de promover en el exterior la nueva cara de Chávez quedó plasmado en dos entrevistas que tuve con él; una antes y otra después de su triunfo electoral el pasado 6 de diciembre de 1998. Ambas estuvieron salpicadas de citas y nombres ilustres; en menos de veinte minutos Chávez puede mencionar varias veces a Jesucristo, Jefferson, Lincoln, Tocqueville y Simón Bolívar sin perder la respiración.

Sin embargo, esas referencias a veces suenan vacías o fuera de lugar. Es como si Chávez quisiera demostrar que ha leído o que tiene una formación humanística muy distinta a la que sugiere su pasado golpista.

Hugo Chávez quiere que el mundo sepa que él no es un violento militar del montón. Es más, se incomoda cuando lo califican de "ex golpista" y asegura que su alzamiento en el 92 quedó legitimado con su reciente elección.

Insiste: "Nosotros no éramos unos gorilas encapuchados", me dijo Chávez tratando de explicar por qué se rebeló contra el gobierno de Carlos Andrés Pérez en febrero de 1992. "Nos levantamos contra una tiranía con una careta democrática".

Reportes extraoficiales hablan de más de 200 muertos durante ese levantamiento militar, aunque Chávez sólo reconoció dieciocho en una de las entrevistas. "El que me quiera cargar esos muertos yo los asumo", me dijo. Chávez pasó dos años en la cárcel hasta que lo perdonó el ex presidente Rafael Caldera.

Chávez ha sido frecuentemente criticado por su conversión a la democracia después de haber fallado como militar rebelde. Y muchos se cuestionan si es posible confiar en alguien que ya, en una ocasión, rompió violentamente la ley.

¿Se habrá rehabilitado Chávez de su pasado violento? En la primera conversación que tuvimos en Caracas él me dijo que "si aquí pasara una cucaracha, yo lo más que haría sería apartarla. Yo amo la vida". Pero es difícil compaginar esa nueva imagen de pacifismo oriental con la del militar rebelde y violento.

Al igual que Chávez ha tratado de quitarse la imagen de violento y antidemócrata, hay un esfuerzo paralelo para alejarse —un poquito— de Cuba y de acercarse a Estados Unidos. Veamos un ejemplo.

En diciembre de 1994, un recién liberado comandante Chávez le dijo a Fidel Castro, en la Universidad de La Habana, que "nos honra como soldados rebeldes que no nos dejen entrar a territorio estadounidense". A pesar de lo anterior, Chávez coqueteó y maniobró para conseguir una visa que lo llevó a la Casa Blanca a principios de 1999. Entonces, ¿cuál es el verdadero Hugo Chávez? ¿El de La Habana en 1994 o el que fue a Washington, D.C., y dice querer conocer la Estatua de la Libertad en Nueva York?

Bueno, según Chávez, sus declaraciones en Cuba fueron sacadas de contexto de un discurso que duró dos horas. Y hoy explica que "el honor no estaba, entonces, en no entrar (a territorio estadounidense, sino) en ser soldado rebelde de un pueblo (el venezolano) que merece un mejor destino".

Muchos académicos y diplomáticos creen que la prensa internacional y los opositores de Chávez, dentro de Venezuela, le hicieron un gordo favor al comandante al centrar los ataques en su persona y no en sus controversiales programas de gobierno. Y pueden tener razón. Las sumas y restas no son la especialidad de Chávez.

Sin distanciarse de su plataforma populista, Chávez ha prometido subir el nivel de vida de diecisiete millones de venezolanos pobres, es decir, el 80 por ciento de la población. Pero el problema es que no va a tener recursos con qué hacerlo.

La mitad del presupuesto de Venezuela depende de las ventas del petróleo y sólo en 1998 el precio del barril se había desplomado en un 40 por ciento. ¿De dónde iba a salir el dinero para pagar por los proyectos chavistas?

Independientemente de ese pequeño detalle, Chávez siguió cambiando sobre la marcha con declaraciones muy distintas a las que escuchamos al principio de su campaña. A mí me dijo que sí piensa entregar el poder después de cinco años, que no va a suspender el pago de la deuda externa (de 22 mil millones de dólares) y que no va a nacionalizar "absolutamente nada". Y de nuevo surgen las interrogantes: ¿Cuál es el verdadero Chávez? ¿El candidato gritón y amenazante o el calmado y controlado personaje que tomó posesión el 2 de febrero de 1999?

Sí, Chávez parece estar transformándose en sus gestos, en su lenguaje, en su conducta. Y lo está haciendo a la vista de todos. Es como si se hubiera dado cuenta que de seguir adelante con sus propuestas populistas estrellaría irremediablemente a Venezuela contra la pared. Pero al transformarse se ha metido en camisa de once varas.

Si Chávez continúa con ese tono de moderación, corre el riesgo de traicionar a los que votaron por él. Y al mismo tiempo, aunque cambie de piel, sus enemigos políticos —en la reducida clase dirigente venezolana— nunca van a acabar por aceptarlo. No tiene una salida fácil.

Y las preguntas siguen en el aire: ¿Qué tipo de presidente será Chávez? ¿El duro que conocimos en la campaña o la versión *light* que ha tratado de vendernos últimamente? ¿Podrá cumplir al menos la mitad de las promesas que hizo? ¿Será un verdadero agente de cambio para Venezuela o sólo un fracasado populista más del panteón latinoamericano de caudillos?

La moneda —un bolívar— está en el aire.

22 ISLA MARGARITA:
PREGUNTAS AMABLES

Isla Margarita, Venezuela. Tengo la impresión de que los periodistas no le caíamos muy bien al ex presidente de Venezuela, Rafael Caldera. Le estorbábamos. Y eso quedó demostrado en la reunión Cumbre Iberoamericana celebrada aquí a finales de noviembre de 1997. Pero vamos por partes.

Ciertamente, el desprecio de Caldera por la prensa ya estaba presente cuando lo entrevisté tras ganar las elecciones presidenciales a finales de 1993. Éste es el cuento. Por alguna extraña razón, él creía que su triunfo en las urnas lo protegería de preguntas incómodas. Por mi parte, en cambio, estaba convencido de que Caldera tenía que ser mucho más preciso sobre la dirección en que pensaba llevar a Venezuela. El breve encuentro, tengo que reconocerlo, no fue muy agradable.

Al finalizar la entrevista se creó un gélido silencio. Sus asistentes ni siquiera pestañeaban. Y luego, según recuerdo, me dijo:

—¿Ya terminó sus preguntas?

—Sí —le contesté.

—¿Y no tiene ninguna pregunta amable qué hacerme? —replicó.

Le dije que no quería desaprovechar el poco tiempo que sus asesores habían asignado para la entrevista; unos quince minutos. La respuesta no le gustó. Se levantó de su silla y sin despedirse salió por la puerta. Sus asistentes corrieron detrás de él lanzándome miradas-cuchillo y esperando la explosión de la furia contenida del señor presidente.

Sobra decir que no he vuelto a entrevistar a Caldera, a pesar de un par de solicitudes muy formales. Sin embargo, sigo intrigado por el hecho de que él esperara "preguntas amables" de un periodista. Quizá estuvo mal acostumbrado durante su primer periodo como presidente (1969–1974), pero en esta época son los periodistas los que escrutinan y cuestionan a los gobernantes —incluido el presidente— y no al revés. Si no lo hacemos nosotros, ¿quién lo va a hacer? Forma parte del balance de poderes de toda democracia. Y el periodista que le hace el juego al gobierno y a sus amigochos traiciona la profesión.

El ex presidente Caldera, creo, nunca entendió esto. Se enfureció, por ejemplo, cuando la prensa lo acusó de nepotismo al designar a su hijo Andrés Caldera como Ministro de la Secretaría de la presidencia. Andrés salió después del gobierno, pero Caldera se guardó sus rencores contra los periodistas que lo pusieron contra la pared y desenvainó su venganza en la Isla Margarita.

Dentro de su propuesta para una "información veraz" en la Séptima Cumbre Iberoamericana había escondida la insinuacion de que los periodistas no decíamos la verdad y que, como niños de kínder, necesitábamos un regaño y una nalgada del papá-gobierno. Además, todo su discurso suponía —de manera prepotente y peligrosa— que él, Caldera, sabía cuál era la "información veraz" y nosotros, los periodistas, no.

La propuesta calderiana fracasó. Estrepitosamente. Afortunadamente. Pero de haber triunfado, pudo haberse convertido en un terrible precedente en manos de aquellos que intentan controlar y censurar a la prensa. Ningún líder, públicamente, se lanzaría contra la libertad de prensa. Sería una estupidez. Pero en la práctica muchos la coartan.

Sobran los ejemplos actuales de intervención gubernamental para limitar y aplastar la labor de los medios de comunicación. Basta mencionar cómo en Colombia les arrancaron las concesiones de radio y televisión a muchos de los críticos del entonces presidente Ernesto Samper; o cómo en Perú le quitaron el Canal 2 de televisión a uno de sus dueños que denunció los abusos de poder en el gobierno del presidente Alberto Fujimori; o cómo en Panamá trataron de expulsar al periodista peruano Gustavo Gorriti tras sus investigaciones, en el diario *La Prensa,* sobre corrupción dentro del gobierno de Ernesto Pérez Balladares; o cómo en México fueron sacados del aire dos de los programas de televisión de mayor *rating* por las presiones del gobierno del presidente Ernesto Zedillo.

Si a la pregunta: ¿Quién determina la verdad?, la respuesta es: el gobierno, entonces estamos todos fregados. Las tentaciones totalitarias no han desaparecido en América Latina, a pesar de que, formalmente, vivimos casi todos en democracias.

Es cierto que hay periodistas que no dicen la verdad y que son corruptos, de la misma manera que hay políticos que no dicen la verdad y son corruptos. Pero los periodistas no necesitamos nuevas reglamentaciones para realizar nuestra labor. Vivimos de nuestra palabra; si mentimos, si erosionamos nuestra credibilidad, lo perdemos todo. Y en un ambiente tan competitivo, si un medio de comunicación no dice la verdad termina por quedarse sin televidentes, radioescuchas o lectores, según sea el caso. Sin credibilidad no somos nada.

Por todo esto, la propuesta de una "información veraz" de Caldera fue innecesaria y arbitraria. Más bien me parece que él, al igual que varios líderes latinoamericanos, aún no acaba por acostumbrarse al nuevo periodismo que está surgiendo y que, cuando se practica responsablemente, pone en aprietos a los gobiernos. Ya lo decía Mario Vargas Llosa, que el buen periodismo casi siempre es subversivo.

Si Caldera y sus colegas querían escuchar "preguntas amables", me temo mucho que hubieran tenido que pararse ante un espejo y hacérselas ellos mismos.

23 INGRID, RELATO DE UNA
VIDA PELIGROSA

Cuando llegué a la casa en marzo de 2002, el mensaje era urgente: "Secuestraron a Ingrid Betancourt". Y apenas murmuré: "ya sabía que esto iba a pasar". Luego me enteraría que quienes habían secuestrado a la candidata presidencial en Colombia no eran sus antiguos enemigos —políticos bien acomodados y narcos— sino los guerrilleros de las Fuerzas Armadas Revolucionarias de Colombia (FARC).

Por alguna extraña razón, cuando conocí a Ingrid en Miami tuve la impresión de que se iba a meter en problemas. Rápido. Tanto es así que al terminar la entrevista que le hice para la televisión estadounidense, decidí guardar con candado esas cintas. Por si las necesitaba en el futuro. No tuve que guardarlas mucho tiempo.

Uno puede estar o no de acuerdo con Ingrid Betancourt. Pero no se puede quedar indiferente frente a ella. Hay pocos como ella en el turbio y tibio océano de la política latinoamericana. Ingrid Betancourt dice lo que piensa. Y eso le ha costado caro.

Ella fue una de las pocas que acusó en su cara al ex presidente Ernesto Samper por haber recibido seis millones de dólares del narcotráfico para su campaña electoral. Cargos, dicho sea de paso, que Samper sigue negando. "Samper es un gran mentiroso", me dijo. Y sobre las amenzas de muerte que recibió poco después de sus denuncias, la candidata aseguró sin bajar la mirada: "Yo estoy convencida de que las personas que estaban con Ernesto Samper quisieron matarme a mí".

Ingrid también tenía palabras fuertes contra el ex presidente Andrés Pastrana. En su libro *La Rabia en el Corazón* —que fue un *best-seller* en Francia y boicoteado temporalmente en Colombia— Ingrid recuerda cómo Pastrana traicionó un pacto anticorrupción que había hecho con ella. "Lo que hizo (Pastrana) fue ligarse con los bandidos", me dijo.

En conclusión, Ingrid se atrevía a decir cosas que nadie en Colombia se atreve a decir. Por eso ha tenido varias amenazas de muerte. Por eso sus hijos (Melanie y Lorenzo) viven en otro país para estar lejos del peligro. Por eso los colombianos han votado por ella de forma abrumadora y sin precedentes cuando entró al Congreso y más tarde al Senado. Por eso —aunque las encuestas la situaban antes del secuestro en un lejano cuarto lugar para las próximas elecciones presidenciales de mayo— sus contrincantes políticos no se podían dar el lujo de mentir en su presencia sin que ella apuntara su dedo acusador.

La historia de Ingrid es el relato de una vida peligrosa. Y es, sin duda, la figura más irreverente, refrescante y atrevida de la política colombiana. Aunque para algunos su estilo y estrategia pueden resultar ofensivos.

En su primera campaña, cuando era una absoluta desconocida en la política de Colombia, llamó la atención repartiendo condones en la calle. La corrupción es el SIDA de la política en Colombia —solía repetir para justificar su inusual repartición de preservativos— y hay que protegerse. Y no ha dudado en usar huelgas de hambre y un lenguaje directo, sin rodeos, para tumbar reputaciones e injusticias. Eso la ha puesto en la mirilla. Literalmente.

—¿Quién la quiere matar? —le pregunté durante la entrevista.

—Yo creo que es una alianza entre el narcotráfico y la clase política, —contestó. "Yo tengo enemigos muy fuertes que están sentados conmigo en el Congreso y (que) no tienen ningún inconveniente en pagar sicarios" (o asesinos a sueldo). Pero durante la entrevista no percibí que se sintiera amenazada por la guerrilla. Por eso mi sorpresa cuando me enteré de quienes eran sus captores.

Los guerrilleros de las FARC se equivocaron garrafalmente al secuestrar a Ingrid Betancourt. Primero, por usar métodos terroristas; los civiles nunca deben ser tocados en un conflicto militar. Nunca. Eso sólo lo hacen los criminales, terroristas y desesperados. Y segundo —y esto es muy importante— por su visión miope y de corto plazo; les servía más Ingrid criticando abiertamente las contradicciones que se viven en Colombia que escondida en algún lugar de la selva.

Ojalá que sus secuestradores entiendan lo relevante que esta mujer puede ser para el futuro de una Colombia en paz, con más justicia social y menos corrupción. Ahora —y esto es lo más importante— lo que me preocupa es la vida de Ingrid. ¿Por qué? Porque he seguido su carrera desde 1996 y estoy seguro que ni siquiera en cautiverio Ingrid se va a quedar callada.

24 SANTIAGO DE CHILE:
LA CUMBRE DE LOS DINOSAURIOS

Santiago de Chile. "Al presidente no le gusta que le hagan preguntas sobre Augusto Pinochet", me advirtió una de las asistentes del mandatario chileno Eduardo Frei. "De esas cosas ya no hablamos en Chile".

Pero estar en el Palacio de la Moneda y no preguntar sobre Pinochet era un imposible periodístico. Así que a la hora de la entrevista le lancé a Frei un par de preguntas sobre el general. Las respuestas decoradas de exasperación me dejaron muy claro que aquí Pinochet sigue sacando ampollas.

En Chile —igual en la calle que en círculos diplomáticos—, en noviembre de 1996, se seguía hablando de Pinochet. De hecho, la constitución le prohibía a Frei destituir a Pinochet como jefe del ejército antes de 1998. A la dictadura ya la habían destornillado hacía mucho, pero el general continuaba diciendo y haciendo lo que se le pega la gana… y los chilenos reaccionando a lo que él decía y hacía. De hecho, durante la Cold Sexta Cumbre Iberoamericana, Pinochet apareció sermoneando todos los días en los noticieros de televisión.

Pinochet se fue al norte del país, a dos mil kilómetros de Santiago, para no tener que saludar al líder cubano Fidel Castro. Pero los ejercicios militares que se inventó para estar lejos de la capital y de Viña del Mar no pudieron sacudir de su mente los temas de Cuba y el comunismo. En un momento dado, Pinochet dijo que el gobierno podía invitar a "Lucifer" si quería, y luego, en otra entrevista, aclaró que el muro de Berlín no significó el fin del comunismo. "El comunismo no ha pasado", dijo el general, vestido con una camisa azul de manga corta, como si estuviera de vacaciones en la playa. "Las grandes enfermedades no se curan de un día para otro, se curan a través del tiempo". Él debe saber; la suya duró diecisiete años y aún llena de ronchas a Chile.

No dejaba de llamar la atención cuando un ex dictador (pero fuerte todavía) alertaba sobre los peligros, reales o imaginarios, que veía en otro que todavía no se había querido bajar del caballo del poder. Mientras Pinochet dibujaba a Castro como el mismísimo diablo y equiparaba el comunismo con una pulmonía mal cuidada, Fidel andaba soltando cuchillazos contra el sistema capitalista y la tendencia globalizadora del comercio que ha envuelto a Latinoamérica.

Pero no crea que Castro anduvo libremente en las calles de Chile. Nunca había visto tanta seguridad a su alrededor; conté cuatro autos repletos de guardaespaldas siguiendo el grisáceo Mercedes-Benz blindado donde viajaba el líder cubano. Otra cosa que me sorprendió de este viaje es que Castro ni una sola vez se paró a contestar las preguntas que le dispararon los periodistas. Antes, tomaba esas preguntas como pelotas de beisbol para intentar un jonrón. Pero esta vez dejó que lo poncharan. La aparente accesibilidad que reflejaban los dos trajes azules que trajo a Chile —uno cruzado y otro de tres botones— contrastó con sus silencios.

Ésa no fue una visita fácil para Fidel. Estuvo aquí (durante veinte días) hace veinticinco años, cuando Salvador Allende era presidente y el socialismo sonaba como grito de guerra en la región. Seguramente anduvo arrastrando los recuerdos como una sábana vieja. Pero, también, ésta era una época muy distinta. Bueno, cómo estarían las cosas ¿que hasta la viuda de Allende le pidió elecciones!

Además, Castro tuvo un fuerte encontronazo con el líder del gobierno español José María Aznar. Durante una comida, Aznar le dijo a Castro que no tenía nada contra Cuba, pero que tenía todo contra su régimen. Y luego añadió: "Quiero que sepas que si tú mueves pieza, yo muevo pieza". El jefe del gobierno español esperaba algún tipo de señal —particularmente en las áreas de democratización y respeto a los derechos humanos— para ayudar a Cuba con sus socios comerciales en Europa. Pero Castro dijo no.

Esto no es ningún cuento. Lo escuché de boca del propio Aznar. Incluso, el presidente de Uruguay, Julio María Sanguinetti, fue testigo de los chispazos de esa conversación. Al final, sacando las banderitas de la paz, Castro y Aznar intercambiaron corbatas. "No se ha llevado una mala corbata", le comentó Aznar a los periodistas. "Se ha llevado una de las mejores corbatas que ha usado nunca".

Castro supo que no le fue bien en esa cumbre. Todos los líderes iberoamericanos, sin excepción, se opusieron a la ley Helms-Burton que endurece el embargo contra Cuba. Pero ésas fueron sólo palabritas. De hecho, el único que le dio el espaldarazo públicamente al líder cubano fue el recién electo presidente de Ecuador, Abdalá Bucaram. "Yo admiro al señor Fidel Castro", me dijo Bucaram en una brevísima entrevista que le arranqué durante una fiesta en Santiago. (Bucaram perdió la presidencia poco después cuando su propio Congreso lo consideró un loco.)

En fin, éstas son algunas de las cosas que ocurrieron durante los tres días que coincidieron en Chile los dos dinosaurios de la política hemisférica. Sus ronquidos aún hacían temblar a algunos y generalmente se convertían en titulares noticiosos.

Como quiera que sea, la Cumbre Iberoamericana en Santiago demostró tres cosas: una, que lo más interesante casi siempre ocurre fuera de los actos oficiales. Dos, que Castro y Pinochet se han ido quedando sin espacios para maniobrar. Y tres (léase autocrítica), que los periodistas que cubrimos estos eventos probablemente tenemos varias neuronas torcidas; es difícil explicar de otra manera cómo, en una reunión de demócratas, nos pasamos una buena parte de nuestro tiempo persiguiendo a dos de los personajes menos democráticos que hay en toda América Latina.

POSDATA DEL DINOSAURIO. Un tal Baltazar Garzón estuvo tratando de hacer lo que millones de chilenos no habían querido —o no habían podido—, es decir, llevar a la justicia al ex dictador Augusto Pinochet. Es la asignatura pendiente de Chile.

Independientemente de las trampas legales que ha enfrentado el superjuez Garzón para extraditar a Pinochet (de Londres a Madrid), todo este asunto demostró que en Chile aún hay llagas abiertas, muy abiertas, y que es falsa la versión oficial de que el asunto de la dictadura era un tema enterrado y superado.

Irónicamente, quienes han tratado de vendernos la versión oficial de que en Chile ya nadie hablaba de la dictadura fueron los antiguos enemigos del general Pinochet: del presidente Eduardo Frei para abajo.

En 1996, en Santiago de Chile, le pregunté a Frei si el podía calificar como dictador a Pinochet sin que hubiera represalias por parte de los militares. Y esto fue lo que me contestó: "A nosotros el pasado se nos fue, ya. El régimen autoritario terminó en el año 89... ése es ya un tema que en Chile no se discute".

Obviamente Frei estaba equivocado.

Ante la crisis legal y diplomática que causó la detención de Pinochet —y el intento de extradición—, Frei tuvo que tragarse sus palabras. En Chile, contrario a lo que él pensaba, el tema de la dictadura pinochetista sí se discutía. Y mucho. De hecho, la estrategia de evitar un debate abierto al respecto resultó ser contraproducente.

Cuando arrestaron a Pinochet, en el otoño de 1998, en una lujosa clínica de Londres, salieron a las calles de Santiago los odios reprimidos, como cuando truena un globo con agua. Ahí quedó claro que cojeaba la transición hacia la democracia en Chile. ¿Cómo era posible que Pinochet, uno de los principales violadores de los derechos humanos en la historia de América Latina, fuera parte del Senado de una nación democrática?

Por afuerita, la transición democrática chilena parecía haber funcionado; en los noventa hubo muchas elecciones y los soldados respetaron sus resultados. Pero en el fondo, Pinochet y sus militares no habían sido perdonados; según una encuesta (del Centro de Estudios de la Realidad Contemporánea), el 62 por ciento de los chilenos querían conocer la verdad de lo ocurrido durante la dictadura (1973–1989) y juzgar a los responsables. El perdón vendría después.

Y al decir esto recuerdo al premio Nobel de la Paz, Adolfo Pérez Esquivel, quien ha hablado mucho sobre la "rebeldía de la memoria" tras los regímenes autoritarios de Argentina y Chile. La memoria, argumentaba Pérez Esquivel, se resiste a olvidar a sus muertos... hasta que se haga justicia. Y en Chile no ha habido justicia; los responsables de más de tres mil muertes siguen libres.

La dictadura de Pinochet todavía duele en Chile. El asunto no está resuelto. Y el mejor ejemplo de esto es cómo los odios se han traspasado de generación en generación.

Fuera de Chile, el asunto tampoco estaba cerrado.

El arresto de Pinochet me sorprendió en la Ciudad de México y ahí fue inevitable constatar la doble moral que todavía existe respecto a los dictadores de izquierda y derecha. Mientras que la mayoría de los artículos que leí en la prensa mexicana aplaudían el arresto de Pinochet, prácticamente ninguno abogaba por un destino similar para Fidel Castro. Por más injusto que parezca, los muertos de la dictadura de Castro no parecen incomodar tanto en México como los muertos de la dictadura de Pinochet. Pero México no navega sólo en este charco.

La misma doble moral que percibí entre algunos mexicanos —respecto a Castro y Pinochet— existía en España. Ahí, Castro fue recibido con delicadeza y cordialidad por el presidente del gobierno, José María Aznar, mientras el juez Garzón se lanzaba contra el general Pinochet. ¿Por qué no se le ocurrió a Baltazar Garzón ponerle también una demanda por violación a los derechos humanos a Castro mientras se encontraba en territorio español?

El colmo del asunto es que España nunca se lanzó a cazar, a posteriori, a los militares que sostuvieron la dictadura de Francisco Franco. Y ahora España le exige eso mismo a Chile.

En fin, la detención de Pinochet —y la batalla legal que le siguió— dejó al descubierto muchas contradicciones, tanto dentro como fuera de Chile. Y era necesario resolverlas.

¿Cómo? Dentro de Chile, juzgando a los responsables de la dictadura, aunque hicieran muchas olas. Y fuera de Chile, tratando por igual a tiranos de izquierda y de derecha.

Porque un dictador es un dictador.

25 "ASÍ ME TORTURÓ PINOCHET"

De qué sirve esta vida de mierda si no soy capaz de defender a los míos.

Virginia M. de Ayress
(madre de joven torturada)

Cada vez que el ex dictador chileno Augusto Pinochet se quejaba de cómo lo trataba la justicia de Gran Bretaña y España, yo pensaba en Nieves.

Luz de las Nieves Ayress Moreno fue una de las víctimas del régimen de Pinochet. Nieves fue golpeada brutalmente, cortada a navajazos, violada y torturada; por las múltiples violaciones quedó embarazada y por las torturas abortó antes del cuarto mes; recibió descargas eléctricas por todo su cuerpo en múltiples ocasiones; arañas y ratones fueron introducidos en su vagina; fue obligada a ver cómo torturaban a su padre y a su hermano menor Tato; tuvo que revolcarse en excrementos y comer del piso; perros doberman cometieron todo tipo de aberraciones sexuales con ella; tres tribunales militares la condenaron a cadena perpetua por cargos que nunca fueron probados...

Cuando Nieves tenía veintitrés años de edad fue arrestada por primera vez, poco después del golpe militar contra el presidente Salvador Allende en septiembre de 1973. Pero a las semanas de haber sido liberada, la volvieron a detener. Era enero de 1974. Los siguientes tres años fueron los peores de su vida.

"Yo no maté a nadie, yo no robé", me comentó Nieves. "Mi delito fue ser joven y estar en contra de la dictadura y rebelarme contra los militares". Estuvo en varios centros de detención. Pero el que más recuerda es el de Tejas Verdes.

Hablé con Nieves en diciembre de 1998 después de haber recibido una carta en la que me describía, en detalle, las torturas a las que fue sometida por militares chilenos, argentinos, uruguayos, paraguayos y brasileños —todos participantes de la llamada operación cóndor.

La carta —subtitulada "Por todas las mujeres que no pueden hablar"— incluye un testimonio que fue sacado de la cárcel en la vagina de una compañera de Nieves que había sido liberada. Éstas son algunas partes de ese testimonio (y que se publican con su autorización):

> Así me torturó Pinochet: me tomaron prisionera junto a papá y mi hermano Tato de quince años... fue un operativo impresionante (y) nos trasladaron a una de esas casas que tiene el SIM (Servicio de Inteligencia Militar).
>
> ...me tiraron al suelo donde había mucha agua, entonces me aplicaron corriente en todo el cuerpo, pero mayormente en los senos, vagina, ano, ojos, boca, nuca.
>
> ...luego llamaron a papá y comenzaron a torturarlo delante de mí para que yo hablara y a la vez me seguían pegando a mí... luego llamaron a mi hermano e hicieron lo mismo con él.
>
> ...me tiraban brutalmente los pezones y me hacían estos cortes con cuchillos o navajas. Por la vagina me metían sus manos inmundas, botellas, los dedos y palos y cosas de metal, luego, nuevamente los golpes eléctricos.

Me sacaron y me hicieron simulacros de fusilamiento.

En Tejas Verdes fui de las más torturadas junto con otra señora de cinco meses de embarazo... me dieron por muerta. Creo que en Tejas Verdes murió mucha gente, pero no sé cuántas ni cuántos, ni los nombres; siempre estaba incomunicada.

Entre las nuevas torturas que día a día me hacían... me acostaban sobre una mesa, me amarraban cada mano y cada pie y me estiraban... entre dos hombres me abrían las piernas y por la vagina me metían ratones y durante todo ese rato me seguían estirando.

Nieves ha vuelto a circular este testimonio —dado a conocer originalmente en febrero de 1975— porque no quiere que nadie olvide lo que ocurrió durante la dictadura de Augusto Pinochet. "Mucha gente no sabía o no quería acordarse, especialmente los jóvenes y los políticos chilenos", me dijo. "Pero lo cuento para que no vuelva a pasar en ninguna parte y para que la gente sepa lo que es una dictadura militar".

Nieves, sin embargo, sabe que dar información es una cosa e impartir justicia otra muy distinta. Ella no cree que el general Augusto Pinochet pueda ser juzgado, algún día, en Chile. "El gobierno de (Eduardo) Frei está pagando los costos de los acuerdos con Pinochet", me dijo. "Pero para mí es satisfactorio ver cómo Pinochet ha recibido la humillación y el repudio a nivel mundial".

La historia de Nieves, aunque le duela, está muy ligada a la de Pinochet. Tras pasar casi cuarenta meses en la cárcel, fue expulsada de Chile en diciembre de 1976 junto con otras dieciocho personas consideradas "peligrosas para la soberanía nacional". Y a partir de entonces comenzó una campaña a nivel mundial —campaña que no ha terminado todavía— denunciando los asesinatos y las violaciones a los derechos humanos durante la dictadura pinochetista.

Así vivió en Alemania, Italia, África y la colonia Roma de la ciudad de México. Pero mientras se encontraba de viaje en San Francisco, vio por televisión cómo el terremoto de 1985 destruía su casa en México y la dejaba desempleada.

Fue entonces cuando decidió emigrar a Estados Unidos, decisión que no deja de tener su ironía, ya que fue este país el que apoyó a los militares chilenos que derrocaron al gobierno de Allende y que la torturaron. "El concepto de patria ya se me amplió", me dijo riéndose y a manera de explicación. "Nací en Chile, pero soy del mundo".

Cuando hablé con Nieves había tocado los cincuenta años y vivía en el Bronx de Nueva York donde daba tutoría a niños en español, contribuía con un centro cultural llamado "Vamos a la Peña del Bronx" y ayudaba a enfermos con el virus del SIDA. Pero sobre todo se había convertido en una defensora de los derechos de la mujer, particularmente de aquellas que enfrentan problemas de violencia doméstica. "Luchamos por construir una comunidad nueva e igualitaria", me contó sobre su proyecto neoyorquino. "Ya ni siquiera es conseguir el poder".

Pero más que nada, Nieves es una sobreviviente.

A pesar de todo lo que ha vivido, a Nieves no la quebró la dictadura ni la derrotaron los militares. Tenía una hija de dieciocho años que estudiaba ciencias políticas y que, para ella, era todo un símbolo.

Uno de los objectivos de los militares golpistas al introducirle ratones en su vagina fue dejarla estéril al producirle toxoplasmosis. Pero, sorprendentemente, tras dejar la cárcel Nieves fue tratada a tiempo y con éxito.

"Mi hija", me comentó antes de despedirse, "es mi triunfo sobre los militares". Es la tenacidad que vence la desesperanza, es la denuncia contra el olvido, es —en otras palabras— la vida sobre la muerte.

Sí, cada vez que escuchaba quejarse al general Pinochet me acordaba de Nieves y entendía por qué ella no podría descansar hasta ver a su torturador en la cárcel.

Sí, cada vez que escuchaba las quejas del general Pinochet me acordaba de Nieves.

26 LA ARGENTINA DE MENEM:
YO O EL CAOS

Buenos Aires. La propuesta que le hizo el presidente Carlos Menem a los votantes argentinos fue muy clara: yo o el caos. Cuando le preguntaron a Menem qué pasaría si no ganaba en la primera vuelta de las elecciones de mayo de 1995, contestó: "El pueblo argentino no masca vidrio. Si se da esa situación sería el caos total".

Ante tal dilema, uno de cada dos votantes argentinos prefirió a Menem y por lo tanto no hubo segunda vuelta. Lo del caos quedó volando. Pero lo que me pareció más interesante de esta seudo-amenaza de Menem fue cómo el presidente se la comunicó a los argentinos.

Por televisión, por supuesto.

Llegué a Argentina el último día de las campañas presidenciales y había grandes concentraciones de seguidores de los tres principales candidatos a la silla de Rivadavia. Sin embargo, me encontré un

Buenos Aires sin manifestaciones, tranquilo, soleado, otoñal. Quizá hasta un poco apático. (Una encuesta de Gallup que leí decía que al 44 por ciento de los argentinos "le resbala" la política.)

El jueves, previo a las elecciones, había planeado acompañar al presidente en el "Menemóvil" en una caravana por la provincia de Buenos Aires. Pero los asesores presidenciales estaban preocupados de no alcanzar el 45 por ciento del voto en la primera vuelta y modificaron los planes a última hora. Nunca me pude subir al "Menemóvil".

En cambio, me vi encerrado, junto con otros 100 periodistas, en un estudio de televisión del Canal 9. Ahí me pasé dos horas viendo al presidente Menem intercambiar empanadas, *champagne* y chismes con la conductora Mirta Legrand. Ése era uno de los programas de mayor teleaudiencia al mediodía en todo el país. Mirta y los invitados almorzaban, mientras el resto de Argentína los veía comer por televisión.

La plática se distinguía por lo frívola. Por supuesto, en un ambiente así, a cualquiera se le atraganta la pasta o el bife de lomo si se pone a discutir a fondo por qué 12 de cada 100 trabajadores argentinos no tenían empleo o por qué el gobierno insistía en defender a los militares que violaron los derechos humanos durante la guerra sucia.

Independientemente del menú, al terminar el programa me le acerqué a Menem y le pregunté si era justo inyectarle el miedo a la Argentina al decir que si él no era reelegido, el caos regresaría al país. Y esto fue lo que me contestó: "Yo recibí al país en un estado de caos total. Y ahora vivimos en un ambiente de paz y de tranquilidad y de crecimiento que no estaba en los sueños de muchos…"

Para ser justos, Menem no fue el único que utilizó los programas de farándula por televisión como vitales instrumentos de campaña. José Octavio Bordón, el candidato presidencial del FREPASO que quedó en segundo lugar, fue en su último día de campaña a un programa que se llamaba *Buenos Muchachos,* en donde un travesti con bigote se la pasó flirteando con él. Y digo se llamaba porque al programa lo sacaron del aire un día después de que asistiera Bordón.

Estas presentaciones por televisión, sí, muestran el lado humano de los candidatos. Pero también obligan al político a convertirse en una figura del entretenimiento. La imagen es primordial. El discurso político se abarata. Como escribió el analista argentino Víctor Hugo

Guitta, "es un fenómeno al parecer destinado a conferirle al discurso público una inquietante liviandad".

Sin lugar a dudas, en Argentina, la lucha electoral pasó de la calle a la televisión. Además de los programas que mencioné, los candidatos también participaron en otros, como el de Mariano Grondona o el de Bernardo Neustadt, con un nivel de análisis y sintonía muy superior. En Estados Unidos esos programas serían considerados antitelevisivos, por lo que parecería un exceso de palabras y la ausencia de imágenes sensacionalistas. Pero eso sólo demuestra que la televisión estadounidense —y quizá sus ciudadanos también— se han olvidado del maravilloso y esencial arte de la conversación.

En Argentina quedó demostrado cómo el manejo de la tecnología se ha convertido en parte esencial de la política. Si un candidato no sabe comunicarse con efectividad por televisión, difícilmente podrá llegar a la presidencia. Ser telegénico aumenta las posibilidades de llegar al poder. Lejos están los días en que el entonces candidato presidencial Raúl Alfonsín, un 6 de octubre de 1983, reunió a 800 mil personas en Buenos Aires en su cierre de campaña… Hoy en día al votante ya no se le encuentra en la calle. Está cautivo viendo televisión.

El modelo argentino para ganar votos por televisión está destinado a ser repetido en toda América Latina. Cada vez más candidatos cambiarán la calle por la televisión. Y la razón es sencilla: da resultados. Es la mass-mediatización de la política.

Por todo lo anterior, no es de extrañar que cuando el presidente Menem supo que había obtenido los votos necesarios para reelegirse, prefirió dar una conferencia de prensa por televisión a nivel nacional, antes de salir a hablar a los miles de sus simpatizantes que se habían reunido frente a la Casa Rosada.

Juan Domingo Perón utilizó el balcón con maestría. Menem hizo lo propio por televisión. Ambos entendieron a tiempo lo que hay que hacer para mantenerse en el poder.

EL SEGUNDO VIAJE

"Todo en Carlos Menem es estético", me dijo una de las maquillistas que frecuentemente llena de polvo la cara del presidente de Argentina antes de sus entrevistas por televisión. "Él escoge diariamente sus trajes, camisas y corbatas. Además, le gusta arreglarle la corbata a quienes la traen un poco fuera de lugar".

Este aspecto, superfluo, de Menem no tendría ninguna importancia si las cosas en Argentina hubieran estado bien en octubre de 1997. Pero para millones no lo estaban. Durante su primer periodo presidencial, casi todo se lo perdonaron. En el segundo no.

Cuando regresé a Buenos Aires me encontré el enorme desencanto con el gobierno de Menem; desde acusaciones de corrupción y el sospechoso asesinato del periodista José Luis Cabezas —que investigaba, precisamente, una red de corruptos personajes— hasta los hoyos negros en la economía (léase desempleo y desigual distribución de la riqueza).

Un taxista con aspecto de *hippie* de los años sesenta, que en realidad era psicólogo de profesión y de los cuales abundan en Buenos Aires —todos los taxistas argentinos parecen ser psicólogos, economistas o entrenadores de fútbol—, me resumió perfectamente el dilema que está viviendo el país. Dijo: "Argentina es un país rico, lleno de pobres".

Los datos estaban ahí, en el último informe sobre la distribución del ingreso en Argentina. Los ricos eran más ricos en el 97 que cuando Menem entró al poder en 1989; el 10 por ciento de la población tenía más de la tercera parte del ingreso del país. Y los pobres estaban aún más pisoteados; 18 de cada 100 familias argentinas vivían bajo el nivel de pobreza. (En el 95 eran sólo 16 de cada 100.) Menem hacía de Argentina un país de mayores distancias entre los que tenían mucho y los que apenas subsistían.

Había más. El desempleo —esa consecuencia inevitable de las privatizaciones y la apertura económica sin programas de protección al trabajador— estaba rondando el 15 por ciento. Para ser justos, también había que decir que en ese año la inflación fue sólo del 1 por ciento y que el crecimiento tocó el 8 por ciento. Pero si el programa económico argentino había sido un éxito, ¿por qué cada vez existían más pobres y desempleados?

Esta crisis, seguramente, no la veía el turista que pagaba con dólares en las tiendas de la calle Florida o que se comía en la Recoleta un bife de chorizo con una buena botella de tinto. Pero la paridad del peso argentino con el dólar era sólo un espejismo de prosperidad para los más jóvenes. Hablé con muchos de ellos —algunos, incluso, con maestrías en el extranjero— y la mayoría se jalaba los pelos por no poder encontrar trabajos decentes y relativamente bien pagados. La promesa de entrar al primer mundo colgaba de una telaraña.

Si las cosas hubieran estado bien en Argentina, los votantes habrían apoyado a los candidatos del presidente Menem en las elecciones congresionales de 1997. Pero no fue así; una alianza opositora le quitó a los peronistas la mayoría en el Congreso. "Yo no fui candidato", dijo Menem, tras la derrota, como lavándose las manos. Pero para la oposición fue el momento de la venganza. "Se acabó la era de la omnipotencia y la arrogancia", dijeron los antimenemitas.

En la política todo se paga.

Además de estos problemas, existía la percepción entre muchos argentinos de que el gobierno de Menem no era ajeno a los abusos del poder. Y el presidente Menem, con su estilo de vida, no ayudaba tampoco a combatir esa percepción.

Tengo entendido que el jet en que viajaba Menem, el *Tango 01*, estaba mejor equipado, incluso, que el *Air Force One* del presidente Bill Clinton. Además, había otras cosas que hacían ruido como elefante en vidriera.

Carlos Menem se estaba construyendo una "casa austera", de acuerdo con sus palabras, en Anillaco, en la provincia de la Rioja. La casa de 700 metros cuadrados, con piscina y cancha de tenis, iba a costar aproximadamente medio millón de dólares. Pero su sueldo de setenta y dos mil dólares al año sencillamente no le alcanzaba para pagar la casa.

Menem estaba furioso con los periodistas que informaron sobre la modesta casita que tendría, por supuesto, una pista de aterrizaje al lado. Los llamó "miserables y mentirosos", pero nunca dijo nada sobre cómo pensaba financiar la casa. En la embajada de Argentina en Washington me aseguraron que Menem podía pagar perfectamente la construcción ya que "su familia es adinerada". Es posible que todo estuviera en orden, pero la imagen que estaba enviando Menem al pueblo argentino, construyéndose esa "casa austera" en momentos de dificultades económicas, sólo hacía que su popularidad acabara por el suelo.

La gran tragedia política de Menem fue haberse reelegido. En su primer término realmente pudo darle un nuevo aire al país. Si se hubiera retirado a tiempo, la historia (y la prensa) lo hubiera tratado con más cariño. Pero el poder le comió el coco. Durante su segundo periodo presidencial, Menem parecía enlodado.

Por todo esto, no me extrañaría que cuando Menem deje el poder empiecen a descubrirse escándalos, grandes y chiquitos, y que sufra, lejos de la Casa Rosada, un desprestigio parecido al que ha padecido el ex presidente mexicano Carlos Salinas de Gortari.

Menem nunca comprendió que tener una imagen de presidente *light* no daba puntos, ni en las encuestas ni en la historia.

27 MARIO VARGAS LLOSA:
ME CUESTA TRABAJO ESCRIBIR

Miami. Mario superestrella. En esta ciudad de playas y bikinis, de exilios (forzados y autoimpuestos), de clubes nocturnos y bares bajo las estrellas, de moda latina, fiesta y farándula, es difícil reunir a más de 100 personas a menos que se trate, claro, de una protesta anticastrista, de un juego de los Heat, Dolphins y Marlins, o de un concierto de Shakira, Luismi y Gloria Estefan. Por eso llama la atención cuando cientos de personas se presentaron un domingo por la noche en diciembre de 2003 a escuchar a un escritor. Cerca de 700 pudieron entrar al auditorio Chapman a oír a Vargas Llosa. Muchos más —imposible contarlos— se quedaron afuera, quejándose y con las ganas de ver a uno de los escritores más conocidos de nuestros tiempos en cualquier idioma.

Vargas Llosa fue recibido como si fuera un cantante de rock o un campeón mundial. No exagero. No todos los días llega a Miami el autor de más de cuarenta libros y permanente candidato al Nobel de literatura. Proust, Kafka y Hemingway, por mencionar sólo a tres, fueron inalcanzables para sus contemporáneos. No Vargas Llosa. Nos lo encontramos hasta en Internet. Su página (www.mvargasllosa .com) enumera ochenta y seis distintos premios y condecoraciones. Quizás uno de sus discursos más memorables es el que pronunció al recibir el premio de novela *Rómulo Gallegos* en 1967. Entonces, joven e ilusionado, Vargas Llosa dijo: "La literatura es fuego, es una forma de insurrección permanente… todo escritor es un descontento". Desde entonces no ha dejado de escribir para probar que es cierto.

Con sus largas canas y dientes de conejo, saco oscuro, pantalones grises y camisa color pera, es difícil pensar en Vargas Llosa como un "descontento". Pero lo es. Vargas Llosa pelea constantemente con la palabra; la analiza, la somete a rayos X, la descuartiza cuando es necesario y, si no le sirve, la descarta para lanzarse a buscar otra palabra que refleje exactamente lo que quiere decir. La palabra: esa es la primera guerra de Mario.

En la presentación de su libro titulado *El Paraíso en la Otra Esquina* —sobre las existencias paralelas de la activista francesca, Flora Tristán, y de su nieto, Paul Gauguin—, escuché a Vargas Llosa decir que le costaba trabajo escribir. Con micrófono en mano —y aprovechando mi función de moderador— lo tuve que interrumpir. No me cabía en la cabeza que el autor que hace cuarenta años escribió la brutal novela *La Ciudad y Los Perros* pudiera liarse con su propio oficio.

—¿Lo escuché decir que le cuesta trabajo escribir? —le pregunté.
—¿Es cierto?
—Sí —me contestó. —Es un trabajo que suele ser muy angustioso, en el que uno suele desgarrarse… (Es) complejo y, por otra parte, bastante misterioso. Pero, al mismo tiempo, me siento como un traidor cuando digo eso —'ay, cuánto me cuesta'— parece que yo sufro escribiendo y, en realidad, el gozo mayor de mi vida es escribir.

Su fama —aunque le pese— ha permitido que sepamos de él más de lo que quisiera compartir: sabemos que su escritor latinoamericano favorito es Jorge Luis Borges y que de todas sus obras prefiere sus cuentos en *Ficciones;* que Mozart lo emociona y que *Don Giovanni* es su ópera más querida; que escribe de mañana para luego corregir y leer en las tardes y por la noches; que habla poco de su vida en familia porque "el amor es una experiencia privada que cuando se saca a la luz pública se empobrece".

Sólo trabaja en un proyecto a la vez. Y se clava en el tema, como cuando pasó ocho meses en la República Dominicana para escribir *La Fiesta del Chivo*. Pero ¿cómo escribe? ¿Lee en voz alta lo escrito? ¿Pelea palabra por palabra?

"Es difícil decirlo en términos generales, abstractos, porque no es así", me contestó. "Voy encontrando la manera de narrar poco a poco, rehaciendo, corrigiendo. Es un proceso que no es enteramente racional. Yo siento cuando no funciona una frase".

Y luego explica el origen de su método para escribir. "Es una enseñanza que viene de mi admiración por Flaubert", dijo. "Flaubert tenía la manía de la palabra justa y decía que la palabra justa se descubría al oído. Que cuando algo chirriaba en una frase, la frase estaba mal. Y la frase estaba mal porque el pensamiento que estaba detrás de la frase estaba mal. Yo no sé si es la fonética, pero yo siento claramente cuando una frase no funciona, cuando una frase es incapaz de persuadirme, de crear esa fuerza de convicción que hace que el lector se emocione, se indigne, se exalte o se deprima con lo que uno está narrando".

Además de la palabra justa, otra de las manías de Vargas Llosa es Perú. Uno de los personajes en su obra *Conversación en la Catedral* se pregunta "en qué momento se jodió Perú". Quizás Perú, como la mayoría de los países de América Latina, se ha jodido varias veces. Pero, sin duda, una de esas veces fue en 1990 cuando los peruanos escogieron como presidente al autoritario y corrupto Alberto Fujimori en lugar de este humanista liberal.

¿Por qué perdió Vargas Llosa, el candidato, esa elección para la presidencia? No lo quise decir en público, pero a mí me tocó estar en su cierre de campaña en Lima y su mensaje —lleno de alusiones a la literatura y a su experiencia europea— no prendió en el público. Tras escucharlo, una amiga periodista se volteó y me dijo: "Vargas Llosa no puede ganar con un discurso así". Tristemente, tuvo razón.

Vargas Llosa es un maravilloso exprimidor de la vida. De esa experiencia surgió el libro *El Pez en el Agua*. Tras digerir la derrota se refugió, como era de esperarse, en la literatura y, en 1993, se convirtió en ciudadano español. Hoy vive la mayor parte de su tiempo en Madrid. "Me siento bastante en casa en España, quizá por la lengua y la tradición", comentó en un *chat* con America Online. "Por otra parte, en España tengo a mi editor y muy buenos amigos".

Vargas Llosa sigue soñando en utopías, pero ya lejos del mundo de la política. En *El Paraíso en la Otra Esquina*, Flora Tristán y Paul Gauguin buscan, en lugares distintos, su propio paraíso: Flora, en la lucha por la justicia social; Gauguin, en el regreso a una existencia primitiva en Tahití y en la pintura. Vargas Llosa, me atrevería a aventurar, encuentra su paraíso en la literatura. Sin embargo, a sus setenta y siete años de edad sigue siendo, irremediablemente, un hombre de su tiempo. Esto quiere decir que no puede vivir alejado del mundo que lo rodea. Incluyendo a Irak.

Hace poco regresó de un viaje a Irak. "Yo tenía, realmente, la necesidad de ver sobre el terreno si mi condena de la guerra de Irak —la intervención militar americana o británica— era justa o precipitada", adelantó a manera de explicación. Había, también, una razón más personal. Su hija Morgana estaba trabajando en Irak para la Fundación Iberoamérica-Europa y quería cerciorarse que se encontrara a salvo.

El viaje de doce días —del 25 de junio al 6 de julio de 2003— rápidamente se convirtió en una serie de largos reportajes escritos "a salto de mata" para el diario español *El País* que, luego, se transformaron en el libro *Diario de Irak* (con fotografías de Morgana). En una de sus crónicas cuenta de su encuentro con el diplomático brasileño Sergio Vieira de Mello y varios de sus colaboradores unas semanas antes de que murieran en el atentado en Bagdad que destruyó el edifício de las Naciones Unidas. El viaje a Irak, sobra decirlo, tuvo un profundo impacto en Vargas Llosa y sus opiniones.

Su clara oposición a la guerra, expuesta en un artículo en febrero de este año, "quedó muy matizada, para no decir rectificada, luego de (su) viaje". Esta confesión en el prólogo de su libro se explica unas líneas más adelante: "Criticable, sin duda, por su carácter unilateral y por carecer de un respaldo de las Naciones Unidas, la intervención militar de la coalición ha abierto, sin embargo, por primera vez en la historia de Irak, la posibilidad de que este país rompa el círculo vicioso de autoritarismo y totalitarismo en que se ha movido desde que Gran Bretaña le concedió la independencia".

"¿Por qué estaba en contra de la guerra?" le pregunté.

"Estaba en contra de la guerra", me contestó, "porque no creí que fueran ciertas, probadas, las razones que dieron Bush y Blair para justificar la intervención: que había armas de destrucción masiva; que había una vinculación entre el gobierno de Saddam Hussein y el grupo terrorista Al Qaeda. No estaba fundamentada esa acusación".

Pero luego, hilando con la complejidad de la situación, cambia ligeramente de rumbo. "El viaje fue muy instructivo", continuó. "Comprobé, como creo que ha comprobado todo el mundo, que las razones que se dieron para justificar la intervención eran falaces... Sin embargo, me pareció que la intervención militar abría para el pueblo iraquí unas posibilidades de liberación, de modernización, de democratización que jamás se hubieran dado sin una intervención militar".

Decir algo así en Miami no es gratuito. Algunos de los exiliados cubanos que asistían a este auditorio en el centro de Miami podrían sugerir que, para ellos, Fidel Castro ha violado los derechos humanos tanto o más que el propio Saddam Hussein. El argumento de que los iraquíes estaban mejor, tras la intervención militar angloamericana, porque sacó del poder a un dictador podría aplicarse, también, al caso cubano. La pregunta, entonces, era obligada.

—¿Se vale una invasión a Cuba? —le cuestioné y el auditorio cayó en un silencio completo.

—Mire, yo jamás justificaría una acción militar porque le conviene a los intereses de Estados Unidos, —me dijo, para luego explicar extensamente su intensa —y a veces controversial— relación con la revolución cubana que él apoyó por casi una década.

—Sobre su postura respecto a Cuba. —El caso de Cuba —seguramente muchos de ustedes saben— que desde los años 67, 68, yo he sido un crítico muy severo de Fidel Casto, de la Revolución Cubana, y muy crítico de los que han apoyado la Revolución Cubana o han contribuido a mantener vivo el mito de una sociedad que luchaba por la justicia, por la igualdad.

—Sobre el embargo: He apoyado el embargo porque me parecía una de las maneras como las sociedades democráticas podían ayudar a quienes resistían y luchaban por la democratización de las dictaduras. Y en algunos casos el embargo ha sido un instrumento eficaz, en Sudáfrica, por ejemplo. Ahora, en el caso de Cuba no ha funcionado. Efectivamente, el embargo ha fracasado por una razón muy simple: porque nunca hubo un embargo real. Estados Unidos decretó el embargo, pero Cuba podía comprar los productos que quería, los productos americanos, en Panamá, en Canadá, en toda España. El embargo sí ha sido uno de los instrumentos psicológicos que ha utilizado la dictadura como víctima, como David enfrentándose a Goliat.

—Sobre el futuro de Cuba. Es un régimen putrefacto, absolutamente en vías de descomposición, y lo que lo mantiene es esa especie de hipnosis que los dictadores, los grandes dictadores, llegan a contagiar a todo un pueblo. Yo estoy absolutamente convencido que la dictadura no va a sobrevivir de ninguna manera, ni un corto tiempo, a la desaparición del tirano, de Fidel Castro. Y hago votos para que esa desaparición sea muy pronta.

—Sobre qué quiere hacer cuando caiga Fidel. Estoy convencido que eso no es muy lejano. Ustedes y yo lo vamos a ver. Y yo espero impacientemente que así ocurra porque, como yo en mi juventud viví la ilusión de Cuba y me movilicé en defensa de una revolución que creía que traía la justicia, yo he vivido todos estos años con una cierta conciencia culpable. Y yo quiero estar allí cuando el pueblo cubano recobre la libertad. Yo quiero estar en La Habana, ahí, viendo como el pueblo cubano recupera su libertad.

¿Y qué importa lo que diga Vargas Llosa sobre Cuba? Bueno, América Latina es un lugar en el que las opiniones de los novelistas se toman en serio, es un lugar donde las ideas y los sueños se cuelan en la política y en nuestra vida diaria como pan en la comida. Por ejemplo, la frase de Vargas Llosa de que México era "la dictadura perfecta" fue utilizada frecuente y eficazmente por la oposición mexicana hasta que en julio de 2000 el Partido Revolucionario Institucional (PRI) perdió la presidencia por primera vez desde 1929. De la misma manera, las palabras de Vargas Llosa sobre un embargo que no ha funcionado y sobre el deteriorado estado de la dictadura cubana pueden tener un peso específico y, quizás, acelerar la inevitable transición a la democracia en Cuba. Es la fuerza de las ideas y, en el peor de los casos, la fuerza de la repetición.

El encuentro, de poco más de dos horas, llegaba a su fin con una hilera interminable de lectores que querían la firma del escritor en sus libros. Amable, pero eficientemente, fue estampando las letras MVLL cien, doscientas, trescientas veces... Tras despedirme de Mario —y prometernos una comida o una reunión con menos gente— me sorprendí sonriendo. El diálogo de aquella noche me había dejado un consuelo. "Si a Vargas Llosa le cuesta trabajo escribir", pensé mientras me alejaba, "¿qué podemos esperar el resto de los escritores?" Respiré tranquilo y luego me perdí en las sudorosas y oscuras calles del *downtown* miamense.

28 FUJIMORI, EL RESCATE Y LAS TRAMPAS DEL PODER EN PERÚ

Lima. Alberto Fujimori casi no dormía. Estaba tratando de sacarle el mayor provecho posible a la recién resuelta crisis de los rehenes. Y es que estaba muy claro, pues, que Fujimori, además de ser presidente de Perú, era también su propio agente de relaciones públicas.

Se le veía por todos lados, como si quisiera practicar la omnipresencia o tuviera un doble; había Fujimori en funerales, ceremonias militares, de *tour* recorriendo la residencia del embajador japonés con los rebeldes ajusticiados, subido al techo de un auto con chaleco antibalas y micrófono en mano, o bien dando una conferencia de prensa (con maqueta y encorbatado) en franca imitación a las presentaciones del general vencedor en la guerra del Golfo Pérsico, Norman Schwarzkopf.

Pocos se atrevían a dudar aquí que Fujimori había hecho lo correcto al terminar con una operación militar, a finales de abril de

1997, el secuestro de setenta y dos personas que estuvieron durante 126 días en manos del grupo guerrillero Túpac Amaru. (Ocho de cada diez encuestados aprobaron el operativo.) Incluso el ex rehén y sacerdote jesuita Juan Julio Wicht —bien entrenado en el difícil arte de la paciencia— me comentó que el líder de sus captores, Néstor Cerpa Cartolini, se había encerrado en una actitud sumamente intransigente, dejándole poco espacio para maniobrar al gobierno fujimorita.

Lo irónico es que en Perú se seguía celebrando el éxito del uso de la fuerza para resolver la crisis de los rehenes, a pesar de que por cuatro meses la mayoría de los peruanos (otra vez, según las encuestas) apoyaba abiertamente una solución negociada. El peligro —temían muchos— estaba en que el ataque que ocasionó decisiete muertos (un civil, dos militares y catorce rebeldes) generara más violencia en el futuro. Tras el ataque, el vocero del MRTS, Isaac Velazco, le declaró la guerra al gobierno de Fujimori desde su exilio en Alemania.

Sin embargo, aún más peligroso que esas amenazas habría sido que Fujimori se dejara chantajear por los terroristas (y es que ésos son quienes atacan a civiles). Fujimori no podía canjear presos por rehenes como exigían los emerretistas. Hubiera sido el inicio de una serie incontrolable de actos terroristas y el fin de la gobernabilidad en Perú.

Los guerrilleros sólo podían ganar a través del diálogo, pero decidieron ponerse con Sansón a las patadas, midieron mal sus tiempos, pidieron más de lo que podían obtener de manera realista y perdieron.

La fuerza es el ámbito en que mejor se maneja Fujimori y las actividades de inteligencia su pasión escondida. Rápido, se enteró que los guerrilleros jugaban "fulbito" religiosamente entre tres y 4:30 de la tarde casi todos los días. El error clave de los guerrilleros-futbolistas fue ser muy predecibles. Se olvidaron del factor sorpresa que los había caracterizado durante la toma de la residencia japonesa en diciembre de 1996. Y eso lo explotó, literalmente, Fujimori. "A las 3:17 de la tarde ordené el ataque", explicaría más tarde el presidente. "Y no nos equivocamos".

En lo que sí se equivocó Fujimori es en creer que el rescate de sententa y un rehenes con vida le daría la autoridad moral para reelegirse a un tercer periodo en el año 2000. Un éxito militar no significa que puede hacer una corbata con la democracia; ésa es una de las trampas del poder. Y hace tiempo —desde el autogolpe de 1992 en que fueron disueltos el Congreso y la constitución— que Fujimori cayó en la trampa.

Ya me lo decía el congresista de la oposición, Javier Diez Canseco (también un ex secuestrado): "Desde el principio de la crisis de los rehenes se aprovechó la situación para la reelección". En los días posteriores al ataque, Fujimori apenas cabía en su pellejo al enterarse que la aprobación a su gestión presidencial pasó de un 38 a un 67 por ciento. Y eso gracias al rescate. (Todas las cifras de encuestas que aquí uso son de la empresa peruana Apoyo, Opinión y Mercado, S.A.)

La euforia del triunfo sobre los rebeldes en Perú apenas se erosionó por las acusaciones de que algunos guerrilleros fueron ejecutados después de rendirse. Pero el sentido de normalidad empezó pronto a entrar a cucharadas. Con esta crisis los peruanos se dieron cuenta de que los grupos subversivos en Perú no desaparecieron en 1995, como había prometido Fujimori. Y además, en una apuesta muy peligrosa para las intenciones de los que quieren una verdadera democracia, en Perú hay un presidente que difícilmente se querrá bajar del caballo del poder, por las buenas, antes del año 2005.

Y es que en esta época de frágiles democracias latinoamericanas, quince años de una sola persona en la presidencia de Perú... son muchos, muchos años. Aunque se trate de Alberto Fujimori, el rescatista de mano dura.

ESTADOS UNIDOS

29 WASHINGTON, CAPITAL DEL ESCÁNDALO

Por más de año y medio me tocó cubrir el escándalo sexual del presidente de Estados Unidos, Bill Clinton, con la ex becaria de la Casa Blanca, Monica Lewinsky. Y para hacerlo tuve que viajar un montón de veces —ya ni me acuerdo cuántas— a Washington, D.C.

Washington, parece ser, es una capital de reprimidos; los trajes grises y la diplomacia esconden un mundo de escándalos y desmadres. Esto no quiere decir que en la capital estadounidense haya más infidelidades por kilómetro cuadrado que en otros lugares. No. Pero debido a que la ciudad está llena de políticos dando sermones sobre cómo debemos comportarnos en nuestras vidas privadas, cuando uno de esos predicadores es sorprendido en una debilidad moral o en una mentira, la caída suena más fuerte.

Esto ha quedado corroborado, no sólo por la odisea clintonita en las aguas de la Lewinsky, sino por la cantidad de políticos que han tenido que sacar sus trapitos al sol mientras investigaban o juzgaban al presidente. Basta mencionar a Henry Hyde —el líder republicano que actuó como fiscal en el juicio a Clinton y quien tuvo que reconocer una relación con una mujer casada— y a Bob Livingston —quien se negó a tomar el puesto como líder de la mayoría republicana en el Congreso tras conocerse algunas "indiscreciones" en su matrimonio de más de treinta años.

En Washington a esto le llaman "política de destrucción personal". Varias carreras políticas han terminado en medio del escándalo Clinton/Lewinsky. Y por lo tanto muchos han aprendido, rápidamente, que más vale estar libre de culpa antes de tirar la primera declaración por televisión.

Clinton tuvo la mala suerte de que su escándalo coincidió con un dramático cambio en los medios de comunicación. Las noticias han dado paso al entretenimiento, los personajes políticos a las celebridades y los asuntos importantes a los chismes. Es decir, la estética del espectáculo está transformando la mentalidad del mundo a través de la televisión; nuestra capacidad de concentración se reduce a lo que dure un *sound bite* y en lugar de información para vivir recibimos notas que nos entretengan. Es la época de las noticias *light*. Y el escándalo Clinton/Lewinsky predió en ese ambiente de trivialización informativa como llamarada de petate.

Bueno, las siguientes crónicas, con sus fechas marcadas, dan una clara idea de cómo fue evolucionando el *affair* Clinton/Lewinsky en la era del *infotainment* (información + entretenimiento) hasta culminar con el segundo juicio de destitución en la historia de Estados Unidos y el bombardeo de las fuerzas de la OTAN contra la antigua Yugoslavia.

BILL, MONICA Y SADDAM (FEBRERO 2, 1998)

Washington, D.C. Nunca me imaginé que algún día iba a estar en la Casa Blanca hablando sobre sexo oral. Pero eso es exactamente lo que estuve haciendo durante un par de días en la misma sala donde el presidente Bill Clinton da sus conferencias de prensa. Por supuesto no he sido el único. A este ejercicio reporteril —más parecido a una cacería durante la inquisición, tengo que reconocerlo— se ha sumado la mayoría de los periodistas en la capital de Estados Unidos.

Llámele como quiera. *Oralgate. Zippergate. Monicagate.* Es el escándalo del momento y la presidencia de Clinton está en juego. Es un *show* comparado, por la intensidad de la cobertura noticíosa y los altos *ratings,* al caso de O. J. Simpson y a la muerte de la princesa Diana. Estados Unidos parece obsesionado por saber si su presidente tuvo algún tipo de encuentro sexual con Monica Lewinsky, en la Casa Blanca, cuando ella trabajaba ahí como voluntaria.

Pero el problema no es si Clinton, a sus cincuenta años, se vinculó sexualmente con una muchacha de veintiún años. No. El verdadero problema es si Clinton violó las leyes de Estados Unidos. Bajo juramento —en la demanda por acoso sexual que le puso Paula Jones— Clinton negó haber tenido relaciones sexuales con Lewinsky. Sin embargo, Lewinsky le dijo lo contrario a un oscuro personaje llamado Linda Tripp, a quien creía ser su amiga. Le confió que ella y el presidente habían tenido una relación de sexo oral en las mismas oficinas de la Casa Blanca, según reportó la revista *Newsweek* y el diario *Los Ángeles Times.* Y todo quedó grabado en unas veinte cintas de audio (sin que Lewinsky lo supiera).

Si se comprueba que el presidente mintió, bajo juramento, podría ser acusado de perjurio. Y peor aún. Si se determina que Clinton, además, le pidió a Lewinsky que negara la relación, entonces pudiera ser acusado formalmente de obstrucción de la justicia. Esto terminaría con su presidencia.

Quizá en otros países, particularmente en Europa y en América Latina, vean este escándalo como una mera preocupación puritana. Allá, la vida privada de los personajes públicos pocas veces se ventila. Pero aquí en Estados Unidos, donde casi todos los candidatos a un puesto político presumen de sus familias y de sus "valores familiares", cualquier acusación de infidelidad se considera una traición a la confianza del público y de los votantes.

Los escándalos nunca llegan en buen momento y, encima de todo, el de Clinton está enredado con la posibilidad de guerra. En una o dos semanas, Estados Unidos podría iniciar un bombardeo contra Irak debido a la negativa de Saddam Hussein de autorizar la inspección de sus depósitos de armas químicas y bacteriológicas. Y si Clinton, el comandante en jefe del ejército estadounidense, da la orden de atacar no van a faltar quienes crean que lo hace para distraer la atención de sus problemas personales.

Aunque la decisión de atacar a Irak estuviera justificada en el aspecto militar —hay un creciente temor de que Saddam Hussein desarrolle la capacidad de lanzar cohetes de destrucción masiva a sus vecinos, incluyendo Israel—, las motivaciones de Clinton de hacerlo ahora serían inevitablemente cuestionadas. ¿Por qué no atacó hace seis meses? ¿O por qué no esperar medio año más? Si Saddam Hussein ha burlado las inspecciones de las Naciones Unidas desde 1991, ¿cuál es la urgencia ahora? ¿Será que Monica, Bill y Saddam están atorados en el mismo elevador?

Una de las películas más populares en estos momentos en Estados Unidos es *Wag the Dog* cuya trama se asemeja sorprendentemente a la realidad. Protagonizada por Dustin Hoffman y Robert de Niro, la película trata sobre un presidente estadounidense que se inventa una guerra para desviar la atención del público de sus problemas personales. Aunque la película me pareció bastante mediocre y las diferencias con la realidad son evidentes, el tema central de *Wag the Dog* —cómo un escándalo se puede tapar con una guerra— va de la mano con la crisis bélica y personal que enfrenta Clinton.

Mientras tanto, los estadounidenses quieren saber más sobre el supuesto *affair* con Lewinsky antes de juzgar al presidente. Clinton, de acuerdo con las últimas encuestas, ha mantenido altísimos niveles de aprobación durante esta crisis. Seis de cada diez estadounidenses consideran que Clinton está realizando un buen trabajo y le han dado el beneficio de la duda respecto a las acusaciones en su contra.

Pero la actual imagen de Clinton, todavía en control del gobierno y asegurando su inocencia, pudiera ser como la fotografía de un malabarista en la cuerda floja antes de perder el equilibrio y caer. Todo depende de cómo Clinton y su esposa Hillary —encargada oficial del contraataque— manejen el juego de las percepciones. Aunque el presidente fuera culpable de las acusaciones que le hacen, lo importante es que parezca inocente. En una sociedad dominada por los medios de comunicación, las percepciones tienden a opacar los hechos.

Clinton ha salido adelante de varias crisis —incluyendo la que lo vinculó sexualmente con Gennifer Flowers— y tiene fama de levantarse de las cenizas. Pero aun si repite el truco en esta ocasión y se salva, la embarrada con Monica Lewinsky no se borrara ni con tintorería de la memoria colectiva del país.

CONFESIONES DE UN REPORTERO DE TELEVISIÓN
(ABRIL 6, 1998)

Washington, D.C. "¿Y qué piensas de la forma en que últimamente ha estado actuando la prensa?" me preguntó Peter Hakim, el presidente de la organización Interamerican Dialogue. "¿Qué te parecen las acusaciones a los periodistas por ser demasiado superficiales y sensacionalistas?" Y luego, en tono de broma, Hakim añadió: "Que tu respuesta, por favor, no dure más de dos minutos".

La audiencia de unas 300 personas, reunidas en el edificio de la OEA, se puso a aplaudir tras escuchar las preguntas del reconocido académico. Sinceramente, no esperaba esa reacción del público. Estaban disfrutando al ver cómo ponían a un periodista en aprietos, contra la pared. Supongo que para ellos era una especie de venganza y un espectáculo de karma periodístico: me estaban haciendo lo mismo que los reporteros les hacemos todos los días a los demás.

Bueno, no me acuerdo exactamente lo que le contesté a Hakim en ese momento. Pero me hubiera gustado haberle dicho lo siguiente:

Yo sé que los periodistas, de acuerdo con las encuestas nos encontramos hasta arriba en la lista de las profesiones más desprestigiadas de Estados Unidos, junto con los políticos y los abogados. En parte entiendo ese sentimiento derechazo de la gente cuando nos identifican con los *paparazzi* que persiguieron hasta la muerte a la Princesa Diana o con los camarógrafos y reporteros que quieren escudriñar hasta los últimos detalles de la vida privada de los personajes públicos, aunque dicho material no tenga ninguna relevancia. Por ejemplo, ¿realmente tenemos que saberlo todo sobre las mujeres vinculadas al presidente Bill Clinton: Monica Lewinsky, Paula Jones, Gennifer Flowers, Kathleen Willey, etc.? Creo que no.

Al mismo tiempo, cuando usamos la violencia y el morbo para llamar la atención, cuando en lugar de reporteros nos convertimos en actores —como un grupo de periodistas de CNN que participaron en la película *Contact* o Larry King en *Primary Colors*—, cuando identificamos a personas que prefieren permanecer en el anonimato, cuando tomamos partido en un reportaje o cuando sacamos la información fuera de contexto para hacerla más atractiva y sensacionalista, la gente tiene el derecho a estar molesta con nosotros. Nuestra labor debe de ser proporcionar información balanceada, justa, basada en datos; no en ser figuras del entretenimiento.

También es cierto que los *sound bites* o esas minientrevistas que aparecen en los reportes por TV son cada vez más cortas. Antes duraban veinte, treinta segundos. Hoy no pasan de los diez o quince segundos, y en ese tiempo es imposible decir algo profundo.

Pero los márgenes de atención de los televidentes son cada vez más limitados y si algo les aburre, agarran el control remoto y ¡ZAP!... cambian de canal.

Hay que reconocer que en este fin de milenio los periodistas tenemos nuevas presiones (que llamaré de mercado) y que antes no existían. Hasta hace sólo una década, los periodistas no se tenían que preocupar por los *ratings* o niveles de audiencia, es decir, ellos sólo se dedicaban a informar independientemente del número de televidentes, radioescuchas o lectores que lograran captar. Pero eso ya no es así.

Por esas presiones, los programas noticiosos —de puras noticias o noticias puras— están desapareciendo o se están transformando, para dar paso al *infotainment,* esa combinación de noticias con entretenimiento tipo tabloide. *Hard Copy, Current Affair* y sus clones dominan "la telera", en inglés y en español, igual en Estados Unidos que en América Latina.

A pesar de todo lo anterior, todavía hay espacios que no hemos perdido los periodistas, que tenemos que defender con las uñas y que debemos utilizar de manera agresiva y responsable. Estoy convencido que la prensa es un elemento vital de toda democracia. Y también estoy convencido que si nosotros, los reporteros, no hacemos las preguntas difíciles a los que ejercen el poder, nadie más las va a hacer. Ésa debe ser nuestra area fundamental: monitorear a los poderosos, supervisar lo que hacen y dejan de hacer.

La crítica periodística con independencia de criterio, los reportajes investigativos, las entrevistas sin trincheras y las opiniones editoriales son elementos indispensables para lograr el balance del poder en todo sistema democrático. Sin los periodistas, los presidentes, la policía, los alcaldes, los militares, los congresistas, los burócratas, las autoridades... se sentirían con la libertad de hacer lo que se les pegara la gana, no tendrían que responderle a nadie y los casos de corrupción se multiplicarían.

Sí, reconozco que hay muchas cosas que no están funcionando bien en el periodismo moderno: el sensacionalismo, el uso de la violencia para atraer televidentes, el chismoperiodismo la influencia indebida de gobiernos y corporaciones, autocensura... De hecho, nunca ha habido tantos seudoperiodistas tantos programas de notiespectáculos.

Pero al mismo tiempo, hoy más que nunca, los reporteros estamos conscientes de los elementos éticos, humanísticos y tecnológicos que se requieren para hacer bien nuestro trabajo. Y nunca ha habido tantos reporteros capaces de enfrentar mandatarios y gobiernos enteros que no cumplen con la gente (Y por eso siguen matando periodistas.)

En realidad, y al final de cuentas, para eso estamos los periodistas; para evitar los abusos del poder. Y por lo tanto, estoy de acuerdo, no debemos abusar del nuestro.

Esto es lo que me hubiera gustado responderle a Peter Hakim... en dos minutos.

CUANDO MIENTE UN PRESIDENTE (AGOSTO 3, 1998)

Sin duda, estamos presenciando la gran telenovela política de Estados Unidos. Tiene todos los elementos necesarios para mantener pegados a la pantalla a millones de televidentes: un presidente acusado de mentir y con fama de saltador de camas y una joven de veinticinco años que trabajó en la Casa Blanca y que se enrolló en taquito con el ciudadano número uno del país, el plan de los dos para ocultar sus amoríos, la morbosidad de un vestido manchado, una amiga que grabó en veinte cintas todos los secretos del *affair,* una esposa que estoicamente no hace ningún comentario público, un arrogante fiscal independiente con ganas de joder y la capital de la nación más poderosa del mundo desbordada por chismes y diretes.

Estados Unidos ya pasó por las telenovelas de O. J. Simpson y la Princesa Diana. Y ahora le come el coco la de Monica y Bill.

Bill Clinton está sumido en la más grave crisis moral de su presidencia. El fiscal independiente Kenneth Starr sospecha que el presidente mintió (bajo juramento) y obstruyó la justicia. Si lo puede probar —con los testimonios de Monica Lewinsky, Linda Tripp y los guardaespaldas y asesores de Clinton— entonces el legado histórico del presidente quedaría tan golpeado como lata en supercarretera.

En este asunto Clinton lleva las de perder. Ya hay un precedente en su contra. Clinton ha mentido públicamente y pudiera volver a mentir. Durante años negó haber tenido una relación sexual con Gennifer Flowers. Incluso una vez lo negó —en televisión nacional y sin inmutarse— en el programa *60 Minutes.* Sin embargo, el 17 de

enero de este año —en el curso de una audiencia legal— Clinton
cambió su versión de los hechos y reconoció que sí se acostó con Flowers, una vez, en 1977.

Si Clinton mintió respecto a su relación con Gennifer Flowers,
pudiera haber mentido también en el caso de Monica Lewinsky. Ésa
es la apuesta de Kenneth Starr.

Ese mismo 17 de enero de 1998 Clinton negó en dos ocasiones,
bajo juramento, haber tenido una relación extramatrimonial con
Monica Lewinsky. Textualmente dijo: "Nunca he tenido relaciones
sexuales con Monica Lewinsky. Nunca he tenido un *affair* con ella".

Y luego, el 26 de enero, Clinton insistió durante una improvisada
rueda de prensa que "nunca había tenido una relación sexual con esa
mujer". En total, Clinton ha negado en tres ocasiones, en público,
cualquier tipo de vinculación sexual con la Lewinsky. El problema es
que Clinton está desgastado y ha perdido su credibilidad en este
tema. Pocos dudan de que hubo algo entre él y Monica. Incluso
Monica Lewinsky lo ha confirmado, según fuentes cercanas a ella.

Si se demuestra que Clinton es un mentiroso o que obstruyó la
justicia al tratar de ocultar su *affair* con la Lewinsky, entonces Kenneth Starr está obligado a enviar un informe al Congreso. El Congreso es la única institución que puede destituir de su puesto a un
presidente estadounidense.

Por supuesto, Clinton no está solo entre los presidentes que mien-
ten. (Samper mintió al decir que no hubo dinero del narcotráfico en
su campaña por la presidencia; Zedillo mintio al asegurar que Salinas
de Gortari no lo impuso como candidato presidencial del PRI; Fujimori, Menem, Pérez Balladares y Cardoso mintieron al decir que no
querían reelegirse; Reagan mintió al asegurar que no sabía nada del
asunto Irán/Contras, Bush (padre) mintió al prometer que no subiría
los impuestos, etcétera.) Pero la diferencia con el resto de sus colegas
es que Clinton pudiera perder su puesto por haber mentido en un
asunto de faldas. ¿Puritano? Quizá. Pero así son las cosas de este
lado del río.

Los problemas —de imagen y de legado— del presidente Clinton
son tan serios que de nada le sirve que Estados Unidos esté viviendo
uno de los periodos de expansión económica más grandes que se
recuerden. De nada. Cuando los niños del próximo milenio pregun-
ten por Clinton quizá lo que más se repita sean sus hazañas horizon-
tales y sus evasivas a las preguntas directas de los periodistas.

Todo sus éxitos económicos quedarán olvidados en las páginas de la historia si Kenneth Starr logra pintar a Clinton como Pinocho en la Casa Blanca. Por lo tanto, la única salida que tiene Clinton es decir la verdad el próximo 17 de agosto —durante su testimonio grabado en la Casa Blanca— y luego reconocer sus errores ante los estadounidenses.

Si Clinton escoge cualquier otro camino no podrá gobernar en los veinte y nueve meses que le quedan en la presidencia y la historia lo aplastará como cucaracha en libro viejo.

SEXO, MENTIRAS, VIDEO Y PERIODISTAS
(AGOSTO 18, 1998)

Washington, D.C. Aquí llegó lo mejor y lo peor del periodismo en Estados Unidos. Pero lo irónico es que —igual los periodistas que se consideran "serios" como los amarillistas— todos querían saber exactamente lo mismo: si el presidente Clinton había mentido sobre su relación con Monica Lewinsky.

Nunca me imaginé que después de tantos años quemándome las pestañas en la universidad, y tras decenas de coberturas noticiosas por todo el mundo, iba a acabar algún día en la Casa Blanca analizando frente a millones de televidentes el origen de una manchita —¿de semen presidencial?— en el ya famoso vestido azul que compró Monica en la tienda GAP, entre otros tenebrosos asuntos. Pero así fue.

De pronto me he descubierto, al igual que muchos de mis colegas, practicando lo que tristemente pudiéramos definir como periodismo sexual. Más que para un noticiero o un diario, la información que hemos estado manejando en las últimas horas parece salida de una clase avanzada de educación sexual.

La Casa Blanca tiene la única oficina de comunicaciones que conozco que le facilita el trabajo a los periodistas para que hablen mal de su jefe. Y por lo tanto no fue ninguna sorpresa que las cinco palabras que más escuché ahí dentro —y que luego se repetirían en todo el orbe— fueron: sexo, mentiras, video, Clinton y Monica. Por supuesto, el orden de los factores no altera el producto.

Desde el lunes, muy tempranito, los jardines presidencia les estuvieron plagados de corresponsales de televisión que llenaron con puro aire horas interminables de transmisiones. Y en la pequeñísima y claustrofóbica sala de conferencias de la Casa Blanca —había más de

150 periodistas radiales y de medios escritos peleándose por los cuarenta y ocho asientos— se intercambiaban las últimas teorías sobre cómo Clinton podría salvar su presidencia. Éstos eran los afortunados.

Llovía a cubetazos y afuera de la residencia oficial decenas de mojados corresponsales se quedaron sin entrar porque ya no había espacio. En la puerta noroeste me encontré a dos camarógrafos italianos que recordaron a la familia completa del funcionario estadounidense que les había confirmado la entrada a la Casa Blanca, la semana pasada, y que al llegar a Washington se las tuvo que cancelar.

El ambiente se sentía incómodo, pesado. Nadie sabía nada. Clinton testificaba en privado, a través de un circuito cerrado de televisión, y sólo tuvieron acceso a esa señal los veintitrés miembros del gran jurado y los abogados e investigadores en el caso. Fuera de eso, todo era bla, bla, bla.

El testimonio de Clinton se convirtió en un circo, en un evento social, en una telenovela. Igual pasó con el juicio a O. J. Simpson y con la muerte de la Princesa Diana. Lo que pasa es que tras la caída del muro de Berlín y la desintegración de la Unión Soviética terminó la época de las grandes noticiasc —aquellas que ponían al mundo en peligro— y comenzó la era del *infotainment,* esa mezcla de noticias con entretenimiento. Casi nadie se ha podido salvar de esta maldición periodística de fin de milenio.

En fin, sigo con el cuento. Tras esperar cinco horas y veinticinco minutos todo seguía igual. Clinton había terminado de testificar y su abogado David Kendall no ayudaba. Frente a una pared de micrófonos escuchamos lo de siempre; que Clinton dijo la verdad, que luego iba a hablar ante la nación. Pero luego, no sé cómo, empezaron los *leaks* o filtraciones a la prensa. Se suponía que el testimonio de Clinton era privado. ¿O no?

Sí, Clinton reconoció haber tenido una relación sexual con Lewinsky, oí por ahí a un corresponsal de una cadena de televisión norteamericana. Otro, de la competencia, lo confirmó inmediatamente con su gente. Los siguieron, un par de minutos después, las agencias de noticias.

Ahora sólo faltaba el discurso de Clinton a los estadounidenses. A las 10:02 de la noche, Clinton soltó la bomba. Dijo sin inmutarse que no había mentido, pero que sí había tenido una relación "inapropiada" con Monica Lewinsky. Me hizo recordar otra frase, también suya, en que reconoció haber fumado mariguana sin inhalar.

Bueno, ya lo sabemos. Clinton mintió. Y no es la primera vez. De hecho lleva en su haber por lo menos tres mentiras públicas: en 1990, cuando era gobernador de Arkansas, dijo que no se lanzaría como candidato presidencial hasta terminar su mandato, pero rompió su promesa al año siguiente; en 1992 negó haber tenido relaciones sexuales con Gennifer Flowers, aunque el 26 de enero de 1998 retractó dicha declaración; y ahora, el pasado lunes 17 de agosto, reconoció una relación "inapropiada" con Monica Lewinsky a pesar de haber insistido, por siete meses, que no era cierto.

Quizá Clinton creyó que con su discurso de cuatro minutos iba a ponerle punto final al escándalo con la Lewinsky. Pero lo que hizo fue ponerle puntos suspensivos. Su admisión de culpa y su semidisculpa no lograron aplacar el enojo de sus más fuertes críticos.

Este rollo continúa y ahora —con la confirmación de que el 26 de enero de 1998 mintió bajo palabra al negar su vinculación con Monica— poco podrá hacer Clinton para evitar que se inicie un largo y doloroso proceso en que muchos de sus opositores pedirán su renuncia o destitución. Y si no lo hace, el des gaste será tan grande que su presidencia corre el riesgo de quedarse atorada en la arena de la polémica.

El primero en pedir la cabeza clintonita fue el ex vicepresidente Dan Quayle. Y como dicen por estas tierras: *stay tuned*.

BILL&MONICA@HISTORIA.COM (DICIEMBRE 21, 1998)

Bill Clinton siempre quiso tener un lugar preponderante en la historia. Y ya lo tiene. A la una de la tarde con diecinueve minutos y cinco segundos del sábado 19 de diciembre de 1998 (hora de Washington, D.C.) se convirtió en el segundo presidente en la historia de Estados Unidos en enfrentar un juicio de destitución.

Ese sábado la mayoría de los miembros de la Cámara de Representantes de Estados Unidos encontró culpable a Clinton de mentir (bajo juramento) y de obstruir la justicia. Y todo todo —aunque parezca increíblemente puritano fuera de Estados Unidos— tiene que ver con la relación sexual de Clinton con la ex becaria de la Casa Blanca, Monica Lewinsky.

La condena congresional a Clinton ocurrió la misma semana en que Estados Unidos e Inglaterra realizaron los mas violentos bombardeos contra Irak desde la guerra del Golfo Pérsico en 1991. Y me imagino la sorpresa de Clinton cuando se enteró por televisión nacional que había un montón de congresistas que sospechaban de sus verdaderas intenciones al ordenar esos bombardeos.

En el fondo, esos congresistas representaban un creciente número de estadounidenses que percibían algo extraño en la decisión de atacar Irak; uno de cada tres estadounidense —de acuerdo con la última encuesta de CNN/USA *Today*— creía que el presidente ordenó los ataques para desviar la atención del país y del mundo del escándalo sexual con Monica Lewinsky.

De pronto, la película *Wag the Dog* —traducida al español como *Escándalo en la Casa Blanca*— recobró una relevancia inusitada. (Por si no la ha visto, la película trata sobre un presidente estadounidense que se inventa una guerra para distraer al país del escándalo en que está involucrado con una muchachita Girl Scout.)

La analogía resultó demasiado atractiva para muchos congresistas republicanos que criticaron a Clinton, antes y después del ataque a Irak. Basta un ejemplo. El congresista de Nueva York, Gerald Solomon, dijo que "nunca hay que subestimar a un presidente desesperado". Es la primera vez que un ataque contra el régimen de Saddam Hussein no recibe un total apoyo bipartidista en Estados Unidos. Rusia y China tampoco apoyaron los bombardeos.

No quiero hacerla de neurocirujano para tratar de entender qué motivó la decisión presidencial de atacar. Eso sólo Clinton lo sabe. Pero lo que sí sé es que la guerra no fue ningún impedimento para organizar una sesión extraordinaria del Congreso en busca de su destitución.

Aun bajo el riesgo de parecer poco patriotas —por acusar a un presidente en medio de un conflicto militar—, la Cámara de Representantes aprobó la realización de un juicio político contra Clinton.

El problema de fondo para Clinton es que ha perdido su credibilidad. Y con cada declaración que hace sobre el escándalo sexual con Monica Lewinsky parece enlodarse aún más. En su última disculpa pública —y ha hecho tantas que ya hasta perdí la cuenta— Clinton no quiso reconocer que mintió bajo juramento en dos ocasiones; una en enero y otra en agosto. En ambas ocasiones negó haber tenido una relación sexual con Monica Lewinsky. Pero dicha relación quedó sellada con semen presidencial en un vestido azul de la tienda GAP.

Es más, Clinton parece seguir evadiendo el tema con juegos de palabras. Frente a las presiones de sus adversarios para que reconozca públicamente que mintió, Clinton contestó recientemente esto: "No puedo admitir que hice algo (con Monica Lewinsky)". Esa evasiva declaración fue, tal vez, la piedrita que provocó la reciente avalancha de votos en contra de Clinton en la Cámara de Representantes.

Clinton ha perdido su toque mágico. Ha desaparecido esé carismático líder que sabía decir la palabra correcta en el momento preciso. Este político a quien muchos llamaban el "sobreviviente" —por haber salido airoso de los escándalos con Gennifer Flowers, Paula Jones y Kathleen Willey— está viviendo el momento más difícil de toda su carrera política. El prestigio clintonita cuelga de un roído hilito; el peso de Monica fue mucho mayor que el de las mujeres anteriores.

Aún cuando Clinton sobreviva un juicio de destitución en el Senado norteamericano, ya embarró su lugar en la historia; el presidente no se puede quitar de encima a Monica Lewinsky.

Si fuera caricaturista dibujaría a Clinton unido permanentemente a una rolliza Monica Lewinsky; quizá los pintaría como a esos niños siameses ligados trágicamente con alguna parte del cuerpo o si no con grilletes conectando sus tobillos.

Dentro de unos años, cuando revisemos en la Internet la crónica del fin de este siglo, los encontraremos siempre juntos pegaditos —bill&monica@historia.com— como en sus momentos más cachondos.

POLÍTICOS DESECHABLES (ENERO 18, 1999)

Miami. ¿A quién diablos le interesa el juicio de destitución contra el presidente de Estados Unidos, Bill Clinton? Bueno, la verdad es que a muy pocos.

De acuerdo con la última encuesta que leí (de la empresa Gallup) sólo 16 de cada 100 estadounidenses consideran que el juicio a Clinton debe ser una prioridad para Estados Unidos. Para el resto del país, el juicio en el Senado es una especie de ajuste de cuentas entre políticos o, en el mejor de los casos, un espectáculo circense donde se lanzan llamas por la boca.

De hecho, el juicio contra Clinton ocupa el número diez en la lista de prioridades de los estadounidenses; educación y acceso a atención médica son las dos principales preocupaciones.

Además, el juicio no ha paralizado al país ni generado un caos económico. Está claro, pues, que se puede vivir aquí con cierta tranquilidad sin preocuparse por los rollos políticos washingtonianos. Así de simple. Pocos están pegados a la pantalla del televisor o engrapados de una oreja al radio porque el resultado del juicio no les quita el sueño ni afecta grandemente sus vidas. Y esto sólo tiende a reforzar la idea de muchos estadounidenses de que menos gobierno es mejor.

Aquí en Estados Unidos los políticos —junto con periodistas y abogados— parecen formar parte de una clase cada vez más desprestigiada. Y hay momentos en la vida de este país en que los políticos sobran.

Ésta es la era de los políticos desechables: úsese y tírese. Y para demostrarlo sólo basta hacer click, en el aparato de control remoto del televisor, para que el Senado completo de Estados Unidos desaparezca, junto con Monica, Bill, Kenneth y demás secuaces.

CLINTON, CHÁVEZ Y SUS GEMELOS (ENERO 25, 1999)

A simple vista parecería que Bill Clinton y Hugo Chávez tienen hermanos gemelos. Y si no los tienen, entonces todos nosotros seguramente sufrimos un problema de la visión que nos hace ver doble.

Lo que pasa es que tanto Clinton como Chávez están trabajando, y muy fuerte, por cambiar las enraizadas y negativas percepciones que mucha gente tiene de ellos. Pero al tratar de fabricarse una nueva imagen, nos confunden; quieren hacernos creer que ahora son otra persona. Es como si se desdoblaran.

Cuando los vemos y escuchamos es difícil saber si se trata de dos líderes honestos tratando de dejar atrás su penoso pasado o de políticos falsos y manipuladores dedicados a tirar rollos imaginarios. Frente a ellos siempre nos queda la duda de si nos están diciendo la verdad o si están actuando. Tienen la capacidad de reinventarse día a día borrando lo molesto e incómodo. Al verlos, inevitablemente, uno se pregunta si se trata de Clinton y Chávez o de sus fachadas. Vamos de norte a sur y de Bill a Hugo.

A veces, como en un juego de espejos, no sabemos cuál es el verdadero Bill Clinton: ¿El que fue acusado de mentir, de obstruir la justicia y de echarse una decena de revolcaditas con Monica Lewinsky, o el que creó dieciocho millones de trabajos, redujo la criminalidad y estuvo al frente de la mayor expansión económica en la historia de Estados Unidos? ¿Cuál de los dos es el verdadero Clinton?

Para tratar de entender la conducta de Clinton, aquí en Estados Unidos tomó mucha fuerza una explicación de psicología barata. Le llamaban *compartmentalization* o teoría de los compartimentos. En pocas palabras, la teoría sugería que Clinton era un ser humano dividido, con unas partes de su vida totalmente independientes del resto. Así, podía mentir y manipular en ciertos aspectos de su vida, sin que eso —supuestamente— afectara su tarea como presidente y líder de la única superpotencia mundial. Es decir, bloqueaba lo que le molesta, lo metía en una cajita mental y seguía adelante.

No estoy seguro de que uno pueda cuadricularse y dividirse a voluntad. Pero algo debía hacer Clinton para aparecer en público, sin inmutarse, en absoluto control y pronunciar ideas coherentes y hasta visionarias, mientras una buena parte del país estaba concentrado en su parte débil: sus errores y las enormes contradicciones de su vida personal.

Siguiendo con esta línea, Clinton actuaba como si el juicio de destitución en su contra no le importara. Él decía que prefería involucrarse a fondo en sus tareas presidenciales a preocuparse por sus problemas legales. Su argumento era claro: los estadounidenses no lo habían elegido por sus canitas, ojos claros y linda personalidad, sino por sus habilidades como líder y político. Punto.

Y el truquito le funcionó. Llámele compartimentación, manipulación o suerte de güero, pero una encuesta que leí en ese momento situaba a Clinton entre los presidentes más populares de todos los tiempos, con un 66 por ciento de aprobación a su trabajo (CNN/*Time*).

Lo mismo me ocurría con el presidente de Venezuela. No sabía cuál era cuál. ¿Cuál era el Chávez verdadero? ¿El populista responsable de decenas y quizá cientos de muertes por el intento de golpe de Estado en febrero de 1992, el que quería reelegirse —incluso antes de asumir la presidencia— y el demagogo que iba a freír en aceite a sus enemigos, o el que decía llamarse "demócrata", el que aseguraba que no iba a suspender el pago de la deuda externa y el que no iba a privatizar "absolutamente nada"?

Las contradicciones de Chávez eran muchas. Sus declaraciones tendían a contradecir o desmentir las anteriores. Y esto ha creado todo un ejército de intelectuales y analistas, dentro y fuera de Venezuela, dedicado a interpretar a Chávez y a tratar de dilucidar qué es lo que verdaderamente pensaba el presidente.

Por ejemplo, yo no sabía si el verdadero Chávez era el que dijo en

La Habana, en diciembre de 1994, que "nos honra como soldados rebeldes que no nos dejen entrar a territorio estadounidense" o el que maniobró y coqueteó con astucia para conseguir una visa de entrada a Estados Unidos.

No sabía si el verdadero Chávez era el militar que se levantó contra un presidente elegido democráticamente, en febrero de 1992, o el que se molestaba cuando lo llamaban "golpista". No sabía si el verdadero Chávez era el que decía que "sería incapaz de matar a alguien" o el que lideró un levantamiento militar en el que murieron cerca de 240 personas. No sabía si el verdadero Chávez era el que decía que sí le gustaría reelegirse o el que me dijo en una entrevista, en diciembre de 1998, que después de cinco años entregaría el poder.

Y no sé todavía.

La verdad es que tanto Chávez como Clinton nos confunden. Sus imágenes son duales, conflictivas. Sus discursos chocan como auto en contravía. A veces son carismáticos y encantadores. Otras parecen calculadores y oscuros. Pero en el último análisis, los dos se nos presentan como seres rotos, malabareando ficción y realidad, y con el único propósito de mantenerse a flote en el universo de la política y el poder.

CLINTON (EL INOCENTE) EN YUCATÁN
(FEBRERO 16, 1999)

Mérida. "Todo el circo está listo", comentó un yucateco cuando vio los preparativos para la recepción del presidente de Estados Unidos, Bill Clinton. Y otro más se acercó para decirme: "Ojalá Clinton viniera más seguido; hasta nos pintaron el aeropuerto".

En realidad no sé si la visita de Clinton fue buena para Mérida. Están, desde luego, las imágenes que valen oro (turístico) de Clinton caminando por una ex hacienda henequenera. Pero el tradicional carnaval de febrero tuvo que ser suspendido una noche para que la música y el baile no le quitaran el sueño —y llenaran de tentaciones— al recién exonerado presidente. No conozco de ninguna otra persona que haya podido parar en seco el carnaval de Mérida.

Sin embargo, lo que sí es seguro es que el viaje a Yucatán fue bueno para Clinton. Pudo respirar otros aires muy distintos a las enrarecidas y frías corrientes puritanas de los republicanos en Washington.

Clinton vino a Mérida con ganas de portarse bien, tanto con su esposa Hillary como con sus anfitriones mexicanos. Y llegó, además, con algunas sorpresitas.

Al bajarse del avión le tomó la mano a Hillary en un gesto que ella no le permitía en público desde hace varios meses. Y esa misma noche, 14 de febrero (día del... bueno, ya saben), le tocó el saxofón en una cena privadísima con el presidente de México y su esposa. Vi una foto del encuentro, seguramente después que saborearon una rica sopa de lima y unos taquitos de cochinita pibil. Estaban Ernesto, Nilda y Hillary recargados sobre un piano negro, mientras Bill le soplaba el tema "My Funny Valentine" al sonoro instrumento. Así, bien romántico.

Al día siguiente, y para que no quedara duda de sus verdaderas intenciones cuando deje la Casa Blanca, Clinton apoyó la posible candidatura de Hillary para el Senado estadounidense. Bueno, el espaldarazo al futuro político de Hillary fue tan fuerte que opacó en todos los noticieros en inglés de Estados Unidos el propósito de la visita de Clinton a México.

Aquí, en cambio, lo de Hillary pasó casi desapercibido y el énfasis se centró en la bronca anual por la certificación de Estados Unidos en la lucha contra las drogas. Los mexicanos recibieron inesperadamente y con alivio la declaración clintonia de que México no debía ser penalizado en su esfuerzo contra el narcotráfico. Esfuerzo, sin embargo, que no significaba buenos resultados.

Lo que pasa es que los funcionarios del gobierno de México estaban muy nerviosos esos días con el fantasma de la descertificación. Ellos sabían que en 1998 habían confiscado menos cocaína, heroína y mariguana que el año anterior. Y eso se veía muy mal en Washington. Pero a pesar de las fuertes críticas congresionales a los hoyos negros de México en la batalla contra los narcos, ellos —los mexicanos del gobierno— tenían ahora al *big guy* de su lado.

Zedillo y sus cuates decían que no les importaba, que el proceso de certificación era injusto y unilateral. Sobre todo viniendo de un país, como Estados Unidos, donde una de cada tres personas ha usado drogas al menos una vez en su vida. Pero las palabras de Clinton cayeron como té caliente en un estomago revuelto.

Repito, Clinton traía ganas de portarse bien en Mérida con Hillary y sus anfitriones. Y así fue.

En este su primer viaje al extranjero después que el Senado lo absolviera (el 12 de febrero) de dos acusaciones vinculadas al caso de

Monica Lewinsky, Clinton no pudo haber escogido una ciudad más propicia para la paz interior. Puede ser, sí, un lugar de voces bajas, de rumores. Pero los habitantes de Mérida aún no disfrutan la grosera práctica de habla de sexo en público y a gritos, tan de moda en ese entonces en Washington.

Por eso no me extrañó que aquí nadie presionara —¡ni siquiera los medios de comunicación!— por una conferencia de prensa de *mister* Clinton. Muchas preguntas de la prensa extranjera, inevitablemente, hubieran sido sobre esa "otra mujer" y los yucatecos no querían que Bill y Hillary pasaran una vergüenza en su tierra. En cambio escuchamos dos discursos muy bonitos.

Zedillo, muy en su papel, también se quedó calladito y no dio conferencia de prensa. Además, ni le gustan. Que se aguanten los periodistas y se vaya al demonio la libertad de prensa. Total, para ellos, los que calientan la silla del poder, las preguntas de los reporteros sólo causan problemas.

Mas allá de la línea oficial, el silencio predominó en Mérida.

Pero, a decir verdad, muchas de las personas con quienes platiqué, mas que escandalizarse con las habilidades de Monica, estaban sorprendidas de que Clinton hubiera sido enjuiciado por violar las leyes en un lío de faldas. Aquí, durante siete décadas, presidentes y gobernadores y sus canchanchanes se han acostumbrado a un trato privilegiado muy al margen de la ley. Y eso de acusar a un presidente por mentir y obstruir la justicia aún parece un imposible en México.

Pero, bueno, vamos ya a darle matarili a la visita yucateca y a la telenovela de Bill y Monica.

Conclusiones; que Clinton (el inocente) se la pasó muy bien en Mérida en su primer viaje después de la pesadilla moniquil, que las autoridades mexicanas quedaron supercontentas porque no las castigaron ni les dieron sus nalgadas por haberles hecho la vida más fácil a los narcos el año anterior y que a Hillary hasta serenata le tocó.

¿Qué más se puede pedir de una visita de veintitrés horas?

CLINTON: A LA DEFENSA DE KOSOVO Y DE SU IMAGEN (MARZO 24, 1999)

El presidente Clinton estaba acorralado. Después de haber amenazado tres veces con atacar a los serbios ya no se podía echar p'atrás. Me lo imagino como en esas caricaturas en que el coyote, enemigo eterno del correcaminos, se queda atrapado en una esquina tras haber pintado todo el piso de un cuarto.

Bueno, Clinton había pintado a toda la opinión pública mundial con sus advertencias a Slobodan Milosevic y cuando el presidente serbio rehusó retirar sus tropas de Kosovo, al madatario estadounidense no le quedó otra alternativa que atacar. A cualquier costo. No hacerlo hubiera sido otra patada a su ya dañada credibilidad. La decisión de bombardear a los serbios, sin embargo, no fue fácil. Clinton la estuvo arrastrando por semanas.

Cuando los serbios se negaron a firmar un acuerdo de paz en las reuniones realizadas cerca de París —a principios de marzo de 1999—, Clinton dijo que no permitiría más atrasos en las negociaciones. Pero las negociaciones fueron retrasadas por los serbios. Clinton tuvo que morderse el labio inferior como es su costumbre, y esperar.

Ése fue el primer golpe a su credibilidad.

El segundo golpe vino el viernes 19 de marzo cuando el presidente norteamericano realizó su primera conferencia de prensa en 11 meses y dijo que no estaba dispuesto a darle a los serbios "una licencia para matar". A las pocas horas de estas declaraciones, los serbios —en abierto desafío— atacaron y desalojaron a miles de familias de origen albano en Kosovo.

El tercer golpe contra la credibilidad clintonita se dio cuando, a pesar de sus advertencias de que los ataques contra los serbios serían inminentes, envió a su más experimentado negociador, Richard Holbooke, a Belgrado a conversar directamente con Milosevic.

Los serbios no le dieron ninguna salida honorable al líder estadounidense. Y Clinton, en pocas palabras, no podía dejar que Milosevic hiciera un papalote de sus tres amenazas.

Clinton atacó; se trató del ataque más grande en Europa desde la Segunda Guerra Mundial.

La decisión de lanzarse contra los serbios tuvo que ver tanto con la situación en Kosovo como con la debilitada imagen del presidente dentro de Estados Unidos. Si Clinton no hubiera enfrentado un juicio de destitución en el Senado por el escándalo con Monica, es probable que otro gallo cantaría.

Quizá Clinton le hubiera dado a la diplomacia otra oportunidad. Pero en esta crisis internacional —la primera desde su juicio— el presidente estadounidense no se sentía con mucha libertad para maniobrar. Quería recuperar, y rápido, su credibilidad.

La orden de atacar ocurrió en un momento en que los estadounidense estaban bien masajeados con el tema del holocausto. Tres películas nominadas para un Oscar y con mucho *éxito de taquilla* —*Saving Private Ryan, Thin Red Line* y *La Vida es Bella*— tocaban el tema de la Segunda Guerra Mundial.

Por lo tanto no fue difícil para Clinton y sus asesores argumentar que la situación en Kosovo era parecida a la que sufrieron los países controlados por los nazis en los años cuarenta. Las comparaciones entre nazis y serbios, por una parte, y judíos y kosovares, por la otra, inundaron los análisis en los medios de comunicación. La búsqueda de Hitler de una raza única equiparada con la política de "limpieza étnica" de Milosevic.

El caldo estaba listo.

A pesar de la resistencia inicial, los norteamericanos apoyaron el ataque; 46 por ciento a favor, según una encuesta de la empresa Gallup el día del primer bombardeo. (42 por ciento se opuso). El ideal estadounidense de hacer lo moralmente correcto (do the right thing) y evitar un nuevo genocidio en Europa fue la idea que Clinton le vendió al país… y que el país compró.

Clinton, así, mató dos pájaros de un tiro: detuvo la masacre de los serbios en contra de los independentistas kosovares y paró la erosión de su credibilidad, a nivel nacional y mundial que ya se encontraba en un hilito.

Es inevitable pensar en cómo hubiera acabado esta historia sin Monica.

30 ESCLAVA

Los Ángeles, California. Irma fue una esclava. O al menos eso es lo que cree su familia. Todavía hoy está sufriendo las consecuencias de haber sido esclavizada durante cuatro meses. Pero lo más increíble es que todo esto ocurrió en Estados Unidos, una nación cuya constitución se basa en los principios de libertad, igualdad y justicia.

Sí, aquí en Estados Unidos hay esclavos, muchos. Se calcula que cada año alrededor de veinte mil personas son esclavizadas en Estados Unidos, según organizaciones de derechos civiles. Se trata, sobre todo, de personas que son atraídas con falsas promesas y que terminan como prostitutas o en trabajos forzados. Pero no más de cincuenta casos anuales son perseguidos por la policía y llevados a juicio. El caso de Irma, por ejemplo, jamás ha sido investigado en este país.

Irma Muñoz Leyva tenía treinta y un años de edad cuando cayó en manos de un grupo de criminales que la prostituyeron y abusaron sexualmente de ella en la ciudad de Phoenix, Arizona. Pero la verdadera tragedia es que Irma padece un serio retraso mental y actúa como una niña de cinco o seis años de edad. No sabe leer, ni escribir, ni sumar y restar.

La discapacidad de Irma se remonta al castigo que le dio su padre, un violento alcohólico, hace veinticinco años en Guadalajara, México. Para reprenderla por haberle contestado mal a su madre, el papá de Irma le puso una soga al cuello, lanzó la cuerda por arriba de la rama de un árbol y la amenazó con ahorcarla. Después del brutal incidente, Irma quedó traumada y dejó de hablar por meses. Irma todavia arrastra las secuelas psicológicas de ese incomprensible y bárbaro castigo.

Tras la muerte de su padre —por un pleito— y de su madre —por una enfermedad— Irma y su hermana Alejandra decidieron irse de Guadalajara para vivir con sus tíos maternos en un suburbio hispano de la ciudad de Los Ángeles. Pero al cruzar ilegalmente la frontera por el desierto de Arizona, Irma fue detenida por agentes del nuevo servicio de inmigración la noche del lunes 24 de febrero de 2003. Su hermana Alejandra, en cambio, logró escaparse.

En una acción inexcusable, Irma fue deportada dos días después a la ciudad fronteriza de Nogales sin avisarle a las autoridades mexicanas. ¿Cómo es posible que los agentes migratorios no hayan detectado que Irma tenía graves deficiencias mentales y casi no podía comunicarse ni en inglés ni en español? Y a partir de ahí sus familiares en Estados Unidos le perdieron la pista a Irma.

Durante meses su familia la buscó en el norte de México, pensando que quizás pudiera haber regresado a su antigua casa de Guadalajara. Pero al no encontrarla, pidieron la ayuda de María Josefina Guerrero y Brenda Galvez del Centro de Apoyo contra la Violencia en Nogales, México. Tras una exhaustiva investigación, María Josefina y Brenda mandaron imprimir siete mil pósters con la cara de Irma y un teléfono dónde comunicarse en caso de que alguien la identificara. Recibieron muchas pistas falsas. Pero un estadounidense que viajaba a México vio la foto de Irma en una estación de autobuses y se comunicó con el Centro de Apoyo. Efectivamente, les dijo que había visto a Irma en unos apartamentos en Phoenix, muy cerca del lugar donde él vivía. ¿Sería cierto? ¿Cómo cruzó Irma a Estados Unidos? ¿Quién la ayudó? ¿Cómo estaba sobreviviendo? ¿Por qué no los llamó por teléfono si llevaba el número apuntado?

María Josefina y Brenda, siguiendo una corazonada, se montaron en su auto, cruzaron la frontera y se dirigieron a Phoenix armadas, exclusivamente, con una dirección. Era el sábado 21 de junio de 2003. Y ahí, como si fuera una aparición, vieron a Irma en un balcón. Pero Irma no estaba sola. Había dos mujeres —de nombre Yolanda y Verónica, madre e hija— que la vigilaban.

María Josefina y Brenda se hicieron pasar por familiares de Irma y les dijeron a las dos mujeres que querían llevarse a la muchacha por unos días a Los Ángeles porque su abuela había muerto, cosa que era cierta. Yolanda ni siquiera discutió y se escapó inmediatamente; la operación de trata de seres humanos había sido descubierta.

María Josefina y Brenda se comunicaron con los familiares de Irma en Los Ángeles y seis horas después sus tíos Jesús y Carmen Leyva la estaban recogiendo en Phoenix. "Te he estado buscando", le dijo Jesús al verla. "Estoy bien, Tío, estoy bien", fue la respuesta de Irma. Pero ¿qué había pasado realmente durante esos cuatro meses?

Poco a poco sus familiares se fueron enterando del verdadero cautiverio en que vivió Irma durante ese tiempo. Las dos mujeres formaban parte de un grupo —aparentemente liderado por un hombre no hispano cuyas iniciales eran AA— que utilizó a Irma como esclava doméstica y que la ofreció a por lo menos una persona para que tuviera relaciones sexuales con ella. Aún no está muy claro cómo y con quiénes cruzó la frontera. Pero sus familiares creen que Irma pudo haber sido capturada en México por una banda criminal antes de ser enviada a Estados Unidos.

"A Irma la vendieron, la tenían trabajando, la tenían secuestrada, limpiando casas, cuidando niños", me dijo su tía Carmen en mayo de 2004. Pero hubo más. "¿Usted cree que Irma era una esclava sexual?" le pregunté a Carmen. "Sí lo creo", me contestó. "Y cuando el doctor la revisó dijo que Irma fue abusada (sexualmente); lo comprobamos".

Protegida en la casa de sus tíos y con su permiso, conversé brevemente con Irma. Era, en efecto, como hablar con una menor de edad. Casi no establecía contacto visual y había palabras que no entendía. Una de ellas era "esclava". Sin embargo, sí me dijo que cuando estuvo en Phoenix tuvo a un "novio" que se llamaba José Luis y a quien le gustaba mucho tomar alcohol. Los abusos, sin embargo, no se limitaron al aspecto sexual. Irma no podía salir sola del apartamento, había días en que no comía y le tenían prohibido acercarse al teléfono. Vivía permanentemente asustada y amenazada.

Pero dentro de su confusión, Irma nunca perdió la esperanza de ser rescatada. Tenía escondido debajo del sofá de la sala un recorte de periódico en el que se informaba que ella estaba perdida. Nunca, sin embargo, se atrevió a llamar a la policía. Si lo hacía, le aseguraban sus captores, la deportarían de nuevo a México.

Fue un golpe de suerte, la búsqueda incansable de su familia y el valiente trabajo de María Josefina y Brenda lo que ayudó a la liberación de Irma. Pero aún quedan muchos asuntos pendientes. No hay una investigación sobre este caso, ni en México, Arizona o California. Los captores de Irma, y quienes abusaron sexualmente de ella, siguen libres. Y ella, Irma, vive escondida en una casa de Los Ángeles porque sus familiares temen que las autoridades migratorias la regresen a México, sola, por ser una indocumentada.

Ellos desearían para ella una visa humanitaria que, hasta el momento, nadie ha ofrecido. Irma vive atemorizada y todavía no sabe lo que es la verdadera libertad.

31 OKLAHOMA: EL ENEMIGO ESTÁ ADENTRO

Oklahoma City. Recuerdo claramente cómo sonaban mis pasos sobre los vidrios rotos. Las calles eran como una alfombra reficiente y punzante. Ninguna ventana a dos cuadras a la redondanabía resistido la explosión del 19 de abril de 1995. El teniente Terry Medina, de la Fuerza Aérea estadounidense, me había puesto un casco amarillo y estábamos entrando a la zona que todeaba el edificio Albert P. Murray, en el centro de Oklahoma City. Era un área restringida a la prensa y protegida por los militares. Todavía no sé cómo me dejaron pasar.

Caminábamos con cuidado para no tocar los cientos de círculos rosas marcados en las calles y aceras. Dentro de cada círculo había un pedazo de evidencia que más tarde recogería el FBI: metales retorcidos que alguna vez fueron parte de un automóvil o del marco de una ventana, plásticos quemados, la pata de un escritorio...

Pasamos junto a una iglesia que rápidamente había sido convertida en morgue. Frente a ella había dos tráilers refrigerados. Ahí iban colocando los cadáveres que salían de los nueve pisos del edificio federal. Ese lugar había sido, veinticuatro horas antes, el escenario del peor ataque terrorista en la historia de Estados Unidos.

"La fuerza de la explosión hizo que manos y piernas, desprendidas de los cuerpos, se amontonaran en las esquinas decada piso; nunca se podrá identificar a todos los muertos", me dijo el teniente Medina. "Hay pedazos de piel pegados a la pared".

El sol quemaba. Dimos vuelta a la derecha, y ahí, frente a nosotros, me topé con la construcción que había visto miles de veces, el día anterior, por televisión. Era como uno de esos molinos de viento que Don Quijote confundía con monstruos. Un viento suave movía miles de brazos de hierro que salían decada piso, como alfileres gigantes. Pequeñas estructuras de cemento rodaban sin prisa sobre una mole de escombros. Y hasta abajo, en esa mezcla imponente de piedras, piel y metal, los bomberos y voluntarios escarbaban con la esperanza de encontrarse un chorrito de vida.

No pude evitar que brotaran de mi mente las imágenes del terremoto que azotó a la ciudad de México hace casi diez años Qué curioso. También fue un día 19. Me acordé de los recién nacidos que rescataron de un hospital destruido varios días después del sismo. Pero aquí en Oklahoma, hacía horas que no encontraban ningún sobreviviente. Me quedé paralizado frente al *sandwich* de roca que unía al noveno con el primer piso. No van a encontrar a nadie ahí con vida, pensé para mis adentros.

Regresamos en silencio. Cruzamos el perímetro de seguridad, donde una fila interminable de cámaras de televisión trataba de filmar lo que yo había olido hace unos momentos. Le devolví su casco a Medina y traté de pronunciar un *thank you* que casi no se oyó.

A la mañana siguiente fui a la escuela primaria Lee, para ver cómo el bombazo había afectado psicológica y emocionalmente a los niños. La escuela está a dos millas y media del centro de la ciudad y todos los alumnos habían sentido la explosión.

Omar, de nueve años de edad, tenía miedo que otra bomba hiciera que el techo y las ventanas del colegio le cayeran encima. María, de diez, me preguntó por qué habían asesinado a gente que no tenía la culpa de nada. Y Laura, también de diez años, me dijo que estaba muy triste y que ojalá los niños que murieron ya "estuvieran en paz". Apenas rocé su hombro con mi mano, Laura se puso a llorar.

Las reacciones de Omar, María y Laura se parecen mucho a las de los niños de la guerra que conocí en Kuwait y El Salvador. Su sentimiento de seguridad se esfumó. Las imágenes que luego vieron por el televisor sólo agudizaron su recién adquirida percepción de que la certidumbre no existe y que la violencia es reina.

Entre los adultos, la reacción ha sido similar. Después de algo así, nadie se siente seguro. Los estadounidenses, que tan triunfantes se creyeron tras la desaparición de la Unión Soviética, quedaron desconcertados cuando se enteraron, setenta y dos horas después de la explosión, que su peor enemigo había crecido entre ellos. No. No es extranjero. Surgió del *heartland* estadounidense. (La comunidad musulmana se merece una disculpa.)

Cuando ocurren cosas como la explosión de Oklahoma City, o el atentado en Madrid contra José María Aznar, o los ataques con gas en Tokio y Yokohama, nos damos cuenta que los verdaderos retos de las naciones no vienen de fuera. El enemigo está adentro. La principal amenaza no son las bombas nucleares. Los nacionalismos son más peligrosos. El racismo es más peligroso. La intransigencia y la intolerancia son letales.

El sonido de los vidrios machacados contra la calle me sigue persiguiendo. Se repite, fuera de mi control, una y otra vez en mi mente. La imagen del edificio que fue víctima de un mordisco gigantesco, se me aparece cada vez que doy la vuelta. Me siento igual que todos; impotente, molesto, frustrado, con coraje. Estos tres días de abril me agotaron. Sólo tengo ganas de regresar a casa y abrazar a mi hija.

32 NIÑOS GORDOS SOBRE EL MAR

—¿Por qué quieres vivir en Estados Unidos?
—Porque quiero vivir en un país donde la gente pobre
es gorda.

Citado por Dinesh D'Souza

En un crucero, cerca de las Bahamas. Hay dos maneras de ver cuando uno viaja en un buque crucero: una, hacia afuera, al horizonte, disfrutando el sol, la luna, las estrellas y la brisa gentil sobre tu cara; la otra es hacia adentro, observando a otros compañeros de viaje y tomando nota de sus facciones, cuerpos y conductas. Bueno, en mi último viaje en el verano de 2005 vi hacia dentro y lo que encontré fueron gordos, muchos. Y lo más grave de todo es que montones de ellos eran niños.

Siempre me había resistido a subirme a un crucero. La idea de estar encerrado durante tres o cuatro días, sin posibilidad de escapar en altamar en caso de engentarme o de un profundo aburrimiento, me causaba mareos. Pero con la excusa de tomar unas vacaciones distintas con mis hijos, me lancé a la aventura marinera. Y lo que vi me aterró.

No me aburrí pero sí me engenté; es imposible no sentirse así cuando se comparte todo, día y noche, con otros tres mil pasajeros. Sin embargo, lo que más me impresionó fue la enorme cantidad de niños con sobrepeso.

La zona de las albercas era un terrible tributo a la comida chatarra, a los excesos en la alimentación y a la falta de ejercicio. Vi a niños de ocho, nueve, diez años cuyos estómagos se desbordaban groseramente de sus coloridos trajes de baño azul turquesa y rosa mexicano chillante. Vi cachetes rojos y redondos, del tamaño de pelotas de béisbol, en adolescentes que se tomaban un litro de refresco —*gulp, gulp, gulp*— como si fuera agua. Y vi a un niño que no pasaría de los seis años de edad cuya piel parecía reventarse por el sol y la gordura, y cuyas piernas de tronco estaban tan llenas de grasa que tenía que balancearse de un lado a otro para caminar o, más bien, para arrastrar los pies.

Cada vez que uno de estos niños o niñas se tiraba por la resbaladilla gigante para caer en la piscina desplazaba agua y espuma como en un pequeño maremoto. Y al tirarse "bombitas" para mojar a quienes estaban a su alrededor, lograban empapar hasta al más inocente turista a varios metros de distancia.

Los niños que vi en el crucero, desde luego, no venían solos. Hay, creo, una relación directa entre padres obesos e hijos obesos. Y mi teoría no fallaba: los padres que colmaban sus platos con un bistec de carne, dos patas de pollo, tres órdenes de pasta, cuatro cucharadotas de arroz, cinco camarones gigantes, seis pedazos de postre y una pizca simbólica de ensalada eran los mismos que tenían hijos gordos. La obesidad, sí, es una enfermedad. Pero también es algo que se aprende en casa.

La idea del *all you can eat* buffet generaba tal entusiasmo entre los pasajeros que lo normal era ver a la gente servirse tres y cuatro veces. Hay gente que come como si el mundo se fuera a acabar mañana mismo y su límite parecía ser el final de la garganta. Y por cada adulto que caminaba olímpicamente con dos platos rebosantes en las manos era frecuente ver a uno o dos niños siguiéndolo con las manos chorreando de helado o miel de *pancakes*.

Uno de cada tres niños o adolescentes en Estados Unidos sufre de gordura. Y lo peor es que el asunto está cobrando proporciones epidémicas. Un ejemplo: el número de menores de edad con sobrepeso en las escuelas de California, según el California Center for Public Health Advocacy, aumentó del 26 por ciento en 2001 al 28 por ciento en 2004.

¿Por qué? La página de Internet de la polémica película *Supersize Me* nos da una clara idea: el vegetal que más se come en Estados Unidos son las papas fritas (*French fries*), los estadounidenses se *jaman* un millón de animales por hora y se gastan 110 mil millones de dólares[1] al año en comidas rápidas. Ante este panorama, no sorprende que el ex Asesor Nacional de Salud, David Satcher, haya dicho que "la comida rápida es una de las principales razones de la epidemia de obesidad"[2] en Estados Unidos.

Estados Unidos es el país de los excesos en lo que a comida se refiere. Nunca he visto en ninguna parte del mundo porciones de alimentos más grandes ni comensales que coman tanto en tan sólo unos minutos que en los restaurantes norteamericanos.

¿En verdad hay tanta gente gorda o es sólo mi imaginación? Desafortunadamente, es cierto. Estados Unidos produce un 50 por ciento más de alimentos de los que necesitan sus casi 300 millones de habitantes. Y en promedio, cada estadounidense consume alrededor de 1,500 libras (unos 675 kilos) de comida cada año. Esas son más de cuatro libras diarias de alimento por persona. En casi ningún otro país se come tanto. Resultado: la mayoría de los estadounidenses son obesos o tienen sobrepeso.

Los estadounidenses cada vez comen más. Hace cuarenta años sólo el 44 por ciento de la población estaba pasada de peso; hoy es el 61 por ciento. Es cierto, en algunos casos se trata de enfermedades del metabolismo o psicológicas. Pero el principal problema es que en este país se come de más.

Cuando estuve hace poco en Afganistán no vi ni un solo gordo. Y

---

[1] 110 billion dollars
[2] Surgeon General David Satcher: "Fast food is a major contributor to the obesity epidemic."

vi muy pocos en Cuba. O sea, en las naciones donde faltan alimentos la gente no engorda. Obvio; países flacos.

En cambio, en Estados Unidos hay muchísima comida. Son famosas las ofertas para comer todo lo que uno pueda —*all you can eat*— por un precio fijo y los restaurantes populares compiten entre sí para ver cual prepara las porciones más grandes. Los restaurantes de comida rápida —para que no se nos atragante la hamburguesa, la pizza, el *hot dog*, los *pancakes* o el *pie* de queso— nos dan galones de soda por una módica suma; hay vasos para refresco tan descomunalmente altos y anchos que sería fácil meter ahí tres o cuatro pelotas de tenis rellenas de azúcar.

Esta es una cultura en la que, a la hora de comer, le gusta lo grande. Basta con subirse a un crucero para comprobarlo.

La mayoría de los pasajeros de este crucero venía de Estados Unidos y sus estómagos corroboraban las estadísticas de la Asociación Americana de la Obesidad[3]: 127 millones de estadounidenses mayores de veinte años de edad son obesos o están pasados de peso. Es decir, dos de cada tres norteamericanos (64 por ciento) tienen libras de más. Y eso se paga con vidas. Trescientos mil estadounidenses mueren cada año por enfermedades vinculadas a su obesidad: diabetes, hipertensión, cánceres, derrames cerebrales o ataques del corazón. Y lo peor es que sus hijos están siguiendo el mismo camino.

Nunca he visto a tantos niños gordos sobre el mar como en este barco. Y muchos de los que estaban flacos, o en su peso, terminarán como sus compañeros de crucero. Podemos culpar a sus padres, o al exceso de comida en Estados Unidos, o a la falta de educación pública sobre lo que es una alimentación saludable, o al Internet y a la falta de ejercicio, o a los restaurantes de hamburguesas y a los buffets donde se come hasta reventar los intestinos. Todo, tal vez, contribuye a esta epidemia.

Lástima que me haya dado cuenta de esto cuando estaba en vacaciones. Razón de más para no subirme por un buen rato a otra de estas ballenas.

[3] American Obesity Association.

33 EL SUPERBOWL Y LA VERDADERA CARA DE ESTADOS UNIDOS

Miami. Después de dieciseis años en este país, creía que lo conocía más o menos bien. Pero sin haber ido a un juego de futbol americano ésa era sólo una falsa ilusión. Pues bueno, mi primer partido como espectador resultó ser el Superbowl XXXIII y así se me abrieron los ojos a cosas que ahora resultan obvias.

El futbol americano es un juego brutal. Desde luego, ha sido descrito mil veces como un moderno "circo romano". Otros, menos elegantemente, dicen que se trata tan sólo de un boliche de carne con una pelotita medio rara y ovalada. Pero a mí me gusta más la descripción del escritor colombiano Óscar Domínguez quien lo llamó el "Vietnam" de los deportes. Y si el futbol americano es "Vietnam", entonces el Superbowl es la batalla final.

Para mí, tengo que reconocerlo, lo más interesante del Superbowl ocurrió fuera del campo de juego, en los intermedios, antes y después del partido. El *show* comenzó con Kiss, esa otrora famosa banda de rock de unos alucinados viejitos —hace mucho se chuparon con drogas y alcohol su juventud— que culmina sus presentaciones desbaratando una guitarra en pleno escenario.

Pero, de hecho, el momento más emocionante fue cuando la actriz Cher cantó el himno nacional estadounidense a ritmo de blues (o algo parecido) y luego, coincidiendo con su nota más alta y el grito de los setenta y cuatro mil aficionados ahí reunidos, pasaron cuatro aviones de la Fuerza Aérea estadounidense, rasando el estadio Pro Player. La combinación Cher/himno/gritos/aviones les puso a tantos la carne de gallina, que no faltaron las patrióticas lagrimitas cuando los jets de combate desaparecían en un horizonte de luna llena.

Lo que pasa es que el espectáculo del futbol americano reúne varias de las características esenciales de Estados Unidos. Está, desde luego, la percepción de sentirse los mejores del mundo (en el deporte, en la democracia, en la tecnología...), más el espíritu nacionalista y combativo —guerrerista, dirían algunos—, la organización cuidada hasta la obsesión, enmarcada en un negocio redondo y salpicada de consumismo.

Hay que decirlo así: el Superbowl, antes que nada, es un negocio. Todo está a la venta, desde los jugadores en la cancha hasta las Coca-Colas y las Pepsis en las tribunas. Los boletos más baratos —si tenías la suerte o los contactos para conseguirlos— costaban 325 dólares, que es casi el doble del ingreso mensual de una familia centroamericana. (Qué diferencia tan grande vivir en el norte y no en el centro de América.) Y los *tickets* más caros obtenidos en la reventa superaban, fácil, los dos mil dólares.

Será que después del trauma de haber pagado tanto dinero para ver a veintidos tipos romperse la madre es que muchos deciden emborracharse antes del juego. Las fiestas en el estacionamiento del estadio son toda una tradición. Así que cuando llegué, faltando sólo unos minutos antes del *kick off,* me encontré a muchos fans que ya habían perdido hasta el primer nombre. Para tratar de evitar que el Superbowl se convirtiera en una bacanal de alcohol y vomitera, los organizadores pusieron una regla: no se podía comprar más de dos cervezas por persona. Pero eso no evitó que muchos volvieran a hacer la filita tras ingerir su primer dúo de chelas. Mil barriles de cerveza se compraron para el juego. *Just in case.* Y para acompañar el trago, una tonelada de cacahuates.

El Supertazón se convirtió, también, en el altar de la comida chatarra o *junk food*. Religiosamente, sin cuestionar su valor nutritivo, se consumieron cinco mil libras de *hot dogs*, suficientes refrescos para llenar varias albercas de burbujitas sabor *lemon/lime*, cajas y cajas de nachos —que es la versión agringolada de tortillas fritas con queso derretido— y tres mil arepas venezolanas, entre un montón de otras ricas porquerías. (Y luego se quejan que más de la mitad de los estadounidenses son gordos.)

El taco, siento decirlo, brilló por su ausencia.

El *show* de medio tiempo, como obligan los nuevos cánones del buen comportamiento público, fue "políticamente correcto". Un afroamericano —Stevie Wonder— y una hispana —Gloria Estefan— metieron ritmo y color sobre un impresionante escenario que se montó en sólo cuatro minutos y veintiocho segundos. Lo conté.

De verdad, como reportó el periódico local *The Miami Herald,* el Superbowl es para los adultos lo que Disneylandia es para los niños. En un extrañísimo reflejo que aún no logro comprender, a los estadounidenses les encanta gritar y decir ¡ahhhhhhhhhh! después que ven estallar en el cielo unos fuegos artificiales. Y como estas lucecitas aparecían durante todas las canciones y bailes, y después de todos los *touchdowns,* a veces me daba la impresión de estar atrapado en una gigantesca boca que sólo decía ¡ahhhhhhhhhhhhhhhhhhhhhhhhhhhhhhhhhhhhhhhhhhhhhhhhhhh!

El Superbowl, sin duda, permite que muchos adultos —particularmente hombres— regresen a su niñez durante unas horas… empezando por la vestimenta. El uniforme de moda era una *T-shirt* sobre unos *shorts* y zapatos tenis. Parece que Armani y Hermenegildo Zegna no entienden de futbol americano. Pero ese regreso a la infancia se complementaba con caras pintadas, según los colores del equipo favorito, hurras y gritos hasta descogotarse, y todo tipo de sombreros, de preferencia con forma de caballo o halcón. (Perdonen, hasta ahora no les había dicho que los equipos que jugaron el Superbowl y se desbarataron el esqueleto fueron los Broncos de Denver y los Halcones de Atlanta.)

A mí, por ejemplo, me tocó sentarme detrás de un hombre de unos sesenta años que no podía haber estado más contento con su sombrerito de luces rojas que prendían y apagaban intermitentemente a la altura de sus orejas. No sé, lo sentí feliz con una batería pegada al cerebro. Eran, sospecho, corrientazos de felicidad. Es más, no me lo puedo imaginar sin sombrero y lucecitas.

Quienes no tuvieron la suerte de romper su alcancía para pagar los boletos y pasar varias horas atorados en el tráfico para llegar al estadio, siempre tienen el consuelo de la televisión. El futbol americano es el único deporte que conozco que obliga a los jugadores a detenerse para que puedan transmitirse los anuncios comerciales por televisión. Así, se transmitieron cincuenta y ocho anuncios a un promedio de 1,600,000 (un millón seiscientos mil) dólares por treinta segundos.

Entre las treinta empresas que compraron los comerciales se destacó una que vende calzones y brasiers. Después de sacar por televisión unos modelitos casi en pelotas, promoviendo más carne que ropa, la compañía Victoria's Secret informó haber recibido un millón de visitantes en su dirección de la Internet. Supongo que sólo así vale la pena pagar 53,333 dólares por segundo en un anuncio por televisión.

En fin, regresando a lo del partido, la experiencia del Superbowl, más que gustarme, me entretuvo. Pero no me atrevería a compararla con una final del mundial de fútbol soccer y mucho menos con unas olimpiadas. El Superbowl, más que una experiencia deportiva, fue —para mí— una oportunidad de descubrir un poquito del alma estadounidense, en sus valles y montañas, y de creer, por un ratito, que la vida es un campo de fútbol con fuegos artificiales: ¡ahhhhhhhhhhhhhhhhhhhh!

(Perdón de nuevo: el partido lo ganaron los Broncos 34 a 16.)

34 DESAPARECE MI PLAYA

Key Biscayne, Florida. Durante la última década casi siempre he ido a la misma playa; queda en Key Biscayne, a un ladito del *downtown* de Miami. Antes de llegar hay que cruzar dos puentes. Y ya desde ahí sientes la distancia con el resto de la ciudad: la brisa que te despeina, la luz —fuerte, penetrante— el color café azuloso de un mar poco profundo, el sabor a sal en la piel. Lo mejor, sin embargo, es llegar a la playa y quitarse los zapatos para ir a tocar el agua. ¡*Ahh*, qué rico!

No soy un conocedor de los océanos, pero esta playa sí la conozco. Sé cuándo hay aguamala y cuándo las algas se amontonan en la orilla. Sé dónde se forman los bancos de arena y cuándo el mar está picado. Sé dónde se acumula la gente y dónde puedo leer y ver a mis hijos jugar sin molestar ni ser molestado. Sé cuándo hay que llevar una sombrilla y cuándo basta un par de lentes oscuros. Y también sé que "mi" playa —es sólo una forma de decirlo— está desapareciendo.

No hay que ser ningún científico para darse cuenta que la playa a la que voy en Key Biscayne se está erosionando y es cada vez más pequeña. Antes podía correr hasta caer aplastado en el mar. Ahora sólo doy unos pasitos para mojarme. Calculo que la playa ha perdido, por lo menos, un metro (uno poco más de tres pies) por año. Es tan sólo la mitad de lo que era cuando fui por primera vez. Y si la erosión sigue al mismo ritmo, muy pronto no habrá más playa; sólo encontraré un pedazo de mar tras un muro de cemento.

En un momento dado llegué a pensar que se trataba de una temporada de marea inusualmente alta. Pero el mar nunca regresó de donde vino; se quedó atrincherado en tierra virgen. Luego hubo una o dos tormentas que se robaron toneladas de arena y le quitó la suavidad de colchoncito a la playa. Y, finalmente, la poca arena que quedó se ha ido humedeciendo; cerca de la orilla no hay toalla que aguante.

Lo triste es que lo mismo que está ocurriendo en muchas playas de la Florida se repite en todo el mundo. La tierra se está calentando, los polos se derriten, el mar —ante las altas temperaturas— se expande, las playas se pierden y poblaciones enteras en el orbe corren el peligro de quedar bajo el agua. Esa es la realidad. ¿La causa? Los contaminantes que echamos al aire.

En los últimos 100 años la temperatura promedio de la tierra aumentó un grado Fahrenheit; de 57 a 58 grados, según investigaciones hechas por la National Geographic Society. Y se podría argumentar que un grado no es nada, pero en el exquisito balance del planeta sí lo es. Debido a ese grado más de temperatura, el nivel de los océanos subió unos dieciseis centímetros (seis pulgadas). Y ese pequeño aumento ha hecho que se erosionen playas, que se inunden tierras bajas, que aumente la salinidad de lagos y rios, y que se pongan en alerta muchas construcciones a dos kilómetros o menos del mar.

Y lo peor está por venir. Si la temperatura de la Tierra pasa de 58 a 62 grados Fahrenheit en los próximos cien años —como temen algunos científicos— el nivel de los océanos continuará subiendo, islas enteras desaparecerán, las inundaciones en zonas costeras serán frecuentes y podría haber muchos más huracanes que antes.

No exagero. De acuerdo con información de las Naciones Unidas (en concreto del Panel Intergubernamental sobre Cambio Climático) un aumento de cincuenta centímetros (o diecinueve pulgadas) en el nivel del mar podría provocar inundaciones en la mitad de las zonas costeras de Norteamérica y porcentajes similares en el Caribe, con-

vertiría a varias islas de las Maldivas (en el Oceáno Índico) en sumer-
gidos bancos de arena y las Islas Marshall (en el Pacífico Sur) perderían sesenta hectáreas de su territorio. Es la mordida del mar.

El caso más grave es el de un país llamado Kiribati. Es un puntito
en el mapa; está al norte de Nueva Zelanda y al suroeste de Hawái.
Es un grupito de treinta y seis islas (810 kilómetros cuadrados en
total) que se independizaron de Gran Bretaña en 1979. No pasan de
los noventa mil habitantes. Y en unas décadas podrín quedar bajo el
agua. Si el nivel del Oceáno Pacifico sube un metro (poco más de tres
pies), una octava parte de su territorio se lo comerá el agua. Su
sobrevivencia está en juego.

Y todo esto ocurre, desde Kiribati hasta Key Biscayne, por los contaminantes que ponemos en la atmósfera. Dichos contaminantes
—sobre todo los de las naciones más desarrolladas— destruyen la
capa que protege al planeta y las consecuencias son inapelables:
el aumento de la temperatura global y la expansión de los mares. (Las
Naciones Unidas tienen un reporte muy completo al respecto en
Internet: www.ipcc.ch).

Los necios insisten en que todo esto no es cierto; dicen que el leve
cambio climático es reversible o que se trata de un simple tropezón
de la naturaleza. Y siguen echando su humo. Al hacerlo, nos ponen el
agua al cuello. Pero independientemente de lo que digan, yo tengo
dos pruebas irrefutables de que el calentamiento de la Tierra es real:
a Kiribati se lo está tragando el mar —no es cuento— y yo estoy perdiendo "mi" playa en Key Biscayne.

35 EL MARATÓN DE NUEVA YORK

Nueva York. Aún no acabo de entender totalmente qué me hizo someterme a una especie de tortura durante 42,125 metros (o poco más de veintiséis millas) sólo para decir: llegué.

¿Para qué correr un maratón? Bueno, en mi caso, había un montón de razones, todas inexplicables: quería experimentar en carne propia el sacrificio de la preparación, los nervios antes de la salida, el cansancio de la carrera, la solidaridad con otros corredores (casi todos desconocidos), los gritos de apoyo de la gente que se acumula a lo largo del trayecto y, sobre todo, la emoción posorgásmica de acabar. Y lo terminé, pero casi en calidad de cadáver.

Todo comenzó por pura envidia. En dos ocasiones había visto correr un maratón a mi amigo José Luis —una en Nueva York y la otra en Boston— y me parecía irresistible el estado anímico que alcanzaba durante la carrera; como un trance. Los corredores le llaman "la zona", donde el dolor físico no se siente. Pues bien, yo quería sentir eso mismo. Pero jamás me imaginé en lo que me estaba metiendo.

Decidido, me apunté para el Maratón de Nueva York en 1997. Cuando recibí la confirmación para participar me quedaban sólo cuatro meses de preparación. Unos amigos me aseguraron que era prácticamente imposible estar listo en ese tiempo, que era una locura, pero de todas maneras comencé a correr seis días a la semana. Simultáneamente, dejé la carne roja y me convertí en un adicto a las pastas.

Corría todas las mañanas, no importaba dónde estuviera. Recuerdo que mi entrenamiento coincidió con una época de muchos viajes, lo que resultó ser magnífico porque conocí al ras del suelo las calles de Madrid, la carretera que va del centro de Managua al aeropuerto, las caribeñas montañas de Virgen Gorda y un par de largas avenidas en la ciudad del *esmog,* la Ciudad de México.

Como quiera que sea, todo esto fue un buen entrenamiento porque Miami, donde vivo, es tan plano como una hoja de papel. La única montaña es el puente de Key Biscayne, que conecta un cayo con el resto de la Florida.

Por supuesto, cuatro meses de entrenamiento no fueron suficientes para mis flacas y semipeludas extremidades. Y menos aún cuando me enteré que haría muchísimo frío durante la carrera en Nueva York. (En Miami sólo hace frío en los cines) los restaurantes, que son como un iglú y donde parece que ponen la temperatura del aire acondicionado a bajo cero.)

El día de la carrera me parecía más a un esquimal —por todo lo que llevaba encima— que a un atleta. Estaba helando Y cuando hace frío, a la gente le dan ganas de ir al baño. Pero cuando son veintinueve mil las personas que quieren desahogarse líquidamente, la cosa se complica. Por eso construyeron un gigantesco tobogán de madera, que según anuncia orgullosamente la publicidad oficial, es "el urinal más grande del mundo". Lo vi, me asustó, aguanté el aire y lo usé.

Asimismo, antes del disparo de salida, me llamaron la atención varios corredores hincados. Pensé que estaban rezando pero no era así: de rodillas, se sacaban de los *shorts* su congelada masculinidad y sin ninguna inhibición nos salpicaban a todos con el producto de su nerviosismo.

Total, llegó el momento y miles salimos disparados por el puente

Verrazano-Narrows que conecta Staten Island con Brooklyn. Tras los primeros veinte minutos empecé a sentir un piquete en la rodilla izquierda. Me extrañó, porque la derecha era la que generalmente me daba problemas. A la hora de estar corriendo mis piernas me informaron que no querían cooperar. Me concentré en llegar, al menos, a la mitad del maraton. Y ahí, sobre el puente Pulaski, encontré una manta que decía: "No te des por vencido. Es la misma distancia de aquí a la meta, que de regreso a la salida". Seguí corriendo.

Llegué a Queens cojeando, pero ya no estaba dispuesto a parar. Comí unas galletas con chocolate, un plátano y tomé mi enésimo vaso de Gatorade, recuperé un poco de fuerzas y luego me dirigí a cruzar el puente Queensboro hacia Manhattan, con la falsa ilusión de que la meta se acercaba. En el kilómetro treinta y tras cuatro horas en el trayecto, no había forma de doblar mis rodillas. Un párrafo del libro *Lentitud* de Milan Kundera describe de manera precisa la forma en que me sentía: "...el corredor tiene siempre presente su cuerpo, obligado a pensar en sus ampollas, en su cansancio; cuando corre siente su peso, su edad, y está más consciente que nunca de sí mismo y de su tiempo en la vida".

Nunca alcancé la famosa "zona". Los últimos doce kilómetros del maratón los caminé estilo pirata, es decir, como si tuviera patas de palo. Lisa, mi esposa, me acompañó esos últimos kilómetros, inyectándome ánimos, mientras mi hermana Lourdes esperaba paciente, muy paciente, en la meta.

"Como pato" es una descripción más que apropiada de la manera en que pasé por el Bronx hasta entrar a Central Park. Ahí en el parque me rebasó una mujer de sesenta y nueve años de edad (según me enteraría más tarde). Al cruzar la meta —sudado, apestoso y tambaleante— ya había anochecido.

Volteé a ver el reloj oficial y leí 6:56:07. Pensé que era la hora, pero no. Fue el tiempo que me tardé en completar el maratón. Seis horas, cincuenta y seis minutos y siete segundos. Fui de los últimos. Quedé en el lugar 27,841. No me importó. Temblaba, casi no me podía sostener en pie y mi cuñado Alfredo prácticamente me cargó hasta el hotel. Pero pocas veces me he sentido tan satisfecho y tan apoyado.

Llegué.

36 ATLANTA: LAS OLIMPIADAS DE LOS ERRORES

Atlanta, Georgia. Ojalá que nunca más se repita lo que ocurrió en los Juegos Olímpicos de Atlanta en 1996. Y no me refiero únicamente a la bomba que mató a una persona. Estaba tan cansado de esas olimpiadas que pensé no escribir más al respecto. Pero aún tengo varias espinitas olímpicas clavadas. Así que me estoy sentando una vez más frente a la computadora y aquí les va mi letanía.

A nivel personal, las olimpiadas empezaron muy mal. Casi un año antes de que comenzaran los juegos olímpicos hice las reservaciones de hotel para asegurar que mi hija de nueve años de edad fuera testigo de uno de los eventos más espectaculares e inspiradores de nuestra era. Pero sin previo aviso, mi reservación fue cancelada. A pesar de que les di con meses de anticipación el número de mi tarjeta de crédito, en el hotel me aseguraron que nunca recibieron mi pago. De tal manera que estuve como loco buscando una habitación dos semanas antes del inicio de los juegos. Y la conseguí (o por lo menos eso me hicieron creer).

Al llegar al hotel, a más de once millas del centro de Atlanta, me dijeron que sí tenían mi reservación, pero que no había cuartos disponibles. ¡Qué amables!, pensé. Pero cuando el gerente del hotel se dio cuenta que tendría que llevar a mi enfurecida familia a dormir a su casa antes que aceptar sus disculpas, me consiguió otro cuarto en un motelucho (que quedaba aún más lejos). Ahí me cobraron cuatro o cinco veces más del precio normal, pero al menos encontramos dónde pasar la noche. Por cierto, la agradable e inesperada visita de un borrachín una madrugada fue gratis.

No contaría mi historia hotelera de horrores si no hubiera escuchado versiones similares que sólo se modifican en sus espeluznantes detalles. La organización de los Juegos Olímpicos de Atlanta dejó mucho qué desear. Los errores en los sistemas de información, computación y transporte alcanzaron, realmente, proporciones olímpicas.

La odisea de llegar a los lugares donde se realizaron las pruebas de atletismo, basquetbol y "voleibol", requirió de varias horas perdidas en las mal señaladas autopistas y decenas de dólares en estacionamientos. Veinte o treinte dólares por vehículo no era nada extraño en el centro de la ciudad.

Lo único justificable, tras el bombazo en el parque Centenario, fueron las largas filas en los chequeos de seguridad para entrar a los estadios y lugares públicos. Aun así, todavía no me explicó cómo los organizadores no pensaron —antes de los juegos— que este tipo de inspecciones eran necesarias en unas olimpiadas. Sobre todo si su mayor temor era un acto terrorista. Fue, literalmente, un error fatal. Las Olimpiadas de Atlanta nunca se quitarán ese estigma.

El vicepresidente estadounidense Al Gore dijo que los Juegos Olímpicos de Atlanta fueron un éxito porque tuvieron más visitantes que las dos olimpiadas anteriores juntas. Pero, sin duda, Al Gore y su simpatiquísima esposa no tuvieron que estacionar su auto a tres millas de las competencias deportivas, ni batallar con miles de sus sudorosos congéneres en las congestionadas calles de Atlantita, ni son familiares de la persona que murió en la explosión.

Los organizadores de la XXVI Olimpiada dicen que estos juegos fueron los más vistos en la historia de la televisión mundial. Pero en verdad envidió a los espectadores de otros países, porque los que vimos la televisión aquí nos quedamos con la impresión de que los únicos atletas compitiendo eran los estadounidenses. La cobertura televisiva en Estados Unidos fue etnocéntrica, nacionalista, aburrida, tardía, sentimentaloide y claramente excluyente. Fue como si el resto del mundo no existiera (o peor aún, no importara).

Y sin duda, el mayor error de estas olimpiadas fue su exagerada comercialización. El objetivo, como en las olimpiadas de Los Ángeles, fue evitar fuertes gastos gubernamentales y de los quisquillosos contribuyentes de impuestos en un año electoral. Pero el otro extremo fue igualmente dañino. Detrás de cada atleta parecía haber el logotipo de una empresa patrocinadora. Pregunta: ¿Qué tienen que ver una compaña de hamburguesas y otra de cerveza con el movimiento olímpico?

José Antonio Samaranch, el polémico presidente del Comité Olímpico Internacional (COI), se quejó amargamente de cómo las Olimpiadas de Atlanta fueron invadidas por las empresas privadas que las financiaron. Pero el señor Samaranch es en parte responsable de esa comercialización. Cuando la hospitalidad sureña lo convenció que Atlanta fuera sede de las olimpiadas, se le olvidó defender de las garras del capitalismo salvaje la idea original de los juegos del barón Pierre de Coubertin.

¿Resultado? Atlanta.

Las Olimpiadas de Atlanta estuvieron plagadas de fallas; fueron las olimpiadas de los errores. Es muy probable que otras de las ciudades que fueron candidatas para ser sede las hubieran podido organizar mejor. Comparadas con otras olimpiadas, las de Atlanta no llegarían ni a las semifinales.

A todo esto le tengo que añadir un accidente a nivel personal. En una de las pausas olímpicas, llevé a mi hija al parque de diversiones de Six Flags. Reconozco que eso la emocionó mucho más que la mayoría de los eventos olímpicos. Y trepado en una de las enormes montañas rusas que ahí hay, se me clavó una minúscula astilla metálica en el ojo. Afortunadamente no se incrustó profundamente, pero necesité de una operación en el momento. Anduve con un ojo tapado la mitad de nuestro viaje a Atlanta. Así que, seguramente, mi punto de vista sobre estas olimpiadas está desbalanceado.

Después de leer esto quizá a usted le quede la impresión de que no las disfruté. Pero gocé cada momento. Cuando via mi hija brincar sobre la cama, como si fuera la ganadora del salto de altura, y salir a correr al estacionamiento del hotel creyendo romper un récord mundial, supe que el accidentado viaje había valido la pena.

POSDATA: OLIMPIADAS A LA VENTA. El mensaje no puede ser más claro. Las olimpiadas se venden al mejor postor: al que tenga más dinero, al que sepa aprovechar al máximo sus conexiones al que conozca cómo manipular al Comité Olímpico Internacional y al que identifique a quién sobornar.

Las acusaciones suenan fuertes y han estado dando vueltas durante muchos años. Pero hasta principios de 1999 se pudo comprobar que el selecto grupito (de 114 miembros) encargado de designar las sedes de los juegos olímpicos de invierno y de verano estaba muy lejos de ser ejemplo de rectitud y honestidad.

Las sedes olímpicas que, en apariencia, fueron obtenidas con sobornos y actos de corrupción son Nagano (1998). Sidney (2000) y Salt Lake City (2002). Las reglas establecen que ningún miembro del COI puede aceptar regalos superiores a los 150 dólares, pero a muchos eso no les importó.

Vamos a los hechos:

1) Millones de dólares se gastaron en convencer a los miembros del COI de que Nagano era el mejor lugar del mundo para unos juegos olímpicos de invierno de 1998, a pesar de ser demasiado cálido y de no contar con las instalaciones necesarias para las competencias. Los miembros del COI fueron convencidos de las bondades de Nagano con vuelos en primera clase, hoteles de cinco estrellas y *tours* extravagantes para ellos y sus familias. Pobrecitos.

Pero hay más. Las empresas más importantes de Japón contribuyeron con veinticinco millones de dólares para el Museo Olímpico en Lausanne, Suiza, al mismo tiempo en que el COI escogía la sede de las olimpiadas de invierno. ¿Y quién se llevó los juegos? Nagano, Japón, desde luego.

2) La ciudad de Sidney, Australia, ganó por sólo dos votos las olimpiadas de verano del año 2000 sobre Beijing, China. La votación de los delegados del COI fue de cuarenta y cinco a cuarenta y tres a favor de Sidney. Pero lo que se supo después de esa votación en 1993 es que los australianos le pagaron setenta mil dólares a dos

miembros africanos del COI para que, supuestamente, votaran a su favor. Si esos sobornos no se hubieran realizado es muy probable que en estos momentos los chinos —y no los australianos— estuvieran a mil por hora preparando sus instalaciones para las próximas olimpiadas.

3) Los organizadores de las olimpiadas de invierno de la ciudad de Salt Lake, Utah, pagaron más de 800 mil dólares en regalos y otros beneficios a por lo menos nueve miembros del COI. Y las formas de entregar estos sobornos harían palidecer, por creativas, a los políticos más corruptos.

Por ejemplo, la hija de un delegado de Camerún recibió 100 mil dólares en pagos de colegiatura y el hijo de un comisionado de Mali obtuvo noventa y seis mil dólares para financiar sus estudios universitarios, a otro le ayudaron a su campaña por la alcaldía chilena de Pirque, uno más consiguió un buen empleo en el gobierno de Salt Lake City —a pesar de representar a Suazilandia— y el más listo de todos, un delegado del Congo, seembolsó 216 mil dólares en regalos, gastos de viaje y seguros médicos.

Con sobornos como éstos es fácil entender cómo Salt Lake City obtuvo las olimpiadas de invierno del 2002.

Tras los escándalos por la asignación de las sedes olímpicas a Salt Lake City y Sidney, cinco miembros del COI fueron suspendidos, cuatro renunciaron, tres más fueron investigados, uno murió antes que lo investigaran y otro fue amonestado. En total, catorce delegados del COI demostraron una conducta olímpicamente deshonesta y corrupta. El lema olímpico "más rápido, más alto, más fuerte" fue llevado a sus máximas consecuencias por estos masajistas del billete olímpico.

Ahora bien, quien debería irse también es Juan Antonio Samaranch, el presidente del COI. Samaranch, quien no sabe lo que es una organización democrática, lleva deicinueve años al frente del COI. Su pasado —como fiel funcionario del ex dictador español Francisco Franco— y su presente —como una figura autoritaria a quien le gusta que le llamen "su excelencia"— ha hecho del COI un organismo oscuro y retrógrado; sus sesiones se realizan a puerta cerrada, sus libros de contabilidad son inescrutables y no está obligado a responderle a nadie.

Samaranch, en pocas palabras, ha secuestrado al movimiento

olímpico y ya es hora que lo entregue a una nueva organización democrática, abierta, con códigos éticos y reglas claras para la asignación de sedes, y que responda por sus acciones y sus gastos a los países participantes en las olimpiadas.

Samaranch ha insistido en que no va a renunciar y pidió un voto de confianza en una reunión del COI en marzo de 1999. Pero ésa fue otra trampa; él designó al 80 por ciento de los miembros del COI y, por supuesto, esos delegados no iban a votar en contra de su protector. Como ven, Samaranch da un pasito pa'delante —expulsando a algunos delegados— y luego da otro p'atras —maniobrando para no renunciar. Y con ese bailecito se queda en el mismo lugar como presidente del COI.

El COI y Samaranch pusieron, hace mucho, las olimpiadas a la venta y la estrategia, como un *boomerang* australiano, les ha dado ahora en la cabeza. Por eso, quizá la única manera de salvar de la corrupción y el desprestigio a los futuros juegos olimpicos es que Samaranch se vaya y que el COI sea reemplazado por un organismo mucho más transparente.

No hay de otra, su excelencia.

37 EL DALAI LAMA EN MIAMI: LECCIONES PARA SER FELIZ

Miami. Mi primer recuerdo del Dalai Lama es una canción del grupo español Mecano. "Ayyy, Dalaiiiii....", cantaban Ana, Nacho y su menos conocido hermano. "Ayyy, Dalaiii...", o algo parecido. Esto era, claro, antes que el Tíbet y el Dalai Lama se pusieran de moda gracias al actor Richard Gere y a dos películas de Hollywood: *Siete Años en el Tíbet* —protagonizada por el guero Brad Pitt— y un muy ambicioso fracaso comercial llamado *Kundún.*

Menciono estos datos tan frívolos porque la sola presencia del decimocuarto Dalai Lama descuartizó todas las imágenes —preconcebidas, exageradas, glorificadas— que durante años venía arrastrando de Tenzin Gyatso, el líder espiritual y Jefe de Estado del pueblo tibetano.

Lo vi por primera vez, a mediados de abril de 1999, en una cancha de basquetbol de la Universidad Internacional de la Florida (FIU). A sus sesenta y cuatro años lo encontré musculoso, debajo de su unica roja y naranja, y con sobrada energía aunque ligeramente jorobado. Usaba unos lentes muy cuadrados, medio grisáceos y estaba pelado al rape igualito que el basquetbolista Michael Jordan.

El Dalai Lama no venía a Miami a jugar sino a recibir un doctorado honoris causa en Teología. Y no es que al Dalai le importen los títulos. Pero darle un doctorado honorario es el pretexto que más usan y abusan las universidades del mundo para estar cerca, un par de horas, de este luchador del Tíbet líder del pacifismo y maestro de la felicidad.

Pasó a dos o tres metros de la plataforma donde estaba parado. Su sonrisa se me pegó como estampa. Es una sonrisa serena, satisfecha, tranquila; no le falta ni le sobra.

Mientras el Dalai cruzaba la cancha envuelto en ocho mil ojos, una nerviosa y lejana trompeta trató de sugerir una bienvenida que acabó por convertirse en rechinido de llantas viejas. No importó; él opacaba todo a su alrededor.

Me llamó poderosamente la atención el contraste de la pomposidad y solemnidad de la ceremonia organizada por la FIU —con birretes y togas e himnos y discursos— frente a la sencillez del Dalai. Con un saludo, uniendo las palmas de sus manos por arriba de la frente, Tenzin Gyatso le hizo olvidar a los cuatro mil asistentes que llevaban casi dos horas de espera.

No soy una persona religiosa y tiendo a ser muy escéptico ante cualquiera que se ponga a sermonear y a proponer formulitas para la felicidad; sea quien sea. Pero un solo saludo del Dalai me puso la piel de gallina. Son unas vibras que casi te tocan. Tienen ritmo de olas.

El saludo del líder tibetano me recordó la primera vez que vi a Sai Baba alzar sus brazos en Puttaparthi, India, y la bendición del papa Juan Pablo II a los cientos de miles que lo esperaban en la basílica de Guadalupe durante su primer viaje México.

Me impacta mucho cuando un gesto genera reacciones físicas.

Cuando se tocó el Himno Nacional de Estados Unidos, el Dalai jamás volteó a ver a la bandera estadounidense. No sé si todos sus movimientos y actitudes son intencionales. Pero no pude dejar de pensar que un hombre que lleva más de cuarenta años luchando en paz por recobrar la tierra —el Tíbet— que le arrebataron los chinos, tiene que ver con ojos críticos a un país —Estados Unidos— que ha estado involucrado en por lo menos cinco conflictos bélicos —en Irak, Bosnia, Afganistán, Sudán y Serbia— en la última década del siglo XX. ¿Será por eso que ni siquiera volteó a ver la bandera de las cincuenta estrellas?

La visita del Dalai Lama a Estados Unidos resaltó las enormes contradicciones de la política exterior norteamericana respecto a los regímenes no democráticos.

Su viaje a Estados Unidos coincidió con el del primer ministro chino Zhu Rongji. El representante de la dictadura china fue invitado a la Casa Blanca. El Dalai no.

En otras palabras, el gobierno estadounidense prefirió dar su apoyo al agresor que a la víctima, socavando así los esfuerzos de los tibetanos por recuperar su territorio.

El 17 de noviembre de 1950 más de ochenta mil soldados del Ejército de Liberación Popular de China invadieron el Tíbet, hasta entonces, nación soberana e independiente. Por nueve años el Dalai Lama intentó llegar a un acuerdo pacífico y político con los chinos. Pero no pudo. En 1959 fue forzado a huir a la India, en un hecho que aún hoy es controversial por la posible cooperación de la CIA estadounidense en la escapatoria.

Mas de un millón de tibetanos murieron tras la ocupación de China. Cerca de 200 mil fueron forzados al exilio. Una buena parte de ellos vive hoy con el Dalai en la ciudad de Dharamsala, al norte de la India.

El genocidio chino en el Tíbet es equivalente al realizado por los serbios en Kosovo. Lo irónico es que Estados Unidos haya decidido enamorar a la dictadura china y bombardear a la yugoslava. No hay coherencia en la política exterior del gobierno clintonita respecto a regímenes autoritarios.

El caso es que el Dalai Lama continúa con su lucha no violenta por recuperar el Tíbet. Pero los viajes a más de cincuenta países y el premio Nobel de la Paz, en 1989, no lo han acercado ni un centímetro a su objetivo. Por el contrario —y para boicotear la campaña mundial del Dalai Lama—, durante las últimas cuatro décadas China ha enviado a más de siete millones de inmigrantes chinos a la región para que los budistas tibetanos se conviertan en minoría en el Tibet.

Ante semejante confrontación, no es de extrañar que una de las principales enseñanzas del Dalai sea la paciencia. El Dalai, con mucha perseverancia, está tratando de convencer al mundo sobre lo justo de su lucha. Pero paciencia y justicia, aún, no se han convertido en tierra.

A pesar de que Tenzin Gyatso no puede separarse de la política, no es un político. Es, más que nada, un abridor de almas.

Hacía mucho que no escuchaba a alguien hablar sobre la felicidad sin que sonara cursi y trillado. Durante su discurso —tras recibir un pedazo de papel con un título inútil— el Dalai selanzó a descorrer cortinas.

"Todos quieren la felicidad", dijo de sopetón. "Todos quieren una vida feliz". ¿Y cómo lograrlo? Muy fácil: With a good brain and warm heart (con un buen cerebro y un corazón cálido), dijo en un inglés que, según reconoció con humor, no ha mejorado desde que comenzó a tomar clases en 1947.

"El problema de la sociedad moderna es la falta de afecto humano", continuó encarrerado. "Hay que combinar la educación con las emociones". En tibetano existe una palabra, *sem*, que simboliza la conexión de intelecto y afecto. Curiosamente ni en inglés ni en español tenemos un término parecido.

Machacó hasta dejar como puré el tema de la igualdad. "Aunque somos de distintas razas somos los mismos seres humanos", dijo de tres o cuatro maneras distintas. "Hay que hacer a un lado las diferencias secundarias".

Y en una velada crítica a la política belicista de Estados Unidos dijo que "la destrucción de tu enemigo es tu propia destrucción". Luego, en una clara referencia a su estrategia vital y política, el Dalai insistió en que "el método de la no violencia obliga a participar, a no ser indiferente". Ahí fue inevitable pensar en Gandhi.

Pidió vivir en un "mundo felizmente interdependiente, con responsabilidad global (y donde) la mejor manera de resolver los problemas sea el diálogo". Apunté varias frases más, pero temo que el papel —y ponerlas fuera de contexto— las trivialice. Así que mejor aquí lo dejamos.

El Dalai cree que "una sonrisa genuina es una de las más efectivas formas de comunicación". Y lo demostró. Su armoniosa sonrisa —y sus esporádicas risas de estruendo— me movieron algo por dentro.

Más que sus palabras. Y mucho, mucho más, que su nuevo título universitario.

POSDATA PAPAL. El papa Juan Pablo II, al igual que el Dalai Lama y Sai Baba, es un extraordinario comunicador. Los tres tienen a su favor una cosa; están absolutamente convencidos de su mensaje y eso, desde luego, convierte a millones a sus causas.

He seguido a Karol Wojtyla en varios viajes: México, Cuba, Estados Unidos, República Dominicana... y siempre me ha sorprendido la actitud ambivalente con que mucha gente se enfrenta a la figura papal. Actitud, sobra decir, que pocos medios de comunicación se atreven a apuntar por temor a críticas, denuncias y represalias.

Por una parte, se nota el cariño y respeto que le tienen las masas al papa. Pero por la otra, cada vez más personas rechazan sus enseñanzas. ¿Será por eso que cada día cerca de cinco mil dejan el catolicismo para afiliarse a otras religiones?

Encuesta tras encuesta en Estados Unidos demuestra, por ejemplo, la admiración de los católicos estadounidenses por Juan Pablo II, pero también el contundente rechazo a varios de sus preceptos y dogmas. Una mayoría de los estadounidenses no coincide con la prohibición al uso de condones y anticonceptivos impuesta por la Iglesia católica en plena época del sida, ni con la negativa papal de ordenar a mujeres como sacerdotisas. Tampoco aprueban la política semioficial de ocultar y cambiar de diócesis a sacerdotes acusados de abuso sexual, ni la diferencia de trato que reciben, por parte del Vaticano, divorciados y homosexuales.

Distintas opiniones sugieren que millones de latinoamericanos también están alejándose de algunas de las principales prácticas aconsejadas por la iglesia, a pesar de seguir considerándose católicos. El caso más patente es el de las politicas de planificación familiar implementadas por casi todos los gobiernos de América Latina. La sobrepoblación continua siendo un serio problema para el crecimiento económico de la región y un número cada vez mayor de mujeres latinoamericanas utilizan métodos anticonceptivos, en un claro desafío a las enseñanzas papales. Ya no hay tantas mujeres católicas que quieran tener todos los hijos que Dios mande.

A nivel político también hay claros enfrentamientos con los lineamientos provenientes del Vaticano. La carta que Juan Pablo II envió a principios de 1999 para tratar de evitar la extradición a España del ex dictador chileno Augusto Pinochet fue cuestionada en ciertos medios de prensa latinoamericanos; el mensaje que muchos leyeron en dicha carta es que la Iglesia católica se puso del lado del dictador, dándole la espalda a las familias de las víctimas de violaciones a los derechos humanos. Más de dos mil personas fueron asesinadas durante la dictadura pinochetista.

El dogma de la "infalibilidad papal" difícilmente sobreviviría intacto a los ataques de los grupos de derechos humanos por la postura del Vaticano respecto a un tirano como Pinochet. Y un diálogo, sano y abierto, con el papa sobre todos estos polémicos temas, sería prácticamente imposible; Juan Pablo II no da entrevistas de prensa.

La modernidad del papa está en sus métodos —viajes, uso de medios de comunicación, mercadotecnia, discos y CDs—, mas no parece estar siempre en sus mensajes.

ASIA

38 PUTTAPARTHI: SAI BABA Y MI TÍO ARMANDO

Puttaparthi, India. A sus ochenta y siete años de edad, mi tío Armando no dudó ni por un momento cuando surgió la oportunidad de ir a la India a ver a Sai Baba, en octubre de 1995. Sai Baba es considerado un avatar por sus seguidores, es decir, una encarnación de Dios. Este supergurú tiene unos cincuenta millones de devotos en todo el mundo, entre los que se destacaba el ex primer ministro de la India, P. V. Narasimha Rao… y mi tío Armando, por supuesto.

Cuando fui a recoger a mi tío en el aeropuerto de Nueva Delhi, después de volar más de catorce mil kilómetros, apenas se le notaban el cansancio y la falta de sueño. Lo dominaba la emoción de estar a un paso de ver a su líder espiritual.

Bueno, la verdad fue más de un paso. De la capital volamos a Bangalore, en el sur del país, y luego manejamos casi cuatro horas hasta llegar a la población rural de Puttaparthi. Es ahí donde nació Sai

Baba hace setenta y dos años y donde está localizado su *ashram,* que es una especie de campamento espiritual y refugio de las tentaciones materiales del mundo. Le llaman Prashanti Nilayam.

Las poblaciones aledañas al *ashram* se benefician ampliamente de su generosidad. Mientras estuve ahí vi cómo regalaban cientos de máquinas de coser y otros instrumentos de trabajo, además de los empleos generados en la región por la constante llegada de visitantes que quieren conocer a Sai Baba.

Con las palabras *sairam, sairam* nos recibieron al llegar. Nos registramos, al igual que todos los peregrinos, y luego nos asignaron un cuarto. No tenía camas ni muebles, pero el baño sí incluía un par de cepillos de plástico para limpiar la sospechosa negrura del *toilette.* Supongo que no se puede pedir más por lo que pagamos: dos dólares por noche.

ALQUILAMOS UNAS colchonetas para poner sobre el piso de cemento, y con un par de sábanas y mosquiteros terminamos de decorar la ascética habitación. Desde luego, andábamos de suerte. La mayoría de los visitantes terminan durmiendo en unos enormes galerones donde separan, sin contemplaciones, a hombres y mujeres. La modernidad no ha llegado aquí.

Dejamos nuestras cosas y nos dirigimos al centro del complejo religioso donde Sai Baba hacía sus presentaciones públicas o *dharsans* dos veces al día; una poco después de que saliera el sol y otra al atardecer. Nos quitamos los zapatos, pasamos por un detector de metales y nos pusimos a esperar. Ahí todo era propicio para pensar en la enorme influencia que han tenido en la humanidad los líderes religiosos nacidos en este lado del mundo: Rama, Krishna, Jesús, Mahoma, Buda, Zoroastro… ¿Podría ser Sai Baba parte de este selecto grupo, como aseguran sus seguidores?

Éramos cerca de veinte mil personas en un enorme salón, sin paredes y techado, pero el orden y el silencio eran casi completos. Algunos, en posición de flor de loto, meditaban. Otros, como un par de latinoamericanos que me encontré, leían dos libros que parecían estar muy de moda en el *ashram: Auto-Urine Therapy* y *The Water of Life,* ambos sobre las supuestas maravillas médicas que ocurren cuando ingerimos nuestra propia orina.

Empezó a oler a incienso y a oírse música a lo lejos. De pronto, por una de las puertas, apareció Sai Baba. Parecía flotar y se desplazaba como si tuviera ruedas en lugar de pies. Iba vestido con una túnica naranja cerrada con dos botones de oro, sus únicas joyas. Quisiera utilizar otra palabra, pero hay sólo una para describir su peinado: afro.

Recorrió lentamente el pasillo hasta llegar a su silla de terciopelo rojo, y después de escuchar varios cantos o *bhajans,* pronunció un largo discurso en telugu, su lengua natal. Afortunadamente, el "iniciado" no nos dejó en la oscuridad. Uno de sus asistentes, copiando hasta sus más mínimos gestos, nos tradujo también sus palabras al inglés.

Sai Baba dice que enseña la "esencia de todas las religiones". Apunté algunas de las frases que pronunció esa tarde: "Dios es como el fuego que está debajo de las cenizas… El ego es como una serpiente que hay que destruir… ¿Cómo va el ojo a ver a Dios cuando ni siquiera puede verse a sí mismo?… El cuerpo no es nuestro, lo tenemos prestado". Puse mucha atención en lo que dijo, pero tengo que confesar que después de tres horas en el suelo me empecé a preocupar más por los calambres en mi esqueleto que por mi superación espiritual. Me equivoqué al pensar que los castigos corporales a los que me sometieron los sacerdotes benedictinos durante mi infancia me habían preparado para esto. Mientras malabareaba estos irreverentes pensamientos, Sai Baba terminó de hablar y se fue, moviendo rítmicamente su negra y esponjada cabellera.

Mi tío Armando, en cambio, conectó con Sai Baba tan pronto como lo vio. Observé un par de emocionadas lágrimas correr por su cara. Era, tengo que reconocerlo, como si se estuvieran comunicando sin palabras. Después de esa experiencia, él podría haberse regresado a México, feliz y satisfecho. (En el resto del viaje, Armando estuvo como ausente; después de ver a Sai Baba tanto trajín ya no tenía mucho sentido para él.)

Dicen que Sai Baba materializa ceniza o *vibhuti* cuando mueve las manos. Yo la verdad no vi nada. Pero sus devotos le atribuyen una naturaleza divina y todo tipo de milagros. Uno de los principales críticos de Sai Baba, el escritor evangélico Tal Broke, dice que la gente investiga más cuando compra un carro que cuando escoge a un líder religioso. Él debe saberlo. También fue un seguidor de Sai Baba.

Como quiera que sea, mi tío y yo vimos cuatro veces a Sai Baba. Él quedó más convencido que nunca de su divinidad, mientras que yo multipliqué por dos o tres el número de dudas que tenía. Quizá la respuesta a nuestras inquietudes espirituales está más en la búsqueda interna que en las palabras y recetas de los líderes religiosos.

Pero sí debo reconocer que hay algo muy especial en Sai Baba. No tengo otra forma de explicar la paz interior que transmite a algunos de los que están en su presencia. Seguramente mis prejuicios, enraizados en una racionalidad occidental, no me permitieron ver más allá de eso.

A pesar de las interrogantes que me quedan, la experiencia de mi viaje a la India valió mucho la pena. Hoy aprecio más lo que tengo, incluyendo mi cama. Además, creo que fue una buena terapia el no haberme visto al espejo por unos días (no pude encontrar uno solo en el *ashram*). Pero lo más importante fue que, después de un cuarto de siglo de espera, mi tío Armando pudo ver a Sri Sathya Sai Baba de Puttaparthi. Y esto, para él, fue una de las más claras señales de la excepcionalidad de este buscador de almas.

Para mí, lo más excepcional fue la entereza moral y la fuerza de voluntad del hombre de ochenta y siete años de edad que acompañé a la India.

39 BENARES: ATOLONDRADO POR LA INDIA

La India está loca con toda la locura de la realidad.

Andrew Harvey

Benares, India. Por fin llegué a un lugar donde a finales de 1995 no se seguía discutiendo el veredicto en el caso de O. J. Simpson, donde no sabín quién fue la asesinada cantante texana Selena y donde no les importaba si Fidel Castro cambió su uniforme militar por un modelito europeo. Aquí en la India no necesitan importar obsesiones. Las nacionales son ya bastante intensas.

Una de ellas es el helado, que lo hacen sin huevo para beneplácito de los vegetarianos, y otra es el cine. En la India se producen más películas que en Hollywood. Por algo a Bombay, donde están la mayoría de los estudios, se le conoce como "Bollywood". Pero la verdad no volé más de veinte horas para ver películas cursis en las que están prohibidos los besos en la boca. Vine a la India, en parte, para ver si se me pegaba algo de su legendaria espiritualidad. Sin embargo, lo primero que me picó —un raro insecto— dejó unas enormes ronchas rosas en mis brazos y piernas.

Los hindúes, que son el 85 por ciento de la población, adoran a Dios en prácticamente todas las cosas. Igual está en el agua, que en los espíritus, las estrellas y los animales. Por supuesto, vi mi buena dosis de vacas sagradas, pero aquello de que no las matan es uno de los estereotipos más gastados que existen; la India exporta cuero. Pero aunque algunas vacas terminen como zapatos, cinturones y portafolios, en general la gente las sigue venerando —y soportando— tanto como en la época de Siddharta.

En verdad esa obsesión por lo divino domina prácticamente todas las esferas de la vida en este país. Por algo el escritor Pico Iyer dijo que la India era "la mayor tienda por departamentos para el espíritu" que existe en el Este.

Otra cosa que sorprende de la India, además de su religiosidad, es la pobreza crónica y desesperanzada en que vive la mayoría de sus 850 millones de habitantes. El concepto de *homeless*, o gente sin hogar, adquiere aquí una nueva y más dramática dimensión. Cada noche las calles, parques y andenes de tren se convierten en gigantescos dormitorios que crecen en la oscuridad y que, como un maleficio, desaparecen con los primeros rayos del sol.

En la India el defecar y el orinar son, muchas veces, actos públicos. Al principio estas demostraciones de desprendimiento de lo material llaman la atención del extranjero, pero poco después se vuelven parte del panorama urbano. Asimismo, el sonido de los escupitajos, al despegar y aterrizar, pierde su impacto con el tiempo.

Como anécdota vale contar que el líder Mohandas Gandhi destacó, antes de la independencia de Inglaterra en 1947, una de las pocas ventajas de esta práctica tan difundida. "Si nosotros los indios escupiéramos al unísono", dijo Gandhi, "formaríamos una alberca suficientemente grande como para ahogar a 300 mil ingleses". Por supuesto, Gandhi prefirió otros métodos, como el de la no violencia y el de la desobediencia civil, para librarse de los británicos.

Gandhi, por cierto, también ayudó a desmantelar el sistema de castas. Cinco mil castas fueron contadas en la India a mediados del siglo XIX. Pero aún se percibe una sutil discriminación social, con tintes raciales, parecida a la de ciertos países latinoamericanos. Vi cómo un hombre de negocios Sikh —considerado el grupo étnico más rico de la nación— ni siquiera se dignó mirar a los ojos a los sumisos meseros que le ofrecín bocadillos durante un coctel al que fui invitado. Y me enteré de cómo un indignado y lloroso chofer fue expulsado del estacionamiento de un hotel de lujo. O sea que en la India también se cuecen habas.

Para ser justos, la India moderna no está toda anclada en el pasado ni se define exclusivamente por el Taj Mahal. Cuando estuve ahí se debatía en los círculos políticos las virtudes de la estrategia de apertura de mercados impuesta por el entonces primer ministro P. V. Narashima Rao. Al igual que en otras partes del mundo, aquí también ha resurgido un fuerte movimiento nacionalista. Los primeros en sufrir esta venganza corporativa fueron la empresa estadounidense Kentucky Fried Chicken (KFC) —que no había conseguido el permiso para abrir restaurantes en la ciudad de Bangalore— y la corporación Enron, que perdió 300 millones de dólares porque el estado de Maharashtra suspendió la construcción de una planta eléctrica.

La India es un país que te reta y te agota, física y emocionalmente. No puedes quedar indiferente ante él. Ahí pasé Diwali, que son los tres días de ruidosas celebraciones por el año nuevo hindú, y vi las carreteras vacías de supersticiosos durante un eclipse parcial de sol.

Sobre el sagrado y putrefacto río Ganges me di cuenta de cómo la muerte se ha convertido en atracción turística, cuando el remero de una barcaza me llevó a observar la incineración de varios cadáveres y luego me pidió una propina. Precisamente por experiencias como éstas, la India no es el mejor lugar para pasar unas relajadas vacaciones.

Casi al final de mi viaje, creí haber alcanzado mi objetivo de superación espiritual cuando un taxista me dijo: "El turista es Dios". Pero en realidad no es que haya visto en mí un aura divina. Lo que Kashmar Triparti vio fue la oportunidad de mejorar su salario de diecisiete dólares al mes.

La perspicaz intelectual Gita Mehta escribió que la India nos recuerda siempre "el significado y la insignificancia de la vida", y que la "experiencia del Este no es accesible a la mente occidental, a menos que haya una casi total reeducación".

Fue sólo tarde, y a golpes, que comprendí esta lección.

40 PERROS, GOLES, CHILES Y *CHIPS* (DE COMPUTADORA)

Seúl, Corea del Sur. El perro está todo frito, de patas a cabeza, pero sin pelos ni orejas. Lo mataron de un golpe en la cabeza. Pero a veces se necesitan dos o tres o cuatro mazazos hasta que deja de chillar y ladrar. Aquí, en el mercado de Kyong-Dong, el perro completo se vende por 150 mil wons (unos 120 dólares), una pequeña fortuna para las familias más pobres de Corea del Sur. "Las costillas son lo más rico", me dijo sonriente el vendedor. No me atreví a probarlas en un guisado con cebollas, algas y kimchi, un chile rojo que llegó de México a Asia en la Nao de China.

Lo primero que impresiona de los pedazos cortados de la carne de perro es su color: rojo violeta, intenso. Da la impresión que la sangre está a punto de reventar la piel resecada por el viento y el polvo. Quien no puede pagar por el perro completo, una pata o la cabeza bastan para darle sabor a la sopa. No lejos del puesto están en una pequeñisima jaula de madera dos cachorritos juguetones —uno café y otro con la cara dividida entre blanco y negro— que no sospechan su suerte: tras meses de engordar como los cerditos, terminarán de platillo principal en la mesa de una familia coreana.

A los coreanos más sofisticados les molesta que se diga —aunque sea cierto— que en su país se come carne de perro. Los hace ver crueles y atrasados ante el mundo. Pero en realidad, Corea del Sur es una nación que va de prisa. Muy de prisa.

"Aquí un edificio de veinte pisos se construye en meses, no en años", me aseguró orgulloso Ju Ho, un joven de veinte que estudia Economía, se viste con ropa de marca —polos y cocodrilitos— habla coreano, inglés y español, y tiene pintadas unas tiras rubias sobre una mata de pelo negro azabache. Es cierto, los coreanos tiene prisa hasta para comer; cuando yo voy en la ensalada de algas con fideos y pulpos ellos ya terminaron el postre, un caldo azucarado con arroz. Pero hay una razón para justificar la velocidad en sus vidas.

En poco más de medio siglo, Corea del Sur pasó de ser un país destruido por la guerra a uno de los principales exportadores de *chips* y componentes de computadora, ropa, juguetes, zapatos y autos del mundo. "Made in Korea" se creó con una fuerte inversión en tecnología, una vigilante y gigantesca burocracia, y una mano de obra barata, disciplinada y cuidadosa en los detalles. Paralelamente, las dictaduras militares dieron paso a una incipiente democracia y, de premio, Corea del Sur celebró las Olimpíadas de 1988 y la mitad de este mundial. Tras los votos vinieron los goles.

La corrupción apesta, es cierto; Kim Hong, el hijo del presidente de Corea, estaba acusado de tráfico de influencias y negocios turbios. Era el típico hijo de papi. Pero los políticos coreanos no han robado tanto como sus colegas latinoamericanos y han dejado algo en el presupuesto oficial para el pueblo. Ya quisieran los norcoreanos —apretados y hambrientos en un represivo sistema comunista— pueden verse tan saludables y chapeaditos como sus vecinos del sur. En Corea del Norte no hay empresas como la Samsung, Kia, Hyundai y Daewoo. Las comunicaciones en Seúl son tan modernas que los teléfonos celulares funcionan sin interferencias en el metro, elevadores y baños públicos; ya quisieran los neoyorquinos y los parisinos poder decir lo mismo.

La urgencia por globalizarse tiene sus costos. Tanto peleó Corea del Sur por abrir a sus productos las fronteras de otros países que tuvo que tumbar las suyas. Aquí hay una verdadera invasión de compañías norteamericanas y europeas: BMW, Kodak, Nike, Samsonite, Paris Baguette, Dunkin' Donuts... El inglés se esta convirtiendo, extraoficialmente, en el segundo idioma de Corea del Sur y sus jóvenes juegan a ser Britney Spears en los clubes de karaoke en lugar de aprender cantos budistas o bailes folclóricos. Pero los globafóbicos no pueden cantar victoria aquí.

La comida coreana sigue siendo mucho más popular y económica que las hamburguesas y las pizzas. La familia coreana no se ha "craqueado" como las occidentales; los índices de divorcios son muy bajos en comparación. En el limpísimo metro de Seúl —el tercero más grande del mundo luego del moscovita y el de Tokio— los adolescentes todavía se levantan para darle el asiento a los ancianos, mujeres embarazadas y discapacitados. Y durante la reciente feria del libro, los carros del metro llevaban pequeños estantes con obras de la literatura universal. Lo que más me sorprendió no fueron tanto los libros sino que nadie se los robara. (¿Qué pasaría si hiciéramos el mismo experimento en el metro de México o el de Nueva York? Es sólo pregunta).

En otras palabras, Corea del Sur —uno de los dos países sede de este mundial de 2002— era una nación que avanzaba y donde había un consenso generalizado sobre el modelo de desarrollo a seguir... aunque todavía se coman a sus perros y gatos.

41 BEIJING EN BICICLETA

Beijing, China, de noche, exactamente siete años después de la masacre en la plaza de Tiananmen. Tan pronto como llegué a mi cuarto de hotel en ese verano de 1996, prendí la televisión para ver si había alguna mención sobre los cientos de estudiantes que el ejército chino había asesinado la madrugada del 4 de junio de 1989.

Encontré un noticiero en el canal del gobierno, pero nadie ahí habló sobre los jóvenes de Tiananmen, los que murieron tratando de colar la democracia en China. La omisión fue obvia, triste, denigrante. Tras el noticiero comenzó la transmisión de un juego internacional de hockey sobre pasto. Bienvenido a China, pensé. Apagué el televisor y caí rendido sobre la cama, vencido por el *jet lag*.

Siempre me ha costado trabajo separar la pujante imagen que intenta proyectar el gobierno chino con la brutalidad que demostraron sus soldados aquella noche en la plaza central de la capital. Así que junto con la censura de prensa, esperaba encontrar una ciudad de pocos contrastes, sin color, uniforme, anclada todavía en la pobreza y con una constante presencia policial. Pero Beijing resultó ser mucho más compleja y difícil de leer (y no sólo porque no hablo mandarín). Ahí, como en Guangzhou y Shanghai, se está viviendo la transición hacia un tipo de sociedad que aún los chinos no han podido definir. No es un comunismo radical, ni capitalismo ramplón, y mucho menos una democracia liberal o una tiranía feudal; es el experimento chino en marcha.

Oficialmente, el sistema que opera en China es el "socialismo de mercado". Lo que eso quiere decir es que los chinos pueden trabajar para empresas privadas —de hecho, cuatro de cada cinco empleados lo hacen—, aunque el Estado mantiene el control de la dirección económica del país. Sin embargo, hay que aclarar, el Hong Kong británico no representaba durante mi visita el modelo a seguir para la China del nonagenario Deng Xiaoping y sus ambiciosos camaradas. Les atraía la prosperidad económica de la ahora ex colonia, pero les causaba ansiedad sus libertades (la de viajar, la de expresarse, la de vivir donde se te pegue la gana).

A nivel político, los 1,200 millones de chinos vivían con las manos amarradas, aunque la cuerda se estaba aflojando un poquito. Podían votar en elecciones locales por cualquiera de los candidatos que recibían la aprobación del partido comunista, pero no podían escoger a sus líderes nacionales. Menos de un 5 por ciento de la población estaba afiliada al partido. Por eso, las elecciones libres y democráticas que acababa de realizar Taiwán tenían muy nerviosa a la dirigencia china. Ahí, en esa islita a la que huyeron los nacionalistas tras la revolución de 1949, había surgido la primera democracia entre todas las naciones con población de origen chino.

Pero estas comparaciones entre China, Taiwán y Hong Kong nunca le quitaron el sueño a Liu Yin, la pobre estudiante de inglés que tuvo la penosa tarea de llevarme a conocer la Muralla China y aguantar mis 1,329 preguntas. Liu Yin vivió en carne propia una tortura china.

Liu Yin nació el mismo año (1975) en que se impuso la política de un hijo por familia, y reflejaba la actitud de la nueva generación que sabía más de Marx por los libros de historia que por la calle. Ella me dijo que creía en el socialismo —porque es lo que aprendió en la escuela—, pero que en realidad no le importaba si su país era socialista o capitalista mientras mejora su nivel de vida.

De las palabras de Liu Yin se desprendía una buena dosis de individualismo y pragmatismo. Y con esa misma combinación me topé por montones en Beijing cuando renté una bicicleta, en un desesperado intento por evitar las típicas trampas para turistas. Por unos veinte yuans (menos de tres dólares) conseguí por todo el día una bicicleta negra y destartalada, parecida a la que tenía de niño. Y no hay duda, a ras del suelo las cosas se ven muy distintas. Además, pude corroborar lo que antes me había dicho Liu Yin.

En mi recorrido por la ciudad, nunca estuve solo; ahí hay echo millones de bicicletas. Beijing es una ciudad bicicletas, donde un amasijo de metales bien aceitados, dos ruedas y un par de buenas pantorrillas te movilizan mejor que la telaraña del sistema de trenes, autobuses y metro.

A primera vista, Beijing (o Pekín si prefiere seguir el diccionario) parecía una acumulación de mastodónticos edificios, entre grises y cafés, distribuidos con aburrimiento por las amplias avenidas que sangran la metrópolis. Pero ésa es sólo la fachada, la máscara de cemento con pelos de antenas parabólicas, diseñada con orgullo por la revolución para los inversionistas que traen sus sacos cargados de dólares y yens. Pero ahí mismo, detrás de esa cara mustia, estaba la verdadera energía de Beijing.

Serpenteando entre las callecitas que alejan del palacio imperial y del Mausoleo de Mao, no escuché dogmas ni consignas, pero sí las voces plateadas de la oferta y la demanda. Casi todo estaba a la venta, como en cualquier ciudad de Occidente. Pero la diferencia era el producto: arroz, soya, copias piratas de música estadounidense, seda, conejos y hasta unos sospechosos cráneos en una salsa color mostaza, que me parecían como de perro.

(Además de caninos, aquí también se comen una especie de rata, un poco más grande que las que invaden basureros y sótanos. Y tengo la impresión de haber probado rata, cocinada en tiritas sobre aceite y con un poquito de picante. Cuando le pregunté al mesero qué era lo que me estaba comiendo, no me quiso decir. Pero "eso" que comí no era carne de pollo, puerco o res.)

Dejando a un lado la gastronomía china, vi los cuartuchos donde se apretujan los millones de inmigrantes campesinos que vienen a probar su suerte a la ciudad. Pero también me tocó presenciar un desfile de modas, gratuito y al aire libre, con jovencitas rumbeando al ritmo de Michael Jackson. Así, mis estereotipos sobre China se fueron rompiendo en cada hoyo en que caí y ante cada automóvil que burlé. Y con suerte, mucha suerte, libré el día con un saldo de sólo dos piernas adoloridas.

China, para mí, sigue siendo la de Tiananmen y la que se debate entre ideologías. Pero ahora tengo también algo mucho más personal con qué balancear esa imagen. Tengo a Liu Yin y el pedazo de Beijing que recogí en bicicleta.

42 HONG KONG, ANTES Y DESPUÉS

Hong Kong, China. ¿Ha cambiado mucho Hong Kong desde que los británicos entregaron el territorio a los chinos el lo, de julio de 1997? La respuesta corta es: no tanto. De hecho, durante los primeros meses después de la transición, parecía estar funcionando la promesa china de "una nación, dos sistemas".

Ring, ring, ring... así, incesante, incansable, ininterrumpido. Ése era uno de los sonidos que marcaba el ritmo en las calles y barcos de Hong Kong. Muchos de los habitantes de esta ex colonia británica tenían antenitas; la imagen era hasta chistosa, como si se tratara de una colonia de hormigas del tercer milenio. El número de teléfonos celulares en Hong Kong debía estar muy cercano al de Estocolmo —el líder en estos asuntos—, donde uno de cada cuatro habitantes sufre de esta nueva adicción tecnológica.

En la televisión se escuchaba también ese dialecto de la globalización que es el inglés combinado con cualquier otro idioma. Los pre-

sentadores de videos de Star TV manejaban a la perfección el equivalente asiático del espanglish, que en Hong Kong es el cantonglish,
una combinación rápida y alegre del cantonés con inglés.

Las carreteras estaban forradas de Lexus, Mercedes, BMW y
Rolls Royce. La mayoría de las bicicletas que había eran estaciona-
rias, en los *spas* de hoteles como el Regent, el Península, el Oriental
—donde una nochecita puede salir en 500 ó 600 dólares americanos,
más impuestos para Pekín, claro está. Y los nombres como Armani,
Gucci, Versace y Zegna eran más conocidos que los recién nombra-
dos miembros del politburó del partido comunista.

Era fácil llevarse la impresión de que nada había cambiado en
Hong Kong; era fácil creerse que Hong Kong se convirtió en la
sucursal de lujo de China Inc. Pero el peso de tener un gobierno
autoritario ya se estaba sintiendo, aunque de manera muy sutil.

Ejemplos. Los noticieros que vi eran una pálida y tímida sombra
de los que vi en 1995, cuando estuve aquí por primera vez. En tres
días no escuché una sola crítica a los líderes chinos, que siempre
eran protagonistas de las noticias y que, aparentemente, eran perfec-
tos y hacían todo bien. Y en los periódicos ya había que empezar a
leer entre líneas; nadie recordaba, como antes, la masacre en la plaza
de Tiananmen —cuando cientos, tal vez miles, de jóvenes chinos
fueron asesinados en 1989— y las pocas referencias obligadas estaban llenas de cufemismos. Los periodistas de Hong Kong ya no
podían escribir la palabra "matanza" cuando hablaban de lo ocurrido
en Tiananmen. Ahora sólo mencionaban la fecha: 4 de junio. ¿Qué es
esto: censura o autocensura?

Además de la libertad de prensa, la libertad de expresión también
estaba siendo presionada. Durante una manifestación, muy pequeña,
contra un grupo de políticos del *mainland* que visitaban Hong Kong,
el asunto acabó siendo una tragicomedia; había más policías que
manifestantes. Tras la pacífica protesta, algunos de los manifestantes
se fueron a cenar y la policia los siguió hasta el restaurante. Por
supuesto, no los acompañaron para pagar la cuenta.

¿Y quién más había notado los sutiles cambios en Hong Kong?
Los turistas. En el verano de 1997 hubo menos visitantes que en el
pasado; hubo una caída del 30 por ciento, aproximadamente, en el
turismo a Hong Kong.

En fin, éstas eran sólo algunas señales —cierto, pequeñas— de
cómo Hong Kong se estaba ajustando a su nueva realidad; con

mucho comercio, como siempre, y cada vez menos libertades políticas. Hong Kong caería en la esfera de los llamados "valores asiáticos", donde la democracia, supuestamente, no es necesaria para
tener éxito financiero.

El argumento de los "valores asiáticos", desde luego, es una fala-
cia. Si la India, con una población de 850 millones, puede ser una
democracia, ¿por qué China no?

43 TETSUYA'S: EL PLACER DE COMER

Sidney, Australia. Aquí sólo voy a hablar de comida. Mucha comida. Porque la comida es importante. No me refiero, por supuesto, a comer por necesidad. Eso lo hacemos, unos más otros menos, todos los días. No. Me refiero a la comida como arte y como punto de encuentro.

No está documentado pero es un hecho incuestionable que las mejores conversaciones se dan en la cocina, mientras se prepara la comida. Y conozco a algunas familias que tienen como punto de referencia la comida. Cada vez que se reúnen hablan de comida. "Qué rica estuvo la carne de anoche" o "¿Te acuerdas de la boda de Malule cuando comimos unas gigantescas patas de cangrejo?" suspiran con la lengua ensalivada. Y luego, para que no desvanezca la plática, siguen rascando en su memoria culinaria: "Los camarones enchilados de mi tía Cari son los mejores del mundo…" o "Mañana nos reunimos para hacerles un mole poblano con la receta de Yuyú". Son estas las ocasiones en que la comida se convierte en punto de encuentro.

Pero hay otras, que se cuentan con los dedos de la mano, en que la comida pasa a otro nivel para convertirse en arte, éxtasis, orgasmo gastronómico. Esas pocas veces lo importante no es tanto la compañía, la conversación, ni el lugar o la música de fondo. El protagonista es, únicamente, la comida.

Recuerdo —y aquí se me hace agua la boca— un filete con salsa de mostaza y papas fritas en París, un pescado a la sal en Sevilla, unos sushis extraordinarios en el mercado de mariscos de Tokio, un pato estilo Pekín en Hong Kong y otro en Beijing, el atún casi crudo y el *soufflé* de chocolate de Pacific Time en Miami, el caviar ruso de Nueva York, unas tortas de aguacate y queso en Oaxaca y comilonas exquisitas de tacos al pastor en el Fogoncito de la Ciudad de México. Pero en el 2001 comí en un restaurante de Australia que —creo— empata o supera todas las experiencias anteriores.

El restaurante se llama Tetsuya's y está en *the city*, en el mismo centro de Sidney. Lleva el nombre de su dueño, un japonés que llegó a Australia hace dos décadas, trabajó como lavaplatos y, luego, sin ningún tipo de entrenamiento o educación formal, abrió un changarrito donde él —no el cliente— escogía el menú diario. El precio de la comida depende de lo que el chef escoja para ese día.

El resultado ha sido tan sorprendente que recientemente se mudó a un nuevo, minimalista y elegante local y es preciso hacer reservaciones con meses de anticipación. Ese es un asunto serio. Yo hice la reservación cinco meses antes de mi viaje, tras leer un artículo al respecto, y me pidieron teléfonos, número de fax, e-mail y más información que un inspector de la oficina de recaudación de impuestos. Pero valió la pena… y una pequeña fortuna.

Uno de los meseros describió la comida de Tetsuya's como "japonesa, con influencia francesa y hecha con los mejores ingredientes de Australia". Visualmente, cada plato, es una obrita de arte que da pena degullir. Y ahora sé que voy a cometer un sacrilegio, pero trataré de describir los nueve platillos y cuatro postres que comí una noche del verano australiano.

Tras un coctel rosado de *lychee* y unas gotas de vodka, comenzó el maratón de tres horas y media con un *mousse* de langosta con dos gelatinas aderezadas con un caviar naranja. Le siguieron unas ostras de Tasmania con aceite de oliva y una salsa oriental alimonada. En un insospechado toque, me sirvieron un gazpacho en un pequeño vaso como de tequila antes de un largo y delgado plato con cuatro aperitivos: un camarón con cebolla frita y algas rayadas, un *sushi* de ceviche de pescado blanco, un bocadillo de venado relleno de salsa tártara y un *tataki* de atún.

Suena a mucho, pero los platillos son tan pequeños que apenas cubren un par de muelas y, si te descuidas, te los puedes tragar sin disfrutarlos. El menú —un secreto para los 90 ó 100 comensales que ocuparon todas las mesas del lugar— continuó con unos raviolis de cangrejo en salsa *ponzu, foie gras* o pâté cubierto de cayo de hacha, trucha cruda con algas sazonadas, pesto y caviar, gallina marinada en soya sobre una galleta dulce y, para finalizar, un filete apenas cocinado de res alimentada a grano.

Los postres fueron otra muestra más de absoluta decadencia burguesa. Primero, para ocasionar un *shock,* sirvieron una cucharada de lentejas con queso gruyere rayado muy finito. La combinación era rara pero pocos se atrevieron a dejarlo en el plato ante el temor de los ojos vigilantes de los bien entrenados meseros. El *sherbert* de fresa y *lychee* fue mucho más refrescante al igual que el helado de champaña con moras. El punto final fue un merengue con dos franjas interiores —una de fresa y otra de chocolate— sobre una crema de vainilla.

Ya no llegué al té verde. No me cabía ni una gota más. Y me perdí la ceremonia. Pero, por supuesto, cada plato fue acompañado con un vino. Si mis matemáticas fermentadas en alcohol no me fallan tomé, entre buches y traguitos, cuatro vinos blancos, dos tintos y dos dulces.

Ojalá el chef Tetsuya no hablé español porque, estoy seguro, cometí varios errores en la descripción, preparación e ingredientes utilizados en el menú. Pero, eso sí, fue una cena para recordar por varias razones que van más allá de la comida.

Ahhh ¿Y el costo? ¿Cuánto pagué por la cena? Basta decir, con mucha vergüenza, que estoy pagando la cuenta a largo plazo y en cómodas mensualidades. Así será aún más difícil olvidar lo que comí.

44 KAMAKURA: EN LA PANZA DE BUDA

Kamakura, Japón. Aquí, en una de las antiguas capitales del imperio japonés, me metí en la panza de un gigantesco Buda metálico. No es que haya sido una experiencia mística. La verdad es una de esas cosas que hacen los turistas. Pagas un par de moneditas y listo, te metes al Buda.

Ojalá que con esa facilidad hubiera podido adentrarme en la psicología de los japoneses en ese 1995. Quería saber qué es lo que había hecho este pueblo —el cual quedó prácticamente destruido después de la Segunda Guerra Mundial— para convertirse en menos de cincuenta años en la segunda potencia económica del mundo.

Por principio, en Japón se trabaja mucho más que en cualquier otro país. Los japoneses laboran seis días a la semana, casi nunca toman vacaciones, pasan hasta catorce o deiciseis horas diarias en la oficina, y por lo general no cobran por las horas extra trabajadas.

Su extraordinaria ética de trabajo está íntimamente ligada a la lealtad por la empresa en la que se emplean. No es extraño que un *sarariman* trabaje toda su vida en la misma compañía, aunque eso está cambiando rápidamente.

Todo esto tiene su precio. La vida familiar en Japón tiende a ser muy limitada entre semana. Miles de hombres de negocios, y las pocas mujeres que los acompañan, prefieren refugiarse por las noches en un bar, alternando sushi, cerveza y sake, o en un bar de "karaoke", donde micrófono en mano cantan sus penas al viento. Ése parecería, a veces, el clímax de su vida social.

Desde luego que los japoneses parecen cansados de tanto trabajar. Nunca en mi vida he visto más gente durmiendo al mismo tiempo que en los carros del metro de Tokio. Se suben y ¡zzz! En unos segundos ya están cabeceando con el rítmico arrullo del tren. Igualmente sorprendente es ese reloj interno que tienen para despertarse unos metros antes de su parada.

Desde chiquitos los niños japoneses saben que la vida implica sacrificio. Van a la escuela 240 días al año, sesenta más que los niños estadounidenses. Ahí aprenden que el interés del grupo está por encima de los deseos individuales, que el consenso es mejor que el enfrentamiento, que el honor precede al dinero.

Ser aceptado por el grupo es la mayor recompensa. En las aglomeradas calles de Tokio vi maravillado cómo los apurados peatones respetaban las señales de no cruzar. Pero si sólo uno de ellos rompía con el grupo y se aventuraba a la contraesquina, el resto lo seguía.

Esto hace del japonés un pueblo sumamente homogéneo. Como visitante todo te hace recordar que eres un *gaijin*, un extranjero. La primera barrera, la más obvia, son los cincuenta mil símbolos de su inescrutable idioma. Otras barreras son aún más profundas. Por ejemplo, su sistema político prohíbe elegir a cualquier persona que no sea de origen japonés a un puesto público. Los esfuerzos de un residente japonés de origen coreano para lanzar su candidatura al parlamento fueron cortésmente rechazados con un silencioso movimiento de cabeza. No. Las mezclas no son bienvenidas en Japón.

Japón es un pequeño archipiélago, sin grandes recursos naturales, que por más de 300 años estuvo cerrado al resto del mundo. Hoy en día su economía depende de sus exportaciones, pero irónicamente todavía ve con desconfianza lo que viene del exterior. Es el peso del tiempo sobre la muralla.

El mejor ejemplo está en granitos. El arroz estadounidense es hasta diez veces más barato que el japonés, pero el gobierno nipón no permite que se importe al país. Pero eso sí los autos japoneses entran en filita y sin demora a Estados Unidos y Europa. De este desequilibrio comercial se nutren las frustraciones del llamado Grupo de los Siete, que agrupa a las naciones más industrializadas del orbe.

Sólo una nota de advertencia del escritor Robert C. Christopher en caso de que a los países occidentales se les meta en la cabeza inundar el mercado japonés con sus artículos. Por favor, no envíen refrigeradores, que son demasiado grandes para las diminutas casas japonesas. Y si se les ocurre enviar carros estadounidenses, no se les olvide cambiar el volante de lado; en Japón, como en Gran Bretaña, el volante va del lado derecho, y aunque parezca difícil de creer, algunos autos importados de Occidente no han sido modificados para las carreteras japonesas.

Nada se ha ganado hasta el momento enfrentando a Japón como en la lucha sumo; siguen siendo una nación que exporta mucho más de lo que importa. Y según un buen ramillete de economistas, el país que más probabilidades tiene de crecer en el próximo milenio es Japón. La razón es sencilla: el japonés ha basado su cultura económica en el ahorro. Respeta el futuro. Guarda su dinero previendo catástrofes.

Japón y Occidente no tendrán nunca los mismos parámetros; llevan siglos diferenciándose. Pero algo se aprende, sin la menor duda, metiéndose en la panza de Buda.

45 BALI VISTA CON OJOS MEXICANOS

Bali, Indonesia. Por años me imaginé que esta isla debería ser lo más parecido al paraíso terrenal. Quizá fueron las fotografías de atardeceres naranja o los cuentos de una amiga californiana que se enamoró en Bali de un taxista australiano. Pero lo que encontré fue muy distinto a lo que imaginaba.

Tal vez fueron las treinta y dos horas que pasé en tres aviones y cinco aeropuertos antes de llegar o que mi cuerpo pedía (a gritos) una cama, pero mi primera impresión de Bali —en 1997— fue decepcionante. Un gigantesco anuncio de Federal Express me dio la bienvenida.

Mi desilusión inicial fue similar a la de otro mexicano, el pintor Miguel Covarrubias (1904–1957), cuando llegó a la isla una primavera de 1930. Él entró por el norte y yo por el sur; él en un buque, el *Cingalese Prince,* y yo en un avionzote hongkonés A-300.

El problema es que Bali ya forma parte de la aldea global y está perdiendo lo que la hacía única; existen zonas burdamente comercializadas, el tráfico es aterrador, hay drogas por todos lados —tres veces me ofrecieron hachís y mariguana durante una caminata de media hora en el área de Kuta— y sus tres millones de habitantes parecen estar irremediablemente atrapados en el irritante y próspero negocio del turismo masificado; hay 800 mil visitantes por año infectados de mercadotecnia.

Sin embargo —como le ocurrió a Covarrubias hace sesenta y ocho años—, sólo tuve que escarbar un poquito (y abrir bien los ojos) para sucumbir al encanto de la isla y encontrar al "verdadero Bali", el "Bali de las fotografías".

Aquí hay más sonrisas por habitante que en cualquier otra parte del mundo. Y no es la cordialidad fingida de quien atien de a un turista, sino parte de una entusiasta y reverencial actitud frente la vida.

Por casualidad me tocó estar en Bali durante el Galungan, una festividad que ocurre cada 210 días y en que, con flores y ofrendas de fruta, pollo, arroz y un picantísimo chile rojo, se celebra la victoria de los dioses sobre los demonios, del bien sobre el mal. En la práctica esto significa que en los más de diez mil templos de la isla los dioses de piedra fueron vestidos, literalmente, con telas amarillas, blancas y negras. Es impresionante ver cómo una isla se cambia de ropa.

Bali es el único lugar —tras la invasión china del Tíbet— donde la religión domina a la política y la economía. Aquí todo se venera, desde los autos hasta los espíritus, y en el mercado de Ubud me tocó ver cómo una rata muerta, en lugar de ser desechada al basurero, tuvo también su despedida de este mundo con varias barritas de incienso. O tal vez era sólo para espantar el mal olor y las moscas. Pero nunca he visto tratar conmás respeto a una rata, viva o muerta. Es el karma a su máxima expresión: lo que hagas —aseguran los balineses— te harán.

Contrario al resto de Indonesia —con mayoría musulmana—, en Bali se practica un ecléctico hinduismo, importado de la isla de Java, con rasgos de budismo y animismo. Y para no confundirnos con tanto ismo, basta decir que la criminalidad en Bali es mucho menor que en el resto del archipiélago de Indonesia.

Más que por sus playas —las he visto mucho más lindas en el Caribe y en el Pacifico— Bali asombra por sus campos de arroz: son como esculturas (verdes, dinámicas, acuáticas) que se aprecian con el mismo respeto y silencio de quien va a un museo. Hasta aquí mi tarea de turista.

Pero lo que nunca pensé encontrar en Bali fue una enorme turiosidad por México y lo mexicano. Y la razón es sólo una: Thalía. La telenovela mexicana *Marimar* —que protagoniza Thalía— se ha traducido al bahasa indonesia, el idioma común del país, y es uno de los programas de mayor *rating*. De tal forma que mis conversaciones con los balineses generalmente comenzaban así:

—*Where are youuu from?* —me preguntaban en un inglés champurreado, con varias risas intercaladas.

—*From Mexico* —contestaba.

—Ah —me decían felices—. *Maria Mercedes*... Thalia... Ah... Ah... Ah... *veeeery beautiful*.

Thalía, sobra decirlo, era más popular en Bali que cualquier güerita de Hollywood. Pero el éxito y penetración de las telenovelas mexicanas en Bali refleja algo mucho más preocupante; es la modernización de una de las sociedades más tradicionales del orbe. Bali está perdiendo sus puntos de referencia y olvidando su pasado. Es un proceso lento, pero aparentemente inevitable. La tecnología se está comiendo el mandado y el materialismo ha hecho su nicho.

El mismo Covarrubias, en su libro *Isla de Bali* (publicado en 1937), observó cómo Bali corría el peligro de perder su identidad cultural. Entonces escribió que ahí había "una cultura viviente que está destinada a desaparecer bajo el despiadado ataque del comercialismo moderno y la estandarización".

Afortunadamente, el pronóstico pesimista del mexicano Covarrubias no se ha cumplido en su totalidad y todavía vale la pena darse una vueltecita por Bali. Pero la pregunta es: ¿por cuánto tiempo más?

Mientras tanto, para mí, Bali ya no me da comezón.

POSDATA SOBRE PRAMOEDYA ANANTA TOER. La revolución que tumbó del poder al dictador Suharto, ahora quizá nos permita conocer en español la obra de uno de los escritores más censurados del mundo. Se llama Pramoedya Ananta Toer y ha pasado una buena parte de sus tres cuartos de siglo en la cárcel o en prisión domiciliaria. Aunque no tiene aspiraciones políticas, muchas veces ha actuado como el líder moral del país. Por eso a veces le llaman el "Nelson Mandela de Indonesia".

Pramoedya —en Indonesia les gusta identificarse con un solo

nombre— ha escrito críticamente y con sagacidad sobre la época en que su país/archipiélago fue colonia holandesa, y más tarde, cuando fue gobernado por dos tiranos: Sukarno y Suharto Sus escritos anticolonialistas y protestas prodemocráticas lo enviaron a prisión de 1965 a 1979. Y desde principios de los ochenta a Pramoedya no se le permite salir de Jakarta, la capital.

Todos sus libros estaban prohibidos en Indonesia, aunque algunos circulaban de forma clandestina. Entre los más conocidos está el llamado *Cuartero de Buru,* que les contó a sus compañeros de prisión y luego, fuera de la cárcel, rescató de su memoria y prestó al papel. También se destacan sus ensayos en el semanario *Linterna* y su biografía del singular periodista Tirte Adi Suryo.

Pramoedya escribe en bahasa indonesia, el idioma que ha unido a las 13,667 islas del archipiélago, pero tristemente su obra sólo se ha traducido, de manera parcial, al holandés y al inglés.

46 MOYO: AQUÍ ESTUVO LADY DI

Moyo, Indonesia. Ésta tiene que ser, sin duda, una de las pocas islas en el mundo que no han sido golpeadas brutalmente por la modernidad. Y está saliendo del anonimato, tanto por su recién descubierta belleza natural, como por haber sido visitada por la Princesa Diana antes de su muerte en 1997. Era uno de sus escapes y no la culpo. Es extraordinaria.

Un poco más adelante tengo los chismes isleños de esa leyenda del *mass media* llamada Lady Di, pero antes aquí les va el cuento de Moyo y de por qué corre el peligro de convertirse en un matadero.

Es una de las 13,667 islas que componen el archipiélago de Indonesia y llegar a Moyo obliga a un sacrificio. Después de darle la vuelta al mundo para caer en Bali, tuve que tomar un destartalado avioncito de dos hélices, al que se le estaba cayendo la pintura blanca de las alas por tanto uso y cuyos brazos de los asientos se encontraban sujetos —se los juro— con pedazos de cinta adhesiva. Si así estaban los asientos —pensaba— no quería ni imaginarme los motores. La experiencia fue como subirse a una licuadora voladora; no hay otra forma de describir cómo vibraba esa carcacha aérea. (Luego de ese vuelo, me enteré del avionazo que hubo en otra isla de Indonesia, donde murieron 234 personas.) En fin, volé a la isla de Simbawa, al este de Bali, y luego un *ferry* me llevó quince kilómetros más al norte hasta Moyo.

La primera impresión era que en Moyo no había nada que pudiera usarse en la misma frase con la palabra "civilización". Hasta ahí no había llegado el humo de los incendios forestales que afectaron (en el 97) toda la región. Puro verde; desde sabana hasta selva tropical. De hecho, la isla —que es casi tan grande como Singapur— no aparecía en muchos mapas.

Pero decir que en Moyo no había nada era, por supuesto, una exageración. Hay un hotel, un solo vehículo —un *jeep* que tiene veinticinco años de trajines— para toda la isla, un camino de terracería entre las montañas, dos mil habitantes repartidos en ocho poblados y uno de los ecosistemas más ricos y balanceados del planeta. Nada sobra ni falta. En Moyo el visitante puede sentir que el espíritu de aventura está vivito y coleando.

Y no se necesita más, a menos, claro, que la adicción a la tele, faxes, teléfonos celulares, estéreos y computadoras sea permanente e irremediable. Aquí no hay nada de eso. Me despertaba con los gritos de docenas de changos jugando alrededor de las casas de campaña del hotel, y me acostaba con la imagen de venados hipnotizados por linternas.

De un brinco estaba en el mar. A menos de treinte metros de la costa sur de la isla, hay una enorme pared multicolor de corales y arrecifes que se ha convertido en refugio de las extrañísimas tortugas verdes; son muy tímidas e ingenuas, y aún no han aprendido a temerle a esos curiosos seres que nadan de vez en cuando junto a ellas con visor, aletas y tanques de oxígeno.

Moyo es casi el paraíso. Casi. Pero pudiera dejar de serlo si un militar se sale con la suya. Lo que pasa es que un generalote retirado del ejército de Indonesia recibió —no sé cómo— la concesión para convertir esta isla en una zona de cacería. Aunque sea políticamente incorrecto en este fin de milenio, todavía hay muchos cazadores internacionales dispuestos a pagar miles de dólares para disfrutar, un par de días, del idiota placer de matar animales indefensos. Aquí hay, por ejemplo, especies de búfalo y águila que difícilmente se encuentran en otra parte.

El gobierno de Indonesia —en la época del dictador Suharto— sabía del atractivo que esto tenía para los cazadores y estuvo dispuesto a sacrificar una de las islas más exóticas del océano Índico —otorgándole una concesión de caza a un militar— para ganar unos montoncitos de divisas extranjeras.

En realidad no hay mucho que los ambientalistas puedan hacer para salvar esta reserva natural; en Indonesia, por regla general, los militares hacen lo que se les pega la gana, a pesar de la llegada de la democracia. La única esperanza es apostar por la ineficiencia burocrática de los militares, esperar que el proyecto se enlode y nunca se materialice. (O que el nuevo presidente de Indonesia cancele la concesión, cosa que por el momento parece muy poco probable.)

Mientras echan a perder esta isla, en Moyo siguen dando vuelta las historias de la Princesa Diana. Sus habitantes se dividen entre aquellos que la vieron y los que trataron, pero no pudieron. Dicen que era muy amable. Dicen que era muy amable. Dice que vino con dos amigas y un guardaespaldas muy celoso de su deber. Dicen que se metió a nadar en el río, junto a la cascada. Dicen que estuvo tres días y que durmió, sola, en la tienda de campaña número veinte. Dicen que lloraron, como si hubiera sido un familiar, cuando se enteraron de su muerte. Dicen...

Es increíble que las vibras de la princesa hayan llegado tan lejos. Pero es aún más difícil de creer que uno de los lugares más bellos del mundo podría ser destruido por un militar y un puñado de cazadores.

Quería conocer la isla de Moyo antes de que fuera enjaulada y entregada a los cazadores... y se me quedó clavada en los ojos.

ÁFRICA

47 SOWETO POR 23 DÓLARES

Soweto, Sudáfrica. La recién ganada libertad de los negros se ha convertido en una de las principales razones para echarle un vistazo a Sudáfrica —más de 800 mil personas lo hacen cada año. Al Mamabuto lo sabía. Por eso, cuando me lo encontré en la puerta de mi hotel en Johannesburgo, en enero de 1996, no tuvo ningún problema en venderme la idea de recorrer Soweto por ochenta rands (que eran unos 23 dólares).

En realidad, no podía ir a Sudáfrica sin conocer el lugar donde surgió el movimiento de resistencia contra el sistema de discriminación racial conocido como *apartheid*. Así que acepté la oferta, sin mucho regatear. Con una sonrisa que brincaba, Al se comprometió a ser mi guía y chofer.

No pude haber caído en mejores manos. Al vive en Soweto y el *tour* que me iba a dar era sobre el lugar donde creció —y sufrió— como adolescente. Soweto es la contracción de South West Townships, el área designada por la minoría blanca durante el *apartheid* para ser habitada por los negros.

Antes que Nelson Mandela tomara posesión como presidente (el 10 de mayo de 1994), Al hubiera terminado en la cárcel por transitar la carretera que separa a Johannesburgo de Soweto sin un permiso especial. La distancia se recorre en sólo veinte minutos. Pero hubo negros que murieron en el intento. Ellos tampoco podían viajar en avión, ni comprar un boleto de primera clase en el tren, ni poseer una licencia de conducir —mucho menos imaginar ser dueños de un automóvil. Ésas eran cosas que sólo los blancos podín hacer.

Pero la mañana en que Al me llevó a conocer su barrio, nada de eso pesaba en su mente. Feliz, pisaba el acelerador de su pequeña camioneta azul, que viajaba a más de 120 kilómetros por hora, mientras yo me agarraba con fuerza de los sostenes de la puerta.

Al no tuvo que advertirme nada. Cuando vi unas destartaladas casas de plástico y cartón, con piedras sobre los techos para evitar que la lluvia y el viento se llevaran las hojas de metal, supe que habíamos llegado a Soweto. Ésa fue mi primera impresión. Luego vimos otras casas más sólidas construidas con ladrillos rojos y cemento. Pero con ladrillos o sin ladrillos, la vida no era fácil en Soweto. Me llamó poderosamente la atención cómo más de cuatro millones de personas podían convivir —y sobrevivir— en espacios tan reducidos; sin electricidad, agua, drenaje… nada.

El *tour* fue de primera, literalmente. Al no paró de decir. "Éste es el primer cine para los negros… éste es el primer su permercado para gente de color… éste es el primer hospital en Soweto… éste es el primer hospiciò para ancianos…" Todo parecía estar ocurriendo por primera vez en Soweto.

Más tarde vendrían los sitios históricos en la zona conocida como Orlando West, también dentro de Soweto; la casa donde vivió Nelson Mandela antes de pasar veintisiete años en prisión; la de su ex esposa Winnie, cuyas enormes bardas claramente reflejaban por qué se distanció y cayó en desgracia con su gente; la del arzobispo Desmond Tutu; y el monumento al niño Hector Peterson asesinado por la policía sudafricana durante una protesta en 1976.

Durante el tiempo que pasé en Soweto no vi a una sola persona blanca. Igual me había sorprendido la noche anterior cuando fui al centro comercial de Waterfront, en uno de los saburbios de Johannesburgo; ahí casi todos eran blancos. Los pocos negros que había se

podían contar con los dedos, trabajando en la limpieza o en las coci-
nas de los restaurantes.

Soweto y Waterfront representaban los extremos en que tenían
que vivir los sudafricanos. Basta decir que mientras los negros de
Soweto estaban obligados a cuidar cada gota de agua en su árida tierra roja, la clase media blanca que iba a comprar y cenar a Waterfront
podía disfrutar de un lago artificial en el centro de un moderno complejo arquitectónico.

Sí, el *apartheid* ya no existe y, por primera vez en la historia, Sudáfrica tuvo un presidente negro. Hoy, a negros y blancos se les aplican
las mismas leyes. Cada persona podía ir a donde quisiera sin ninguna
restricción. Pero Sudáfrica sigue siendo una de las sociedades más
injustas y desiguales del mundo.

Déjenme ponerle números a esto de la desigualdad racial en
Sudáfrica. Los blancos (fundamentalmente de origen holandés y británico) eran sólo el 12 por ciento de la población, pero recibían el 58
por ciento del ingreso. Mientras que los negros, que conformaban el
77 por ciento de los habitantes, sólo obtenían el 29 por ciento de los
ingresos. Además, se calculaba que uno de cada dos trabajadores
negros estaba desempleado. Pero no los aburro con más cifras.

Mejor vamos a terminar con Al. Ya de regreso de Soweto a
Joh'burg (como le dicen aquí), Al se desvió de la carretera para enseñarme lo que había ocurrido en el vecindario de Hillsborough. Hasta
hace un año y medio de mi visita, ahí sólo vivian blancos. Pero tan
pronto como se empezaron a mudar a Hillsborough familias negras,
los blancos (en su mayoría *afrikaners*) huyeron como en plaga.

Lo que ocurrió en Hillsborough se estaba repitiendo por todo el
país y dejaba ver que la integración racial en Sudáfrica estaba a décadas de distancia; tan lejos como está Soweto de Waterfront.

A pesar de todas las cosas que no habían cambiado en Sudáfrica,
Al prefirió enfatizar lo positivo. Se despidió de mi con un fuerte
apretón de manos, de ésos que sólo pueden dailos que están confia-
dos en el futuro. Y después desapareció en su camioneta azulada, a
seguir explorando esa todavía extraña sensación de ser libre en su
propio país.

POSDATA. Nada, ni los héroes, se escapan del turismo. La casa donde
vivió Nelson Mandela, en la calle Vilazakazi, en la sección Orlando
West de Soweto, se ha convertido en un "museo". La entrada cuesta

dos dólares y por ocho te puedes llevar un pedacito de tierra del jardín.

La casa, sin embargo, también representa la discordia actual entre Mandela y su ex esposa Winnie Madikizela-Mandela. Ambos quieren la casa. Y no es que quieran vivir en ella; en la misma sección de Soweto podrían comprar, a mucho menor precio, cientos de casas parecidas. Lo que los dos quieren es poder controlar un poquito de la historia de Sudáfrica. Resulta irónico que dos de las figuras más importantes en la lucha contra el *apartheid* no hayan podido ponerse de acuerdo sobre qué hacer con una casa.

48 TANZANIA: A LA DEFENSA DEL CLÍTORIS

Arusha, Tanzania. Es una operación brutal. Con una navaja o un cuchillo le cortan el clítoris a la niña. A veces también le quitan los labios interiores de la vagina, le cosen las paredes de la vulva y le dejan sólo un pequeño orificio para que pase la orina y el flujo menstrual. Y todo sin anestesia. Es la clitorectomía, a veces conocida como circuncisión femenina.

Cuando fui en 1996 a una villa de los pobladores de la tribu Masai, en Tanzania, cerca del volcán Ngorongoro, conocí a dos adolescentes de unos doce o trece años de edad. Después de una larga conversación —y cuando creí haberme ganado su confianza— les pregunté a través de un traductor si ellas también tendrían que aceptar las reglas de la tribu y someterse a una circuncisión. Abrieron sus ojos con una angustia que yo no conocía y se quedaron calladas, como paralizadas. Quien me contestó fue la mujer que estaba a su lado. "Sí", me dijo la matrona con firmeza, desvió la mirada y luego se puso a hablar con el traductor de otras cosas. Fue obvio que no le pareció apropiado discutir conmigo la pérdida del clítoris de las dos jovencitas.

Entre los Masai, la clitorectomía se considera una garantía de virginidad y precondición del matrimonio. Pero, además, los padres de una niña tienen un motivo económico para mutilar a su hija. Ellos determinan con quién se casará, y no es extraño que las familias le prometan una hija al futuro esposo o a sus padres, incluso antes de que nazca. Para cumplir la promesa —y evitar que la niña tenga relaciones sexuales con otros— se realiza la circuncisión femenina. Si su hija se mantiene virgen y se casa con la persona prometida, ellos reciben como dote seis cabras o una vaca. Cada vaca cuesta el equivalente de 200 dólares. Eso es más de lo que una familia Masai gana en un año.

Es común que los hombres de la tribu Masai tengan hasta cuatro mujeres; todas, sin excepción, mucho más jóvenes que ellos. Los matrimonios ocurren cuando ellas cumplen dieciseis ó diecisiete años. Es fácil identificar a los hombres Masai por su túnica roja, bastón de madera y machete. Ellos son nómadas, aunque sus mujeres se quedan en casa cuidando de la familia. Los "guerreros", como les gusta llamarse, se van por largos periodos con sus cabras y vacas buscando los pastos que crecen durante las dos temporadas de lluvia. Llevan más de 200 años haciéndolo, desde que emigraron del Sinai hacia el sur, a lo largo del río Nilo. Esa tradición todavía vive.

Pero los Masai se han ido integrando rápidamente a la sociedad que los rodea. Algunos han dejado sus chozas de lodo y madera para convertirse en obreros, choferes o guías de turistas. Los expertos creen que ellos no podrán seguir viviendo con las mismas costumbres por más de cuarenta años. Es el peso de la modernidad. Sólo entonces empezaría a desaparecer la práctica de la circuncisión femenina entre los Masai.

Pero el problema no es sólo con los Masai. La clitorectomía es un ritual que sufren anualmente entre 75 y 100 millones de niñas y mujeres en veintiséis países de África. Se sigue practicando clandestinamente en Estados Unidos y en varias naciones de Europa Occidental, donde hay grandes concentraciones de exiliados africanos. Ocurre igual entre judíos y cristianos que musulmanes y seguidores de religiones indígenas.

Las niñas africanas generalmente son circuncidadas entre los cuatro y diez años de edad, aunque no son extraños los casos de infantes sometidos a la operación. Un nivel socioeconómico alto no es ningún obstáculo para ser obligada a seguir la tradición; 90 por ciento de las mujeres en Etiopía han perdido el clítoris.

Una de cada dos mujeres en África es víctima de este ritual, según se denunció en la Conferencia de las Naciones Unidas sobre la Mujer, realizada en 1996 en Beijing. Hay un creciente movimiento a nivel mundial para prohibir esta cruel costumbre, pero los gobiernos de naciones como Sudán, Kenia y Egipto aún no se atreven a enfrentar con fuerza esta centenaria tradición. Hasan Al-Kallah, el entonces subsecretario de Salud de Egipto, decía que el gobierno de su país estaba "en contra de la (clitorectomía), pero (que) no se pueden cambiar las tradiciones de una sociedad de la noche a la mañana".

La doctora Nahid Toubia, una de las científicas más conocedoras del tema, escribió en un artículo del *The New England Journal of Medicine* que aun cuando se necesita un mayor número de investigaciones para examinar las consecuencias físicas, sexuales y psicológicas de las niñas sometidas a este tipo de mutilación, "la circuncisión femenina no se puede seguir viendo como una costumbre tradicional". La doctora Toubia aseguró que el debate ya no se debe centrar en lo apropiado de interferir en este tipo de práctica cultural, sino en cómo detenerla.

La clitorectomía no sólo mutila, enferma, acaba con el placer sexual y marca emocionalmente a las mujeres, sino que pretende reforzar costumbres que mantienen la dominación masculina. Y no se trata de falta de respeto y sensibilidad a culturas menos favorecidas económicamente. Ninguna tradición cultural puede justificar hoy en día este tipo de abuso infantil y juvenil. Por ahora, lo más urgente es poder pasar de la discusión abstracta a los casos concretos y a la acción. Ése es uno de los principales retos para promover la igualdad de la mujer en el mundo.

Puede sonar etnocéntrico, arrogante y fuera de lugar el cuestionar una costumbre que forma parte central de la cultura de todo un continente. Pero en mi caso, lo único que necesité para convencerme de la brutalidad de la clitorectomía fue seguir los ojos aterrorizados, confundidos, de las dos adolescentes que conocí en Tanzania, luego de mi impertinente pregunta. Sólo así pude ponerle rostro al horror que le espera cada año a millones de mujeres y niñas africanas.

49 NGORONGORO:
DIZQUE DE "SAFARI" POR ÁFRICA

Ngorongoro, Tanzania. Fausta tenía 30 años y debería poder disfrutar de su vejez pastando en uno de los lugares más bellos del mundo. Pero cada noche corría el riesgo de ser asesinada. Fausta era un rinoceronte.

Ella era uno de los veinte rinocerontes que quedaban a principios de 1996 en el extraordinario valle que se creó dentro del volcán durmiente de Ngorongoro. Eran tan pocos que los guías les habían puesto nombre a todos. A Fausta la reconocían desde lejos porque sus dos cuernos son del mismo tamaño.

A principios de siglo los rinocerontes se contaban en decenas de miles en Europa, Asia y África. Ahora sólo quedaban unos cuantos —no más de 100— en el continente africano. Su suerte era negra. Cada cuerno de rinoceronte se podía vender hasta en treinta mil dólares (seis mil dólares por kilo). En Asia hay quienes creen, estúpidamente, que el polvo de cuerno de rinoceronte es un afrodisiaco y que tiene poderes medicinales. No saben que el cuerno de rinoceronte está hecho únicamente de pelo duro.

Mi encuentro con Fausta no fue a solas. Yo era uno de los setenta turistas, distribuidos en catorce camionetas, que buscábamos especies en peligro de extinción. Y en Fausta —lejos, con binoculares— vimos una.

Las experiencias más cercanas que había tenido con animales salvajes se remontaban a mi niñez en el circo Atayde Hermanos, de México, y al extrañísimo ataque de un leoncito que casi le arranca la oreja a un compañero de primaria durante la visita al zoológico.

En fin. Sigamos con lo del safari.

Eso de ir a ver animales que están a punto de desaparecer es un negociazo. Por ejemplo, 300 mil turistas visitan Tanzania cada año y las autoridades esperan doblar esa cantidad para principios del tercer milenio. El turismo es una de las principales fuentes de divisas extranjeras para países como Kenia, Uganda, Botswana y Zimbabwe. Así, los turistas dejan millones de dólares, marcos y francos por la ilusión de ir de aventura.

Safari significa viaje o jornada en swahili. Pero hoy en día los safaris no tienen nada que ver con esas peligrosas aventuras en las selvas y bosques tropicales que abundan en la literatura. Una expedición muy parecida a la que hizo el escritor Ernest Hemingway en mula, durante ocho semanas en 1933, la hice en siete días, en avión y en *jeep*. Él y su esposa Pauline arries, garon el pellejo en el trayecto. En cambio, el mayor peligro que enfrenté fue una pequeña cucaracha que se me metió a la oreja mientras yo dormía, y que sacrifiqué antes de que decidiera, acampar permanentemente en el interior de mi oído.

La verdad es que mi "safari" comenzó mal. Después de haber recorrido más de quince mil kilómetros en avión para llegar a Tanzania y antes de ver un solo animal salvaje, mi guía me llevó a tres tiendas de curiosidades; supongo que para aclimatarme. Algunos de mis compañeros de viaje iban preparados —tipo Indiana Jones— con cuchillos, navajas, sombreros, botas y linternas. Pero cuál sería su sorpresa —¡y la mía!— cuando nos enteramos que en estos "safaris" modernos uno no se puede bajar de los vehículos. Parece que las agencias de viajes tendrían que pagar mucho dinero si regresan a un cliente a su casa con una mordida de hiena, un pisotón de hipopótamo o una cornada de búfalo.

Para ir de safari hoy no se requiere la preparación de los primeros arqueólogos, exploradores y cazadores que llegaron a África. Ahora sólo se necesitan ocho vacunas (las conté), una buena camara con telefoto —es la única "arma" que se permite en la "cacería"— y un buen par de asentaderas (los caminos rurales de África tienen fama de ser muy malos… y de dejar su huella).

Asimismo, una buena dosis de humor y paciencia es indispensable en los "safaris" contemporáneos. Mi grupo se pasó casi una hora viendo a un chita dormir. Y el clímax del viaje fue cuando ocho camionetas rodearon un árbol donde descansaba, sin inmutarse, un leopardo. zzzzzzzzzzzzzz…

Pero no me debo quejar. El "safari", al final, valió la pena. En Tarangire fue curioso ver que el principal "problema" de ese parque nacional fuera la sobrepoblación de elefantes (tienen cuatro mil), cuando en el resto del mundo escasean; y en las interminables praderas del Serengeti fui testigo de la migración anual de millones de cebras y ñus que cruzan sin pasaporte de Kenia a Tanzania. También me llevé la imagen de un león —plácido y satisfecho en la sombra— tras haberse devorado los intestinos de una jirafa; y los sonidos de las noches en la sabana africana, cuya variedad no he hallado en ningún otro lado.

Es posible que, dentro de unos años, algunos de los animales con los que me topé en el "safari" sólo se puedan ver en fotografía, con una franja blanca y negra que diga: "Extinto". El principal enemigo de la vida salvaje en África sigue siendo el *homo sapiens* (léase cazador o *poacher,* en inglés); y todo por conseguir el colmillo de un elefante, las manos de un gorila, el cuerno de un rinoceronte negro… O peor aún: por el idiota placer de matar y ver morir.

Desafortunadamente, los esfuerzos para defender a los animales en peligro de extinción han tenido resultados agridulces. Cuatro meses antes de llegar a Tanzania, otro rinoceronte había sido asesinado. Su cuerpo fue encontrado —todavía sangrando— sin el bicornio. Fausta, esa vez, se salvó. Pero la próxima víctima en el valle del volcán inactivo de Ngorongoro puede ser ella. Porque en los cuernos llevaba, al mismo tiempo, su protección, maldición y destino.

EUROPA

50 GUERRA Y VACACIONES EN CATALUÑA

Barcelona, España. Los catalanes no permitieron que los peores bombardeos en Europa desde la Segunda Guerra Mundial y más de medio millón de refugiados albanokosovares echaran a perder sus vacaciones. La primavera de 1999 se había colado en una rajada con temperaturas superiores a los veinte grados centígrados en casi toda la península ibérica; las playas y montañas se llenaron, los bikinis y zapatos tenis se desempolvaron, y las carreteras, hoteles y restaurantes se pusieron a tope. "Es como todo el verano en tres días", me comentó un sudado camarero en Tossa de Mar sobre su trabajo el jueves, viernes y sábado de semana santa.

La guerra podía esperar.

A pesar de su resistencia inicial, el conflicto bélico afectó las mejores intenciones de ocio de los españoles. España forma parte de los diecinueve países miembros de la Organización del Tratado del Atlántico Norte (OTAN) que luchaba contra los serbios y aviones en

misión de combate partían todos los días de la base militar de Torre-
jón, cerca de Madrid. Eso retrasó una buena parte de los vuelos
comerciales que iban o venían del aeropuerto de Barajas.

Los planes de vacaciones de decenas de miles de familias españo-
las se hicieron un ocho. Curiosamente la ira de los españoles se dirigió más hacia los pilotos en huelga de la aerolínea Iberia y a su
competencia, Spanair (que sobrevendió varios vuelos), que contra las
operaciones militares de la alianza atlántica.

"¡Pero es que ustedes son la hostía!" le escuché a un cabreado
hombre de negocios, a quien después de haber esperado cuarenta y
cinco minutos de fila para utilizar el puente aéreo Madrid-Barcelona,
le informaron que el asiento que tenía reservado y pagado (¡ay!) se le
había dado a otra persona. ¿Hasta cuándo dejaran de sobrevender sus
cupos las líneas aéreas del mundo? Sobre todo en Navidad, el verano,
semana santa y otros periodos vacacionales. En verdad, son la hostia.

Hasta aquí el aire.

En tierra vi, sí, una manifestación de grupos de izquierda contra
los bombardeos frente a la embajada estadounidense en Madrid y
protestas, mucho más leves, en Barcelona. Pero nadie se rompía el
coco ni vendía a la madre por los kosovares. Eran sólo los ruidosos
ejercicios de la oposición en una democracia.

Ya en Barcelona —tras montarme en un repleto avión con aspecto
a lata de anchoas— y armado de periódico en mano me puse a caminar, sin prisa, por las ramblas y el barrio gótico. No olía a guerra por
ningún lado. La rueda de veinticuatro horas de noticias de la alianza
de CNN y el Canal Plus, al igual que los otros telediarios españoles,
habían perecido ante el implacable botón de OFF del control remoto.
En ese ambiente, la eternamente inconclusa obra de Antonio Gaudi
—la iglesia de la Sagrada Familia— resultaba más impresionante que
los titubeantes bombazos de la alianza sobre Belgrado y Pristina.

En un descanso, abrí el diario y descubrí resumido en una caricatura el sentimiento ambivalente de los españoles respecto a la guerra
por Kosovo: no a los bombardeos y no al líder serbio Slobodan Milosevic. Muchas páginas más se llenaron tratando de explicar cómo
lograr las dos cosas.

Difícil. Muy difícil.

El presidente del gobierno español, José María Aznar, tampoco se
había preocupado mucho por traer el tema de la guerra al centro de

la polémica nacional. Sus declaraciones habían sido, a lo mucho, breves, tibias y cortantes. Más habló en favor de los bombardeos Jordi Pujol, el líder de la Generalitat de Cataluña, quien comparó el asedio de los serbios contra los kosovares a los ataques franquistas contra los catalanes republicanos durante la guerra civil española (1936–1939).

En fin, cada quien con su rollo.

Sí, parece complicado andar de vacaciones mientras se extermina a un pueblo —el albanokosovar— a un par de horas de vuelo. Fue aquí donde me tocaron los primeros días de los bombardeos de la OTAN contra los serbios. Pero el contraste vacación/guerra dejó muy claro el objetivo a alcanzar: la liberación de los kosovares para que, algún día, puedan tener unas vacaciones en paz como las de los españoles… y en su propio país.

POSDATA SEMITURÍSTICA. Ni la guerra pudo espantar el embrujo que suele envolver a quien visita Cataluña. Por principio, Barcelona es una ciudad para desamarrar el amor, igual en Port Vell, comiéndose junto al Mediterráneo una mariscada con salsa de romesco, que compartiendo desde lo alto una botella de cava (el *champagne* catalán).

Pero aquí las guerras tampoco se dan mal.

La tradición independentista del catalán está intacta. Las luchas de los catalanes con el gobierno central son cosa de todos los días; pelean desde la distribución de impuestos —para que se queden en la región— hasta la interpretación que en las escuelas se da a la historia de España. Sin embargo —y esto es importante aclarar—, sólo los catalanes más radicales buscan su separación del resto de España.

Cataluña se siente más parte de Europa que Madrid y por esto un encuentro entre el Real Madrid y el Barza pocas veces es sólo patadas y futbol. La modernidad ha pisado aquí con fuerza inusitada y desde la atormentada belleza de los despeñaderos de la Costa Brava, entre Blanes y Cadaqués, es más fácil entender a Serrat y a Casals, a Dalí y a Miró, en esa mezcla de talento, orgullo nacionalista y originalidad.

Es imposible no darse cuenta cómo los catalanes ponen en práctica ese extraño don de vivir con intensidad y convicción, pero sin perder su sentido de la historia.

Cuatro décadas de represión franquista no pudieron apagar el espíritu y el idioma catalán; nombres, calles, clases, noticieros, reuniones de negocios, pláticas de café... todo está en catalán. Pero aunque no hables su idioma, los catalanes tienen ese generoso trato que evita sentirse extranjero en su tierra... a menos, claro, que seas de Madrid.

51 BERLÍN, 1989

Berlín, Alemania. Desde que recuerdo, siempre quise estar en los lugares donde el mundo estaba cambiando y conocer a los protagonistas del cambio. Bueno, Berlín me dio la oportunidad de ver cómo se hace la historia; golpe a golpe.

La noticia nos llegó a todos de sorpresa. El muro de Berlín se caía. El ejército de Alemania del Este no lo iba a evitar y la Unión Soviética prometía no intervenir. Las primeras imágenes las vi por televisión, en Miami, la tarde del 8 de noviembre de 1989.

Era increíble, Cientos de jóvenes estaban destruyendo —con martillos, piedras o con lo que se encontraran— el muro de Berlín ante las miradas impávidas de los guardias de la Alemania comunista. Y entonces hice lo que cualquier otro periodista en el mundo hubiera deseado: subirse a un avión derechito a Berlín.

Berlín era una locura y yo temblaba. No tanto por la emoción sino porque mi delgada ropa miamense parecía de papel. Había tanto que ver y que hacer que pasaron tres días antes de tener tiempo para comprarme un abrigo de lana.

El muro que separaba las dos Alemanias desaparecía pedazo a pedazo y quienes antes hubieran sido asesinados en la frontera empezaban a cruzar; primero con miedo y luego con una sonrisa. Me acuerdo en particular de una familia, en un pequeño auto que apenas caminaba, totalmente asombrados al entrar en Berlín occidental. Sus dos hijos dormían, plácidamente, en el asiento trasero.

El mundo, como muchos lo habían percibido desde el fin de la Segunda Guerra Mundial, estaba cambiando frente a nuestros ojos. En lo humano no hay nada permanente, salvo el cambio. Y estar ahí, donde el mundo cambiaba, es una delicia periodística.

Ser testigo de la historia no me bastó; agarré mi martillo y saqué del muro un pedazo que aún conservo. Y, de vez en cuando, con la roca en mis manos, aún tiemblo. Pero no de frío.

No hay nada que pueda detener una idea cuando su tiempo ha llegado. La frase es del escritor Víctor Hugo. Él hablaba de la revolución francesa, pero el mismo concepto se puede aplicar al extraordinario año de 1989.

Ahora se habla de antes y después de 1989. En los días finales de ese año excepcional cayó en Rumania el último dictador comunista de línea dura en Europa. En Polonia tomaba el poder un gobierno no comunista. En Hungría se estaban organizando elecciones multipartidistas. Yugoslavia había prometido elecciones para el año siguiente; sin embargo, era sólo un avance de su desmoronamiento. La oposición democrática controlaba el rumbo político de Alemania Oriental. En Checoslovaquia un escritor disidente, Vaclav Havel, estaba a punto de convertirse en el nuevo presidente y en Bulgaria el líder comunista Todor Zihkov, tras treinta y cinco años en el poder, caía ante la presión de reformas democráticas.

Lo sorprendente es que la mayoría de estos movimientos surgieron y crecieron sin líderes visibles. Fue la gente que dijo basta y se organizó como pudo. Hay historias maravillosas. En Checoslovaquia, por ejemplo, en una semana, un disidente paso de la cárcel a ser el jefe de las mismas fuerzas policiacas que lo habían encarcelado. Por supuesto, su primera orden fue abolirlas. En Rumania el ejército formó una alianza con la oposición, a pesar de correr el riesgo de ser ejecutados públicamente si no disparaban contra los manifestantes antigobiernistas. En Alemania Oriental el líder Erich Honecker fue expulsado del partido comunista, el mismo que le permitió vivir por años en un lujo dificilmente equiparable en Occidente. La presión era insostenible.

Detrás de cada movimiento democrático hubo miles que desafiaron a regímenes acostumbrados a disparar antes que a dialogar. Y ganaron. Miles murieron en Rumania, pero al final, el dictador Nicolae Ceausescu y su esposa fueron arrestados, antes de que pudieran huir. Luego serían recapturados, enjuiciados y ajusticiados. La imagen de la cabeza de Ceausescu desangrándose sobre las piedras dio la vuelta al mundo.

El entonces líder soviético Mijail Gorbachov fue el catalizador de estos cambios monumentales. Más por lo que no hizo que por lo que hizo. No envió a las tropas soviéticas a reprimir, como sus predecesores, los movimientos reformistas en los países del Pacto de Varsovia. No protegió a los déspotas que estaban cayendo. No exigió que el partido comunista se mantuviera como la fuerza motriz de los países de Europa del Este, ni prohibió la realización de elecciones multipartidistas. Pero a Gorbachov se le escapó el control de las manos en su propio país. Podía ser el líder más popular del mundo, pero en su propia nación, los 280 millones de soviéticos no creían en él. Porque el pan casi siempre viene antes que la política. Gorbachov uniría más tarde y cedería el poder a su archienemigo Boris Yeltsin, quien pudo ver el futuro antes que él. La Unión Soviética dejaría de serlo. Estados Unidos quedaría como la única superpotencia, para bien y para mal.

El gobierno chino fue la excepción ese año. La masacre de Tiananmen detuvo un movimiento democrático que hubiera transformado en formas impensables al mundo. Hay que recordar que sólo en China vive la quinta parte de los más de cinco mil millones de seres humanos que poblamos la tierra. Los pronósticos del principal grupo de oposición chino acerca de que la siguiente ciudad en caer sería Beijing nunca se materializaron. Pero sí dejaron claro que la gerontocracia china tampoco estaba inmune al cambio. Lo viejo estaba muriendo, pero lo nuevo no acababa de nacer.

QUÉ AÑO. Fue una oda a la libertad. Pero nos deja una década llena de interrogantes. ¿Puede la democracia asegurar el porvenir económico de países acostumbrados a cuarenta años de subsidios, racionamientos y un férreo control central? ¿Podrá la nueva corriente de economías abiertas y exportadoras garantizar el bienestar de los que menos tienen? ¿Vimos el "fin de la historia" como decía Fukuyama o sólo el principio de un sistema que aún no tiene nombre ni apellido?

Independientemente de lo que le ocurra en el siglo XXI, el mundo ya no es el mismo. 1989 lo cambió todo o casi todo. Y estuve ahí, en Berlín, cuando el pasado se descuartizó y el futuro hizo su huequito.

52 RUSIA: BIENVENIDOS AL CAPITALISMO

LOS JÓVENES

Moscú, Rusia. En la escuela número 110 de Moscú me tropecé con los nuevos revolucionarios rusos. Tienen quince o dieciseis años, se visten con *jeans* y zapatos tenis, y escuchan a grupos de rock como Duran Duran, Nirvana o al español El Último de la Fila. Es la primera generación de rusos acostumbrados al cambio en los últimos setenta años.

Me encontré con María, Andrei y tres de sus compañeros en una de las cuatro escuelas de la capital rusa donde el español es parte fundamental de las asignaturas. Sus padres trabajaron en Cuba o fueron diplomáticos en el extranjero, y por ellos descubrieron el castellano. Cuando los conocí estaban discutiendo en clase de literatura un pasaje del escritor español Miguel de Unamuno.

Su revolución era silenciosa pero implacable. No tenían el miedo al sistema ni a la represión que había paralizado la vida de sus padres y maestros. Eran los primeros pensadores libres de Rusia. No tenían libros de historia que les marcaran un rumbo. Su historia la veían por televisión. Los cambios en Rusia habían sido tan rápidos y radicales que las nuevas interpretaciones sobre la intransigencia de Lenin, las atrocidades de Stalin y los titubeos de Gorbachev no habían llegado a los libros de texto. (Me iba a reunir también con su maestro de historia, pero no llegó a la cita. Precaución quizá.)

María, delgada, segura de sí misma con su falda de mezclilla, era la más extrovertida del grupo. Su español era casi impecable. Le gustaba Clinton por joven y porque al igual que ella escucha la música del grupo U2. Para ella, Marx era sólo un teórico y Gorbachev nunca le impresionó mucho. Con soltura cambiaba de tema. Sí, ella creía que los deiciseis años era una edad apropiada para iniciar la vida sexual. Sus compañeros hablaban sin inmutarse sobre condones y de cómo aprovechaban cuando sus padres se iban a trabajar para invitar a sus amigas a casa. No había secretos ni KGB. Era Moscú en 1993.

Nadie les había dicho cómo pensar. Cuando niños fueron pioneros del partido comunista, pero antes de entrar al Komsomol (el grupo de jóvenes comunistas) el presidente ruso Boris Yeltsin disolvió el partido. Y ahí, para ellos, terminaron los dogmas. El futuro es de ellos, no del socialismo.

No es que su vida fuera fácil. Los hombres, al cumplir los dieciocho, eran reclutados por un año y medio en el servicio militar obligatorio. Pero al menos no tenían que preocuparse por defender afganistaníes o congelar primaveras checas. Más les preocupaba el dinero que la guerra. Eran jóvenes, pobres y libres.

Se reían con facilidad y hablaban en español sin que su acento los cohibiera. Criticaban sin modestia a los jóvenes españoles y estadounidenses por no conocer siquiera a sus propios escritores. Sin embargo, reconocían que compartían con ellos las inquietudes que despertaba Madonna. Querían ser parte de la nueva inteligentsia rusa y estudiar economía o relaciones internacionales. No iban a permitir que nadie les impusiera límites desde fuera. Estaban tomando su vida en sus propias manos.

Yeltsin y los ex comunistas se seguían disputando el poder en Rusia. Pero a ellos, jóvenes, ese debate no les preocupaba demasiado. Ellos sabían que el cambio estaba dado. María Andrei y sus compa-

ñeros de la escuela número 110 eran la más clara señal de que la
libertad había echado raíces en Rusia, y que no había vuelta atrás.

LOS PERIODISTAS

En Occidente los periodistas creemos que para ser justos en nuestro
trabajo, debemos ser independientes y no tomar postura. Pero en la
nueva Rusia tener una posición política y defenderla públicamente es
parte intrínseca de ser periodista.

Mijail Ponomaryov, a los veinticinco años, era el conductor de
noticias más joven de la televisión rusa. Apoyó abiertamente al presidente Boris Yeltsin en el pasado plebiscito, sin embargo, me dijo:
"Cuando estoy en el estudio (de televisión), Yeltsin no significa más
que el presidente del país". Le contesté que muchos en Occidente no
considerarían eso como periodismo independiente. Contraatacó. A
él, ahora, nadie le decía qué decir en su noticiero. Con los comunistas, me explicó, sólo se decían verdades a medias, en el mejor de los
casos. Con Yeltsin, añadió, "hemos recibido la posibilidad de decir la
verdad". Punto. "¿Cuál es la siguiente pregunta?" me dijo.

Hacía mucho que no escuchaba el término "periodismo comprometido". Antes era una referencia a una alianza con la izquierda, con
los pobres, con causas liberales. En Rusia, a mediados de la década
de los noventa, el compromiso era con la democracia.

Para Yevgeny Bai, del periódico *Izvestia*, el 19 de agosto de 1991
fue una fecha clave en su vida. Ése fue el día del intento de golpe
militar en la entonces Unión Soviética. Ése fue también el día en que
él destruyó su credencial del partido comunista.

Al igual que muchos periodistas de su calibre, Yevgeny tenía que
ser miembro del partido si quería viajar al extranjero y seguir
subiendo a puestos de importancia en el diario. La alternativa era el
silencio, que es como una especie de haraquiri para cualquier corresponsal.

Pero en 1991, Yevgeny vio por la ventana de su oficina cómo pasaron los tanques de los "putshistas" en dirección al Kremlin. Tres días
después de la fallida aventura contra Gorbachev y sus reformas, el diario se independizó. "Mientras existía el monopolio del partido comunista, todos nosotros éramos unos esclavos", me dijo Yevgeny, "no periodistas independientes".

Pero el peligro no había pasado. Periodistas como Yevgeny temían a
la capacidad camaleónica de los ex comunistas y de su posible regreso

al poder. "En esta coyuntura", me dijo "cualquier demócrata tiene que
apoyar al presidente Yeltsin". Y Yevgeny era un demócrata.

Los periodistas rusos se retuercen de indignación ante cualquier
insinuación de que no son imparciales. Pavel Golub es el subdirector
de un suplemento semanal que se publica en colaboración con el
diario *Financial Times* de Londres. Veía con angustia los esfuerzos de
los ex comunistas por reprimir a la prensa independiente, pero aun
así publicaba también su punto de vista. Votó por Yeltsin, pero no
dudaba en criticarlo cada vez que lo veía llevar la economía al abismo
de las promesas demagógicas.

Mijail, Yevgeny y Pavel representaban a la nueva generación de
periodistas demócratas en Rusia. Ellos sabían lo que fue la censura,
la mentira repetida millones de veces y el miedo a la represión. Y no
estaban dispuestos a volver al pasado de los tachones y los espacios
vacíos. Se la estaban jugando por la democracia.

En ese entonces, pocos periodistas rusos ganaban más de un dólar
diario. Estaban entre los reporteros más pobres del mundo. Pero su
lucha tenía poco que ver con el dinero. Estaban tomando postura
porque sino desaparecían. Y en la vida, como en el periodismo, el instinto de supervivencia es lo que prevalece. Si no pregúntenle a los ex
comunistas.

DEL SOCIALISMO AL CAPITALISMO...

De pronto los obreros y los oficinistas de Rusia tenían que resolver
problemas muy similares al de los campesinos de Oaxaca o del
Cuzco. Es decir, cómo sobrevivir con treinta dólares al mes. Ése era
el salario promedio de un trabajador en Rusia en 1993. Nada nuevo
para una víctima del subdesarrollo latinoamericano, pero sí sorprendente y difícil de entender para quien se creía hasta hace poco ciudadano de una superpotencia mundial.

De esos treinta dólares al mes gastaban sólo veinticinco centavos
de dólar en renta, incluyendo agua y electricidad. Los edificios de
apartamentos y casas en Rusia estaban todavía subsidiados por el
gobierno. La gasolina, también subsidiada, era una de las más bara-
tas del mundo. Cuesta menos de un centavo de dólar el litro de gasolina; menos de cuatro centavos de dólar el galón. Las escuelas y
universidades eran gratuitas. Pero hasta ahí las gangas.

Caminando por el mercado Cherion Muskinski, en el centro de
Moscú, era fácil darse cuenta por qué se quejaban tanto los rusos. El

kilo de pescado costaba un dólar y no es que fuera salmón; era un pescado cualquiera del río Moscova. El pollo, bastante flaco y descolorido por cierto, lo vendían a tres dólares cada uno. O sea que en una cena modesta a cualquier moscovita con dos hijos se le podía ir la tercera parte de su sueldo.

Los rusos no sabían lo que era la inflación. Por décadas los precios de los productos básicos se mantuvieron estables. La inflación en esos días era del 30 por ciento al mes. Y por eso no era extraño ver a los rusos llevar una bolsita de plástico para todos lados. Si veían una oferta, la metían en la bolsita y se la llevaban a casa. El problema ya no era la falta de comida, sino la falta de dinero.

El desempleo también era un fenómeno desconocido en Rusia. Noventa y ocho de cada 100 rusos en edad de trabajar tenían empleo. Pero lo que ocurría es que millones de ellos recibían un salario por hacer nada o casi nada. El Estado socialista le garantizaba a cada uno de sus ciudadanos un trabajo. Eso lo único que garantizó fue un tremendo dolor de cabeza para los nuevos inversionistas.

En un taller de costura que visité sus trabajadoras estaban resistiendo, hasta con violencia, los esfuerzos de privatizarlo. Las consecuencias eran evidentes. Sólo un puñado de ellas ganaría más. El resto se quedaría en la calle.

El problema de tratar de entender la nueva economía de Rusia por televisión era que las imágenes nos engañaban. Se equivocaba quien creía que Rusia ya era un país capitalista sólo porque vio un McDonald's y dos Pizza Hut por la pantalla. La inversión extranjera estaba dejando caer a cuentagotas sus dólares, marcos y yens sobre territorio ruso. Además, el proceso de privatización iba a pasos de hormiga: pequeñitos y rápidos, pero que no llegaban muy lejos. Sólo 5 por ciento de las industrias estatales del país se habían privatizado a mediados de los noventa.

La ironía es que este descontrol económico estaba provocando que partes de Rusia se parecieran a Cuba. Cada vez había más restaurantes y hoteles que sólo aceptaban *hard currency*, moneda extranjera. No es que los rusos no pudieran entrar ahí, pero nadie quería sorberse la mitad del salario con un par de Coca-Colas. Y además, jóvenes universitarias se habían dado cuenta rápidamente que ganaban más dinero como prostitutas que poniendo en práctica su verdadera profesión.

La caída de Mikhail Gorbachev se consolidó cuando, cediendo a presiones de comunistas ultraconservadores como Yegor Ligachev, se negó a poner en práctica un programa de reformas económicas aceleradas, el famoso plan de los 500 días. Gorbachev temía que doce millones de soviéticos se quedaran desempleados. Ahora sabemos que el único que se quedó sin trabajo fue él.

Irina Zorina, del Instituto de Economía Mundial de la Academia de Ciencias de Rusia, creía que el único camino era la terapia de choque", un cambio doloroso y brusco del sistema socialista a una economía de mercado. Pero según Irina, los "gradualistas" estaban tomando fuerza y querían llevar a Yeltsin a una postura más moderada. Ellos preferían que Rusia se pareciera más a Suecia, con una economía mixta, que por ejemplo a Estados Unidos. Para Irina ésas eran tonterías; las comparaciones no servían y el cambio era inaplazable. Rusia tendrá su propio modelo.

La cuestión era cómo romper esa psicología de la dependencia de quienes la revista *Foreign Affairs* describió como los trabajadores blancos más pobres del mundo. Sólo una minoría de rusos se había lanzado a la aventura capitalista vendiendo cigarros, sodas y vodka en pequeños quioscos que contaminaban visualmente las plazas que antes dominaban estatuas de Lenin y Stalin. El camino aún parecía muy retorcido, pero era la bienvenida al capitalismo que tanto esperaban —y temían— los rusos.

53 ROMA Y LOS DOLORES DE EUROPA

Roma, Italia. Entré a Italia como Pietro por su casa. Llegué al aeropuerto Fumicino, cerca de la capital italiana, procedente de Madrid, y nadie quiso ver mi pasaporte mexicano. Mi maleta tipo perro-con-collar tampoco fue inspeccionada por los agentes de la aduana. Tardé menos de cinco minutos del avión a la calle. Fue como si alguien me hubiera dicho: Benvenuti a Italia, provincia de la Comunidad Económica Europea (CEE).

El día de mi llegada a Roma—en abril de 1998—no había huelga de los empleados del servicio italiano de migración ni se habían ido todos de vacaciones al mismo tiempo. No. Nadie revisó mi pasaporte ni mi maleta-perro porque acababa de entrar en práctica un acuerdo que permitía viajar dentro de muchos países europeos sin controles migratorios. Así, el acuerdo de Schengen me permitió entrar a Europa, vía Madrid, y luego biajar a Italia (o bien pudo haber sido Bélgica, Alemania, etc.) sin mayores contratiempos burocráticos.

Ésta es una clara señal de que Europa hacía un esfuerzo por ser una y no varios países pegados con chicle. La integración era ya una realidad en Europa. Pero como toda realidad, también tenía sus hoyos negros.

Por ejemplo, para millones de viajeros como yo es muy cómodo presentar el pasaporte una vez y luego guardarlo hasta la salida de Europa. Pero esto mismo había hecho que miles de inmigrantes entraran al continente europeo por la puerta menos cuidada, para después quedarse a vivir y trabajar ilegalmente.

Para muchos, desde luego, la puerta menos cuidada ha sido el aeropuerto de Barajas en Madrid, particularmente para los latinoamericanos, africanos y quizá los filipinos. En 1997, más de tres mil personas fueron detenidas al intentar entrar a España con documentación incompleta o falsa. Lo que no sabemos es cuántos lograron colarse. La inmigración ilegal es, pues, uno de los dolores de la Europa integrada.

Otro de los dolores de Europa era la serie de efectos económicos negativos por el derrumbe de las barreras arancelarias. Tal vez los tomates españoles sean los más ricos de todo el continente, pero si en Holanda o Italia se pueden cosechar tomates más baratos, entonces iba a haber muchos agricultores españoles que se quedarían sin trabajo. El "paro" en España en marzo de 1998 fue superior al 12 por ciento. Y entre los desempleados había muchos tomateros.

El desempleo en sectores específicos era el talón de Aquiles de la mayoría de los acuerdos de integración comercial en el mundo. Y aquí en Europa, de cada 100 trabajadores, entre diez y veinte (dependiendo del país) no podían conseguir empleo.

Cuando me comí una exquisita ensalada caprese en una trattoria frente a las ruinas de Herculaneum, no se me ocurrió preguntarle al mesero: "Oiga, ¿de dónde son los jitomates?" Me los comí con el mismo gusto aunque mi acto, unido al de miles más, haya generado empleo en un país y desempleo en otros. Así, en toda Europa se estaban sintiendo las consecuencias de borrar las fronteras comerciales.

El turista también resiente las presiones de la integración. Quienes aprobaron de panzazo en aritmética durante la primaria estaban pasando un trabajal al calcular todos los precios en euro, la moneda que próximamente regirá en los países que forman la CEE. Ya en Amalfi y Capri vi un par de menús con precios en euros. En Grecia, en cambio, se siguen resistiendo, ya que en su idioma la palabra euro tiene la misma pronunciación que orina. No los culpo por el retraso. ¿Se imaginan la para de los griegos, el próximo milenio, cuando pidan el precio del especial del día en cualquier restaurante de Atenas?

El tercer dolor de la Europa integrada es el nacionalismo. Es curioso que mientras más se habla de integración, más intensidad toman los movimientos que buscan independencia y autonomía para regiones enteras. Para no imos más lejos, en Barcelona hoy se habla más el catalán, en público, que hace sólo cinco años. En parte eso tiene que ver con la llamada "ley del catalán", autorizada por el Parlamento de Cataluña a finales de 1997, y que en la práctica sanciona a los negocios y empresas dentro de la Generalitat que utilicen más el castellano que el catalán.

¿Se acuerdan del famoso anuncio que causó tanta controversia durante las olimpiadas en Barcelona, en las que se hablaba de "un país llamado Cataluña", sin ninguna referencia a España? Bueno, esas referencias a una región, sin mencionar al país donde está localizada, son cada vez más frecuentes en Europa. Lo hacen igual los irlandeses del norte que los catalanes y los vascos, en ambos lados de la frontera franco-española. Los nacionalismos pueden ser —¿o ya son?— la pesadilla de los que sueñan en europeo.

Para acabar, la creciente migración ilegal, los desequilibrios en la economía continental y la renovada fuerza de los nacionalismos le estaban dando un banderillazo a la imperfecta pero moderna idea de una sola Europa.

La carrera por la integración europea llevaba vuelo y tenía las de ganar. Pero los dolores durante la carrera eran preocupantes. Lo que no sabernos todavía es si denotaban fracturas profundas o si eran sólo los inevitables —y curables— síntomas de todo cambio.

Sin embargo, resultaba obvio que la Dolce Vita de la integración europea no había resultado ser tan dulce.

54 LA AUTOSTRADA A POSITANO

Positano, Italia. Tan pronto me subí a la supercarretera para dirigirme al sur de Italia, presentí que iba a pagar por todos mis pecados. Y no era por la cercanía al Vaticano ni un arrepentimiento típico por la crisis de la mediana edad. El presentimiento de tragedia se asomó cuando me di cuenta, en el espejo retrovisor de mi auto rentado, de la alta velocidad y agresividad con que conducen los italianos. *Mama mia.*

A ver, como dicen los colombianos antes de echarse un cuento, déjenme dar vuelta en U y empezar por el principio. En el aeropuerto de Roma renté un coche que prometía aventura. Era un alemancito BMW con sabe diablos cuántos caballos de fuerza, cinco velocidades y salidito del horno. Yo era el primero en rentarlo. Perfecto.

O por lo menos eso creí hasta que la agente que me rentó el auto preguntó a dónde iba. "A Positano", dije. Ella me miró con unos oji-

tos entre burlones y preocupados. Su mirada fue una advertencia de
las curvas y peñascos que me esperaban.

En verdad el carrito jalaba bien, pero los autos me pasaban por
ambos lados, igual los grandes que los pequeños. Le pisé al acelerador. En la autostrada no había señales que marcaran el límite de velocidad. Qué raro, pensé. Nadie me había dicho que en Italia no hay un
límite de velocidad, sino varios, dependiendo del auto que manejas y
la carretera que utilizas.

O sea que los límites de velocidad están en la cabeza de los conductores. Las patrullas de camino brillaban por su ausencia y nadie
le hacía caso a los letreros que anunciaban que la velocidad se vigi-
laba por radar.

En fin, seguí acelerando para estar a la par de los otros autos. Llegué a los 160 kilómetros por hora (unas 100 millas por hora). Agarraba el volante, duro, con ambas manos, pero no podía dejar de
pensar en el accidente de la princesa Diana y que, a esa velocidad, un
errorcito y *cataplum*.

Aun así me seguían rebasando. Me llamaban la atención esos
huevitos rodantes —Fiat, Opel, Renault, VW—que medían la mitad
de mi auto y que me dejaban atrás en segundos.

Después de la primera hora, y aún con las palmas sudadas, me
fui acostumbrando al paisaje. Las carreteras italianas son muy distintas a las de Estados Unidos, donde generalmente manejo. Aquí en
Italia predominan los miniautos. (En Francia les llaman *voiturettes*.)
Quizá por los problemas de estacionamiento y lo caro de la gasolina,
a dólar el litro o 3.5 dólares el galón, aproximadamente.

En cambio, en Estados Unidos hay una fiebre por esas cajas de
zapatos motorizadas que llaman *light trucks* o *sport utility vehicles*.
Son un híbrido entre el auto y el camión, y sus conductores tienden
a contagiarse con el virus de la prepotencia automotriz frente a sus
congéneres más chaparros.

En Italia no extrañé esas camionetas-toro (que son tan peligrosas,
según las estadísticas, para quienes se estrellan contra ellas). Pero sí
me hizo falta un sistema congruente de señales de tráfico. A veces, en
lugar de avanzar, me daba la impresión que retrocedía. En una ocasión, vi una señal que decía: Napoli 48 km. Y sólo unos metros más
adelante: Napoli 49 km. Iba en la dirección correcta, pero en lugar de
avanzar, retrocedía. Eso no fue lo peor.

Como si fuera caricatura, en un entronque encontré dos señales en el mismo poste; una indicaba que para ir a Sorrento había que tomar el camino de la derecha y otra flecha me dirigía al de la izquierda. Bueno, supongo que todos los caminos llegan a Sorrento.

¿Destra, sinistra o diritto? Por supuesto, me perdí. Y por más que digan que el español y el italiano se paresen, escuché demasiados "non capisco" tras mis preguntas.

Con varias horas de retraso, por fin me topé con la costiera amalfitana que me llevaría a Positano. Pero ahí todo fue un gran mareo. La belleza de las costas de Campania tiene que apreciarse con los dos pies en la tierra y sin moverse, porque manejar a través de esos tortuosos y profundos acantilados le pone a cualquiera los pelos de punta y el estómago... bueno, ni hablar.

Dos autos pasan apenitas por el zigzagueante camino que cruza los riscos. Es fácil verle los pelos de la oreja y el color del iris al chofer que viene de frente. Y si uno de los muchos autobuses de turistas pide el paso con el claxon, más vale que calcules bien porque sino puedes acabar en el mar y con el auto de corbata.

Positano es quizá uno de los lugares más hermosos del Mediterráneo. Pero llegar está grueso. Mis años manejando en la ciudad de México y en Los Ángeles no me prepararon para las autostradas italianas, los estrechos caminos montañosos, la plaga de las motonetas y las caóticas calles de Roma y Nápoles.

Alguna vez pensé que los conductores de El Cairo, en Egipto, eran los más agresivos que había. Ahora, detrás del volante, no me quedaba duda que los italianos se llevaban el premio; se lo han ganado a pedalazo limpio.

Tras 840 kilómetros recorridos en una semana de travesís, debo reconocer que fui un hombre feliz al entregar las llaves de la maquinita alemana que renté; milagrosamente se salvó de un robo y de haber quedado como hojalata.

Arrivederci. La próxima vez que venga a Italia mejor viajo en tren.

Y POR ALLÁ...

55 UN MUNDO DE PRISA

Uno de los lujos de este nuevo siglo, escribía el periodista español Vicente Verdú, es "cada vez más el tiempo". Vivir "sin la ansiedad del reloj". El tiempo libre y un "amor exceptional… son los auténticos lujos del siglo XXI, en la medida que son infrecuentes, improbables y estadísticamente marginales".

El tiempo es, también, una obsesión de la escritoria mexicana Elena Poniatowska. "A veces pienso que los que me precedieron no nos revelaron las cosas que necesitábamos oír a tiempo y que no debo cometer el mismo error con mis hijos y nietos, amigos y amigas, que debo apoyarlos a tiempo", reflexionó en el libro *Gritos y Susurros* (Grijalbo 2004). "Tiempo, darles tiempo, quitarle tiempo a mi tiempo, lo único que puedo ofrecerles de mí es tiempo, el que me queda. Quizá no les di suficiente tiempo por andar de escribiente cuando lo que más me importa son ellos, sus deseos, sus fracasos, sus embarazos, sus alegrías, su vida".

Las palabras de Elena me tocan porque —confieso— soy un *speedaholic*, un adicto a vivir velozmente. Y así evado al mundo, evado mis sentimientos y me lanzo al futuro de clavado. El presente no es más que una imagen borrosa, como la que se ve en un auto de carreras a 200 kilómetros por hora. Pero tengo que parar. Lo tengo que hacer. Tengo que recuperar mi tiempo libre.

"En nuestra moderna y complicada sociedad, el tiempo personal es frecuentemente puesto a un lado en un esfuerzo de hacer más cosas en un creciente ritmo frenético", leí en uno de esos libros de autoayuda. "Recupera tu tiempo personal y naturalmente recuperarás tu energía".[1] Pero no hay nada más difícil que quitarle ese tiempo al trabajo, a la rutina y a las obligaciones.

Ya me imagino la cara de mi jefa cuando le diga: "¿Sabes qué? De ahora en adelante sólo voy a trabajar la mitad de mi horario porque necesito pasar más tiempo con mi familia, con mis amigos, para hacer ejercicio, para tocar la guitarra y para hacer otras cosas que me gustar".

Hace mucho que no me tomo una siesta por la tarde. Y, a veces, ya no sé cómo son las tardes porque casi siempre me las paso trabajando. Además, sufro de tecnoestrés.

TECNOESTRÉS

Si tienes que llevar tu teléfono celular a todos lados o lo dejas prendido en la mesita de noche, sufres de tecnoestrés. Si dejas tu *beeper* prendido a un lado de la regadera, tienes tecnoestrés. Si durante los fines de semana chequeas los correos electrónicos de tu oficina, eres un tecnoestresado. Si antes de prender el auto tienes que marcar algún número, cualquiera, si marcas el número 9 antes de hacer una llamada telefónica y luego te das cuenta que estás en tu casa, no en la oficina, padeces de tecnoestrés. Si llevas el celular colgado del cinturón, tienes tecnoestrés. Si estás de vacaciones y quieres revisar tus mensajes en la oficina, eres el prototipo del tecnoestresado. Si no puedes calcular el 15 por ciento de propina en el restaurante sin tu Palm Pilot estás tecnoestresado. Si caminas enviando y recibiendo correos electrónicos en tu computadora portátil, eres la imagen per-

---

[1] 365 Ways to Energize Mind, Body & Soul. Storey Books 2004, by Stephanie Tourles. "In our modern, hectic society, personal time is frequently shoved aside in an effort to accomplish more at an increasingly frenetic pace. Reclaim your personal time and you'll naturally reclaim your own energy."

fecta de un tecnoestresado. Si llevas varios CDs con películas para verlas en tu computadora por si no te gusta la que van a poner en el avión, vives tecnoestresado. Y si lo primero que haces cuando aterrizas de un vuelo es prender tu teléfono celular, incluso antes de que abran la puerta del avión, no tienes remedio: estás hundido en tecnoestrés.

El tecnoestrés es la tensión nerviosa producida por la nueva tecnología. Se suponía que la tecnología nos iba a hacer más libres. Pero, por el contrario, nos ha vuelto esclavos de los *gadgets* y de los últimos inventos.

Durante años fui muy feliz sin teléfono celular, fax, *beeper* o localizador, Internet, computadora y contestadora de mensajes. Si alguien me quería encontrar, tenía que llamarme durante el día al trabajo, en la noche a la casa o escribirme una carta. Punto. Si no contestaba a mis amigos y familiares les quedaba claro que estaba viajando o que, sencillamente, no me daba la gana contestar el teléfono.

Sin embargo, el virus de la tecnología me infectó poco a poco y ahora estoy totalmente contaminado. Todo comenzó de una manera muy ingenua: mi hija Paola vive en Madrid y el Internet y los celulares nos ayudaron a terminar con la rutina de sólo llamarnos los domingos o después de las siete de la noche. A pesar de la distancia y de los cuentones de teléfono, pude desarrollar con mi hija una relación 24/7 (veinticuatro horas al día, siete días a la semana).

Pero como dicen los militares al hablar de la guerra, el adquirir un celular y estar conectado a Internet sufrí terribles "efectos colaterales". Aunque he cambiado de número varias veces, siempre acaban por localizarme gente con quien no tengo deseo de hablar y vendedores que no tienen deseo de callarse. Mis oídos están tecnoestresados.

Y mi correo electrónico termina cada día como un cementerio: mato más mensajes de los que contesto. A pesar de que borro sin abrir todos los mensajes cuyo origen desconozco, hay empresas creadas con el propósito explícito de hacerme comprar seguros, viajes, calendarios y Viagra. Incluso cuando reporto esta basura electrónica a mi proveedor de servicios de Internet, el *spam* sigue llegando. Es más, tengo la sospecha de que mientras más bloqueo ciertas direcciones, más mensajes me llegan.

Vivo tecnoestresado. Cada vez que prendo mi computadora por las mañanas, me tapo los ojos antes de revisar cuántos correos me han llegado desde la noche anterior. Casi nunca son menos de cincuenta. Trabajar se ha convertido en recibir y contestar e-mails. Una periodista argentina que conozco me confesó, en voz baja, que su trabajo consiste en responder a los 300 correos electrónicos que recibe diariamente. Vive tecnoestresada.

Tengo más arrugas, más canas y más ojeras que cuando no tenía dos celulares, dos teléfonos con tres líneas cada uno, un *beeper,* un fax, tres computadoras (una en casa, otra en la oficina y una portátil), un directorio electrónico, dos contestadoras telefónicas, dos direcciones de Internet, una página Web (www.jorgeramos.com) y decenas de códigos y claves para tener acceso a todos estos juguetitos. Soy localizable 1,440 minutos al día, 366 días al año (incluye años bisiestos) y me bombardean más por Internet que a Osama bin Laden en las montañas de Tora Bora. Es decir, vivo mucho más tecnoestresado que cuando tenía una existencia al margen de la tecnología. Mi vida, tengo que reconocerlo, ha empeorado significativamente desde que empecé a armarme de aparatitos.

Mi amigo Bill, en cambio, vive apaciblemente en la ciudad de Nueva York. Él es el único neoyorquino que conozco que no tiene teléfono celular, fax, correo electrónico ni carro. Él es un agente literario y para localizarlo hay que hablarle por teléfono en la mañana (sólo de lunes a viernes) o enviarle una carta por correo. Él es uno de los pocos seres humanos que conozco que, voluntariamente, se ha resistido a vivir tecnoestresado. Su mirada, les aseguro, proyecta una tranquilidad que no tiene la mía; él ha logrado vencer el tecnoestrés.

A veces, lo admito, me dan ganas de seguir el ejemplo de Bill y meter todas las maquinitas que tengo en una tina llena de agua o destruirlas, una por una, a martillazo limpio. Pero no tengo tiempo; me urge terminar de escribir este libro...

SOY UN NÚMERO

Además de estar tecnoestresado soy un número. No, más bien, soy muchos números. La vieja queja de estudiantes, trabajadores, burócratas, clientes y amantes —quiero que me traten como a un ser humano, no como a un número— no tiene mucho sentido en esta época. Con seis mil millones de personas en el mundo, lo único que deseamos la mayoría de las veces es que no nos confundan con otros. Y la manera de diferenciarnos es con números.

Espero que mis hijos, familiares, amigos y compañeros de trabajo me reconozcan por la manera en que los trato, por mis gestos y voz, mis ronquidos y estornudos. Pero más allá de este íntimo círculo, soy un simple número. Vamos a ver.

En Estados Unidos, donde vivo, no eres nadie sin un número del Seguro Social, no puedes trabajar, no puedes pagar impuestos ni rentar una casa, no puedes abrir una cuenta de banco ni comprar un auto o tener una tarjeta de crédito. O sea, no existes. Así que en Norteamérica soy —más que el nombre que tan pacientemente buscaron mis padres y abuelos— una cifra de nueve dígitos que comienza con el cinco y termina con el cero.

El asunto del número del Seguro Social es tan serio para determinar que eres un ser humano vivito y coleante que mi hijo Nicolás, antes de recibir su acta de nacimiento, vió llegar por el correo su *Social Security Number*. ¡Nicolás —celebramos todos— existes! Y gracias a ese numerito lo pudimos inscribir en el kinder.

Hay más, desde luego. Para algunos en Estados Unidos soy 031658, es decir, mi fecha de nacimiento empezando por el mes y seguido por el día y el año. Sin embargo, en México, donde nací, y en el resto de América Latina soy 160358. Es cuestion de lógica: el día antes del mes; el mes antes del año.

Pero no siempre somos simples cifras. A veces somos cifras sin razón; números tirados a la licuadora y escogidos al azar. Para el banco soy mi número de cuenta; la verdad no les importa si uso o no el Gilberto como segundo nombre. Las dos compañías con que tengo tarjetas de crédito me han asignado un largo número; a ellos no les preocupa si duermo con pijama, encuerado o en calzones, siempre y cuando les pague al final de cada mes todo lo que he firmado (incluyendo, claro, los calzones).

Y para la aerolínea en que estoy viajando ahora soy el pasajero del asiento 2D del vuelo 912 que despegó a las 7:16 AM de la puerta E31 en Miami y que aterrizará a las 10:00 AM en Los Ángeles. Tengo un número de viajero frecuente; no necesitan saber si soy gordo o flaco ni si me da miedo volar. Sólo les interesa saber que tengo más de un millón de millas voladas bajo las asentaderas y billetes para pagar el boleto.

Para el estado de la Florida soy una extraña combinación de letras y números que aparecen en mi licencia de manejar y que me piden cada vez que pago con cheque. Mi foto está en la licencia, pero debe ser una foto muy mala porque lo único que me piden en las tiendas al pagar es el número; nadie se ha puesto a dibujar o a copiar la fotografía.

Para la compañía de teléfonos en casa soy diez dígitos con código de area. Y otros diez más para el celular y diez más para la oficina. Mi nombre no me sirve ni para marcar ni para recibir llamadas. Qué bonito sería que levantáramos el auricular y dijeramos: comunícame con Pedro Pérez y el mentado dijera: "Hola". Quizás eso ocurra en un futuro, pero todavía no.

En Internet soy dos series impronunciables de letras seguidas de códigos secretos. Y si antes de la epoca cibernética ya tenía problemas para memorizar todos mis números vitales —además de la placa del auto, la zona postal de mi casa y oficina, aniversarios y cumpleaños— ahora tengo que recordar listas enteras de códigos para tener acceso a información absolutamente personal.

Necesito dos *pin* (*personal identification number* o número de identificación personal) tan sólo para prender la computadora, dos más para tener acceso a mi cuenta bancaria, dos para revisar mi fondo de retiro (401K), dos para escuchar los mensajes en la máquina contestadora, uno para hacer llamadas de larga distancia, uno para sacar dinero en los cajeros automáticos con cada tarjeta de crédito y otros más para sacar información de archivo de no sé cuántas páginas de Internet...

Claro, podría apuntar todos estos números y códigos en una libreta o en una agenda electrónica, pero me aterra que se me pierda o me la roben y me quede vacío. Sí, si alguien tuviera acceso a todos mis números me puede dejar en pelotas y con deudas estratosféricas. Así que, por difícil que parezca, he hecho apuntes mentales con métodos mnemotécnicos, montañas de códigos, combinaciones y cifras.

Lo preocupante es que esos números son el ADN de mi privacidad. Esos números —y los códigos para accesar a ellos— muestran qué, cómo, dónde compro, a dónde viajo, cuánto dinero tengo ahorrado, el lugar en que vivo, la ropa que me pongo, qué escribo, a quién se lo envío, cuánto pago en impuestos, a quién le debo... Alquien, por ahí, con una simple lista de mis números sabría mas de mí que yo mismo. En otras palabras, *Big Brother* me tiene agarrado de los pelos, digo, de los números.

¿Y esta es la libertad que nos iba a dar la nueva tecnología? A veces me siento esclavo de las *Palm Pilot* y de las *laptop* y de los *beepers* y de las contestadoras y de las instituciones que me piden, a través de una cordial y neutral voz electrónica, que me identifique. "Soy Jorge", me dan ganas de gritar. De nada sirve. No soy Jorge. Soy un número. 160358. No, más bien, soy muchos números.

Vivo de prisa y no sé cómo parar.

56 TORTURA EN EL ASIENTO 19-A

Miami. Volar en estos días de tráfico global se asemeja más a la experiencia en un camión gallinero —con espacios muy reducidos y comida acartonada— que al lujo y buen trato que recibían hace décadas los primeros pasajeros de avión. Recuerdo claramente a mi madre luciendo unos zapatos de delgadísimos tacones y bolsa, y a mi padre, impecable, de traje, pañuelo y corbata, antes de partir al aeropuerto. Esos tiempos quedaron atrás. Ahora hay que ir preparados a arrugarse todo, desde el astómago hasta el orgullo.

En las últimas siete semanas —en el verano de 1997— antuve en un maratónico y aplanador recorrido aéreo con paradas en Lima, San José, Dublín, Madrid, Miami, Washington, Chicago y Ciudad de México. Y, con tantas horas muertas, fue inevitable darse cuenta de la metamorfosis que se está viviendo dentro de los gusanos voladores. Sí, los boeing y los airbus son modernos, gordos y seguros, pero cada vez más incómodos para los pasajeros que no pueden pagar el caviar de primera clase.

Por principio, los asientos de los aviones se han achicado y están muy juntos entre sí. La comida, muchas veces, tiene la consistencia del plástico y la última moda es que los pasajeros recojan una bolsita con un *sandwich* antes de subirse al avión; *fast food* de altura. Y el trato del personal de las aerolíneas, en el aire y en tierra, deja mucho qué desear; eficientes, sí, pero lucen cansados y, en los peores casos, hasta groseros.

Y en este ambiente, desde luego, abundan las historias de horror en los aviones. Déjenme contarles la mía.

El infierno, si existe, debe ser muy parecido a estar inmovilizado permanentemente en el lugar que me tocó en un vuelo de Madrid a Miami: el asiento 19-A de un boeing 767. Ahí estuve encajonado por ocho horas y cincuenta y un minutos. Ese asiento —la versión moderna de una cámara de tortura medieval— no se puede reclinar, porque obstruiría la salida de emergencia. Entiendo que la seguridad es prioridad, pero nadie me advirtió en lo que me estaba metiendo antes de abordar.

El vuelo, sobrevendido, se veía a reventar. Al entrar al avión suspiré un poco al ver los enormes asientos-camas de primera clase. Pasé la clase ejecutiva, donde varios hombres y mujeres de negocios chupaban un frío *champagne* con singular alegría, y luego busqué mi espacio en la sección económica. Y ahí estaba mi cajita: vacía y desafiante.

Lo primero que me preocupó fue que la señora sentada a un lado se tuvo que levantar para que yo pasara. Me colé entre su voluminoso cuerpo y me senté. Intentando relajarme, apreté el botón metálico del brazo izquierdo de mi asiento. Me empujé, con todas mis fuerzas hacia atrás y el respaldo no se movió ni un milímetro. Repetí varias veces el ejercicio sin ningún éxito.

Ya instalado, me encontré un letrero plástico, muy peque ñito y pegado junto a la ventana, que indicaba que la administración de aviación de Estados Unidos había decidido que el asiento que yo tenía no se podía reclinar. ¿Por qué no bloquearon ese lugar? Maldije a los burócratas de la aviación y luego pensé algo que no podría publicar, pero que empieza con P.

Pedí —más bien, supliqué— que me encontraran otro asiento. No había nada. Y exactamente en ese momento empezaron a rodar de mi frente las primeras gotitas de sudor claustrofóbico.

Pues bien, volé 7,319 kilómetros a treinta y tres mil pies de altura, con mis rodillas atornilladas al asiento de adelante y mis ojos pegados a la cabeza del pasajero que cómodamente reclinaba su respaldo frente a mí. Podría dibujar de memoria su incipienle calvicie.

Ahí, agarrotado, traté de olvidarme del quiropráctico suplicio leyendo el *best-seller* de la italiana Susana Tamaro y tragándome un pescado quemado en el microondas. Pero nunca pude dejar de pensar que alguien me había escupido el karma.

Lo peor fue tratar de salir de mi cueva voladora; dos veces para ir al baño —con la panza apretada dan más ganas— y otra, ya desesperado, para estirar mis acalambradas piernas. Tras ponerse unos extraños lentes oscuros, la dama sentada a mi lado se quedó dormida y yo tenía que saltar el roncante obstáculo, con agilidad olímpica, para entrar y salir. Hasta aquí la aeroqueja.

Ni siquiera vale la pena mencionar el nombre de la línea aérea. Estoy convencido que en cualquier otra me hubiera podido ocurrir lo mismo.

La realidad es que dependo enormemente de los aviones, tanto en mi profesión como en mi vida personal; sin ellos me sentiría atorado, menos libre. Pero experiencias como la que viví son cada vez más frecuentes entre las aerolíneas que parecen no tener ninguna consideración por las dimensiones humanas, y que se ven obligadas a cortar costos (junto con la circulación de las extremidades de sus clientes) para poder competir. Sus ganancias significan recortes (de comida, de espacio, de comodidad) para nosotros los pasajeros.

Volar, en la mayoría de los casos, ha dejado de ser un placer. Y por eso, llegar —a cualquier lugar— me causa más entusiasmo que nunca. Sobre todo después de haber sido enjaulado en el asiento 19-A.

57 DESCONECTADO

Estoy desconectado. No me puedo comunicar con nadie. Voy sentado en el asiento 13J en un interminable vuelo de Madrid a Miami y no puedo utilizar el teléfono celular ni tengo acceso a Internet o a mis e-mails. No existo para nadie.

A través de la ventana se dibujan las gélidas tierras de Islandia y mi compañera de asiento ronca con un atormentado susurro de animal enjaulado. De sus audífonos se desbordan los gritos de un rapero encojonado pero nada disturba su sueño. En cambio, yo no puedo dormir. Este es un vuelo de día, una especie de venganza esquimal para que separnos lo que sufren los habitantes del Polo Norte cuando el Sol no se quiere enterrar.

Ya me tomé una siesta, vi dos películas, fui tres veces al baño y le metí cuatro mordidas a un pollo de goma y a una bola de ligas de espagueti (que tanto se parecen a esos platos de comida hechos de plástico y que extrañamente adornan las entradas de los restaurantes japoneses, como si en realidad fueran un anzuelo para los hambrientos). En verdad, me dan ganas de chismear con mis amigos por teléfono, contarles de la energía que recoges en las calles de Madrid, y contestar algunos de los 893 correos electrónicos que seguro me esperan en la oficina. Pero no puedo.

Quizás soy un adicto a los *e-milios*. Hace poco escuchaba en la radio pública de Estados Unidos (NPR) que, en promedio, los norteamericanos reciben noventa correos electrónicos diarios; esto es un enorme aumento de los ocho que recibían hace cinco años. Es probable que, ante la falta de e-mails, esté sufriendo a 35,000 pies de altura los mismos síntomas que padecen los que dejan de fumar o de tomar.

Las aerolíneas insisten en que Internet y los teléfonos celulares interfieren con los instrumentos de vuelos de los aviones. Puede ser, aunque nadie se ha tomado el tiempo de explicarnos cómo. Sin embargo, resulta ridículo que la tecnología nos permita tomarle fotos a la congelada luna de Saturno pero que no hayan podido inventar algo que nos deje hacer llamadas de celular desde el aire. Para mí que hay algo chueco en su argumento. ¿Será que nos prefieren calladitos?

Mis súplicas para conseguir un *upgrade* a primera clase fueron superadas por un pelón desabrido que llegó al aeropuerto tres horas antes que yo. Los calambres de las piernas se me han extendido hasta la cabeza y me surge una pregunta asesina: ¿quién diseña estos miniasientos de niños para vuelos transatlánticos?

Aquí, desde el exilio de clase turista, sólo logro ver a lo lejos las nucas de esos privilegiados inquilinos de primera que pagaron dos mil dólares o más por una copa de champaña, un omelet de caviar, un DVD prestado y un asientote que se reclina como cama. Cada uno tiene, también, uno de esos teléfonos que funcionan con tarjetas de crédito y que te cobran diez dólares por minuto para que le digas "hola" a tu mamá o a tus cuates desde el cielo. Cada llamada es como un macabro preludio a la muerte; será por eso que nadie los usa.

Mis rodillas rozan con la lija del asiento de adelante. Los ralos pelos de mi vecina están a dos palmas de mis ojos. Pero la tortura ha empezado a surtir efecto. Como un yogi en plena meditación, comienzo a disfrutar del silencio que me rodea. Faltan varias horas para llegar y no tengo nada que hacer más que pensar y descansar.

No hay teléfonos sonando, ni gente gritándole al aparatito; ¿por qué será que subimos tanto la voz al hablar a través de un celular? Tampoco se escuchan dedos neuróticos, bailarines, sobre las teclas de la computadora. No se puede escuchar la radio ni tengo acceso a 250 canales de televisión; no tengo idea de cuál es la noticia del día.

El *zoom* de las turbinas del avión, de pronto, se convierte en un solo *om*. Y es así que me doy cuenta de la maravilla de estar desconectado.

Nadie sabe dónde estoy y nadie se puede comunicar conmigo. Todo tiene que esperar: el *beeper*, el celular, las llamadas de casa, las citas de trabajo, la taladrante Black Berry, los correos electrónicos, los mensajes instantáneos, los de texto por teléfono, los podcasts (programas de radio por Internet) y los blogs cibernéticos. Desaparece la urgencia. No sé nada.

En tierra somos esclavos de la comunicación, vivimos ultraconectados. No hay momento, ni en el baño, en que nos podamos escapar. Existimos rodeados, amontonados. E incluso cuando te quieres desaparecer, siempre hay alguna cámara jugando contigo al *Big Brother*; la del banco, la de la tienda, la del trabajo, la de la tele, la de vigilancia, la del *voyeur* que te persigue en la playa, la del apartamento y hasta en tu auto. La aldea global es una cárcel.

Ah, pero en el aire nos desconectamos. Los aviones nos permiten recuperar el elusivo arte de estar solos sin sentirnos culpables. Sin embargo, eso también pudiera acabarse en breve.

La Comisión Federal de Comunicaciones de Estados Unidos (FCC) y la Administración Federal de Aviación (FAA) están considerando dos regalitos: acceso a Internet en todos los aviones y el uso de teléfonos celulares, en el aire, poco después.

Y de pronto, la idea me aterra: me imagino a mi compañera de asiento hablando durante nueve horas en su celular y estar bombardado por un tecleo interminable de computadoras conectadas a un *chat* por Internet que me llevaría, sin duda, a buscar la más cercana salida de emergencia. El silencio, de pronto, me conforta.

En esto no estoy solo: siete de cada diez estadounidenses que viajan, según una encuesta de *USA Today*/CNN/Gallup, quieren que se mantenga la prohibición a los celulares en los aviones. Y la Asociación de Asistentes de Vuelo, que tiene cuarenta mil miembros de veintiséis aerolíneas, también apoya la prohibición.

Entonces, y sólo entonces, agradezco la bendición de estar desconectado del mundo por un ratito. Me echo para atrás en el asiento, pongo mis manos sobre el estómago, cierro los ojos y, sin dormir, siento que una amplia sonrisa se dibuja sobre mi cara.

58 MI NARIZ

"Esta nariz cuelga a la derecha".

Luigi Pirandello

El sentido del olfato es, para mí, el más enigmático. Siempre me ha llamado la atención cómo el olor del pasto mojado, después de llover, me regresa a mi infancia en la Ciudad de México, y cómo la mezcla de humo de cigarro (Raleigh con filtro) y loción me regresa a mi padre. De la misma manera, el olor de una alfombra húmeda y sucia me recuerda mi primer y muy difícil año como inmigrante en Los Ángeles. Es como si los olores abrieran algunas ventanas en mi cerebro.

Oler es, a la vez, un proceso mágico y absolutamente involuntario; es muy difícil regular lo que olemos o lo que dejamos de oler, sobre todo cuando estamos en un lugar público. Pero la magia está en los mundos que nos abre.

En asuntos de olores, la ciencia ha ido muy por detrás de la literatura. Marcel Proust, el autor de *En Busca del Tiempo Perdido,* ya escribía hace casi 100 años cómo el olor del *madeleine* —un pastelito esponjoso típico de Francia— le generaba "un placer exquisito que invadía mis sentidos" y lo volvía a su niñez. Más tarde, el alemán Patrick Suskind, con su extraordinaria novela *El Perfume* (1976), nos planteaba la vida de un asesino que tenía un prodigioso sentido del olfato y que para elaborar sus irresistibles fragancias en el putrefacto París del siglo XVIII mataba a jóvenes vírgenes.

Proust y Suskind, de hecho, se le adelantaron a los doctores norteamericanos Richard Axel y Linda Buck, quienes ganaron el premio Nobel de Medicina hace un par de meses por sus estudios sobre el sistema olfativo. Los doctores Axel y Buck le quitaron el misterio al olfato y descubrieron que todos los seres humanos tenemos en la parte superior de la nariz unos cinco millones de receptores, agrupados en 350 tipos distintos, que nos permiten distinguir alrededor de 10,000 olores.

Lo que tan hermosa y brutalmente describieron Proust y Suskind es algo mucho más primitivo. Cuando nos acercamos una rosa a la nariz, por ejemplo, las moléculas que desprende la flor activan a una parte de nuestros millones de receptores quienes, a su vez, envían por los nervios una señal al bulbo olfatorio (que está localizado al frente del cerebro). El bulbo olfatorio —una especie de aduana olfativa— envía sus mensajes a otras partes del cerebro donde, finalmente, distinguimos los patrones de los olores y los ligamos con experiencias en el pasado. Así, una rosa puede generarnos un sentimiento agradable que vinculamos a una experiencia previa, mientras que el excremento de una vaca provoca, por las mismas razones, nuestro rechazo.

Como quiera que sea, la vida está cargada de olores. De hecho, vivimos entre olores que, con frecuencia, no detectamos. Muchas veces juego con la idea de que los olores tuvieran un color. Así, me imagino rodeado de esferas azules y verdes mezclándose con franjas negras y moradas entre corrientes amarillas y remolinos naranja.

Pero nuestro mundo olfativo es mínimo comparado con el de los animales. Mi perra Sunset tiene una zona olfativa cuarenta veces más grande que la mía y por eso, cuando salimos a caminar, baja su hocico al ras del suelo y podría acompañarme casi con los ojos cerrados. El olor es su guía.

Mi obsesión y fascinación con los olores, tengo que reconocerlo, surge de una terrible deficiencia física. Nací con la huella de los fórceps cruzando mi cara y siempre he tenido la nariz chueca. Es abultada en el centro y uno de sus orificios es mucho más estrecho que el otro, ocasionando que ronque como transatlántico a la deriva. Eso, aunado a dos fracturas —una por un golpe jugando fútbol y otra por una pelea en un partido de básquetbol— y a tres operaciones, me ha dejado con una nariz con una mínima capacidad para oler.

No distingo bien los perfumes ni detecto el sazón de las comidas hasta que las acerco a mi boca. Para apreciar el maravilloso y único olor de la piel de mis hijos cuando estaban recién nacidos, tenía que acercar las fosas nasales a su cara y manos como si fueran una aspiradora. Además, tengo una permanente inseguridad respecto a la efectividad de mi desodorante, de mi pasta de dientes, de mi hilo dental y mi enjuague bucal. ¿A qué huelo? es una interrogante constante y angustiosa.

Pero no todo es negativo; sufrir de una reducida capacidad olfativa tiene, también, algunas ventajas. Soporto perfectamente los sudores, propios y extraños, durante la clase de *bikram* yoga y puedo despedirme de abrazo de mis amigos luego de noventa minutos de futbolito. Los olores que marean y golpean a otros —como quesos, zapatos viejos, axilas, alientos cebolleros y deshechos naturales— para mí pasan casi desapercibidos.

A pesar de sus serias carencias, o quizás debido a ellas, mi nariz ha compensado manteniendo la memoria de las cosas que huelo por mucho más tiempo de lo normal. Por ejemplo, el olor de unos ricos tacos al pastor o de un carro nuevo puede ser recordado por una persona por sólo unos instantes o, tal vez, hasta algunos minutos. Pero luego desaparece. En cambio, mi nariz puede guardar esos mismos olores durante días.

Es como si mi nariz no dejara escapar lo poco que huele. Lo que entra en ella ya no sale; es una cárcel de olores. Así, el olor de los soldados iraquíes muertos que encontré en una morgue de Kuwait durante la guerra del Golfo Pérsico me persiguió durante casi dos semanas. Aún después de haber regresado a casa y tirado la ropa con la que viajé, ese olor a muerte no desapareció de mi nariz. Me lavé la nariz con agua, con alcohol y con lociones. Nada funcionó.

Parece que mi cerebro almacena celosamente lo poco que le envían mis receptores de olores en la nariz. Sólo el tiempo lo borra, lenta, muy lentamente, para ser reemplazado por otros olores igual de intensos y testarudos.

Mi nariz y yo, después de casi cinco décadas de convivencia, por fin nos hemos acoplado. Sé que es casi inservible y cuando la veo en el espejo —torcida, fragilísima, llena de manchas, cicatrices y moretones— tengo que admitir que es la parte más débil de mi cuerpo. Pero tal vez, por eso mismo, es la que conozco mejor.

59 TEMAZCAL: AL BORDE DE LA VIDA

Puerto Morelos, México. Es el baño sauna de los mayas. Pero más allá de limpiar las toxinas del cuerpo, te avienta a una aventura del alma totalmente inesperada; al menos para un primerizo como yo.

Antes de desaparecer del mapa por razones aún inexplicables, los mayas acostumbraban sanarse (por dentro y por fuera) con el ritual del temazcal. Primero saludaban los cuatro puntos cardinales —que representan las etapas de la vida y estaciones del año: niñez/primavera, adolescencia/verano, madurez/otoño y sabiduría/invierno— y se hacían una limpia con humo vegetal. Luego se internaban en un recinto cavernoso calentado por piedras volcánicas para sudar sus enfermedades, limpiar la piel y enfrentar sus miedos.

—Es como regresar al vientre materno—, nos dijo Nancy, la guía, a los cuatro incautos que desconocíamos totalmente en lo que nos estábamos metiendo. Pero tengo que reconocer que la experiencia de entrar al temazcal sonaba intensa e interesante. Sin duda, mejor que un masaje, pensé. Al menos es algo nuevo.

El ayudante de Nancy, un indígena maya llamado extrañamente Secreto, alimentaba madera al fuego de un horno en forma cilíndrica donde las piedras volcánicas ponían al rojo vivo su ahuecado corazón. Siguiendo el ritual maya, pasamos del Este al Sur y del Oeste al Norte envueltos en un humo aromatizante. Luego, con una solemnidad casi religiosa, repetimos unas breve oración maya y bajamos los tres escalones al interior del temazcal, construido en forma de pirámide.

Los cuatro novicios nos sentamos sobre unos tapetes de petate cuadrangulares que a su vez descansaban sobre la arena tibia y talcosa del Caribe mexicano. En ese mismo espacio habrían cabido ocho personas cómodamente sentadas en posición de flor de loto. Pero los que perdimos hace tiempo la flexibilidad juvenil pudimos estirar groseramente las piernas sin golpear a nadie. Y así comenzó el viaje a la oscuridad.

Secreto empezó a traer las piedras incandescentes a un hoyo en la base de la pirámide y cuando el montón de lava petrificada —y ahora renacida por el fuego— sobrepasó la superficie, Nancy le ordenó que cerrara la puerta por fuera. El azotón me hizo saltar el pecho. Un haz de sol yucateco se colaba de manera rebelde por las rendijas de la puerta. Pero los orificios fueron rápidamente tapados, también por fuera, como si un lápiz gigantesco borrara cuatro líneas de luz. Dentro, nuestras sombras bailaban al son de los tenues reflejos rojos, naranjas y amarillos de las piedras calientes.

"Ahora van a empezar a sudar", nos advirtió una voz ronca; era la de Nancy que se había transformado en nuestra chamana. "Traten de relajarse; si no aguantan el calor, bajen la cabeza al nivel del piso". Fue entonces que soltó el primer balde de agua contra las piedras. *¡Shhhhhhhh!* Estas se quejaron con un ruido que pedía silencio e immediatamente después sóltaron un olor a yerbabuena. Vino otro baldazo más. Nos hizo toser. Este otro humo blanco venía envuelto de eucalipto.

Nancy, que aprendió el ritual de sanador de su abuelo yucateco, intercalaba los distintos tés de hierbas medicinales con cantos e instrucciones muy precisas. "Limpien su nariz… usen los baldes de coco seco para sacar el agua de la olla de barro y refrescarse… identifiquen sus miedos y enfréntelos… no se paren".

Tras media hora de copioso sudor, el suplicio paró. Se abrió la puerta, entró Secreto con más piedras y luego la mismo voz ronca nos advirtió: "Ahora sí se va a poner caliente". Creía que no podía resistir más pero, ante la vergüenza de desistir, respiré profundo y vi con angustia como la puerta se volvía a cerrar. *¡Shhhhhhh! ¡Shhhhhhh!* gritaban las piedras ante la nueva infusión de agua y hierbas. Empecé a alucinar. Vi figuras de un perro y un lobo en las piedras al rojo vivo. "Lealtad y liderazgo", concluyó Nancy. Otros vieron ardillas, peces, serpientes y hasta dragones. Cada rasgo tenía su explicación: era un viaje dentro de nosotros mismos.

El agua siguió cayendo hasta que las piedras perdieron su luz. La oscuridad era total. "Así es el mundo de los ciegos", dijo Nancy. El calor era insoportable. Lo único que quería hacer era salir corriendo. Sentía una combinación de angustia y miedo; oía claramente los latidos de mi corazón, rasposo, acelerado y adolorido. Un pedazo de sandía y la aplicación de un lodo rico en minerales por todo mi cuerpo me hizo olvidar momentáneamente mis temores.

Por fin, como boleto de salida, la sanadora nos exigió un grito largo y tendido. Lo que salió fue un aullido desgarrador desde las entrañas. Y nos dejó salir. No sé cuánto duró esa segunda encerrona. Quizás unos veinticinco minutos. Perdí la noción del tiempo. Pero llegué al límite. Un poco más —de tiempo, de calor, de angustia— no lo hubiera aguantado.

Secreto ¡mi querido Secreto! abrió la puerta y los vientos del atardecer se colaron dentro de la pirámide. Caminé, casi como zombie, hacia el mar y me quedé flotando boca abajo unos segundos. Tras secarme, toqué mi piel: estaba inusualmente suave. Era la huella de una experiencia muy dura, gruesísima. No es para todos y casi no fue para mí.

Los temazcales han resurgido, como una moda, durante los últimos años en la Península de Yucatán. Lo que nunca me imaginé es que el calor, silencio, oscuridad e intensidad sensorial del temazcal me llevarían al mismísimo borde de la vida.

Después de todo, regresar al vientre materno no es tan agradable como creía.

60 ADIÓS A TONY Y PETE

En memoria de nuestro amigo Tony Oquendo.

No es la primera vez que lo pienso. La idea llevaba mucho tiempo dándome vueltas en la cabeza. Quizás el único sentido de esta vida es vivirla, intensa, plenamente. Y ya.

Mientras veía a mi hijo Nicolás celebrar su cuarto cumpleaños en 2004 con una treintena de amigos —unos divertidos e incorregibles traviesos— caí en cuenta que era ahí donde tenía que estar. Ahí. No en la oficina, ni escribiendo y mucho menos en una tienda o arreglando algún desperfecto de la casa. No. Era ahí donde tenía que estar; disfrutando las risas sobre una resbaladilla, los clavados en la piscina y el maquillaje de pizza y pastel en esas caritas despreocupadas.

¿Trivial? Sin duda. Pero era importante para Nicolás y para mí.

Esa mañana su madre y yo recordamos las diecinueve horas de parto un domingo de mundial hace cuatro años. Nicolás tuvo el buen tino de nacer poco después del último de los tres partidos de fútbol del día y sólo unos minutos antes de que su mamá se arrancara por el dolor todos y cada uno de sus largos cabellos color marrón. Nicolás nació un domingo de fútbol. Y eso me alegra.

Por unos momentos dudé en quedarme en la fiesta infantil de Nicolás. Tal vez me debo ir a la oficina para no llegar tan tarde, pensé. Pero luego encontré la pregunta apropiada: ¿Qué hubiera hecho Tony? Y rápidamente llegó la respuesta. Tony se hubiera quedado en el cumpleaños de su hijo.

Tony era una de esas personas que encontró balance en su vida. Supo equilibrar como un malabarista el trabajo, el amor y el juego. El éxito —creo— no está en ser muy bueno en una sola cosa sino en saber exprimir lo mejor de varias. Y Tony le sacó jugo a la vida. Supo combinar una siempre ascendente carrera profesional —dirigía una cadena de televisión— con una vida familiar de envidia —sus grandes compañeros eran su esposa Tere y sus dos hijos, Víctor y Julián— y aún le quedaba tiempo para pescar, remar, ver partidos de fútbol americano y uno que otro amanecer desde el balcón de su casa, disfrutar una copita de vino tinto y compartir con sus amigos.

Tony sabía jugar. Cuando el básquetbol le desmoronó las rodillas, aprendió a pegar unos derechazos de miedo en el tenis y unos *swings* bastante respetables en el campo de golf. Pero su actitud —relajada, segura, sencilla— iba más allá de los deportes. Era *mister cool*. Tony, jugando, le quitaba la importancia a lo que no tenía. Los títulos, la fama y el dinero nunca lo impresionaron y siempre tenía una broma para el mesero, el asistente o la del café. Además, en la ruleta de reparticiones le fue bien; casi siempre era el más alto del grupo y mis amigas aseguran que se sabía guapo. Sin duda, las canas y las finas corbatas nunca estuvieron de más.

Pero el corazón no le aguantó. Y se nos fue. Así, en un abrir y cerrar de ojos, se nos fue. Los buenos se van jóvenes, dicen los creyentes. Apenas alcanzó a rascar los cincuenta y cuatro años. Pero yo no me explico por qué él y por qué ahora. Lo más sorprendente de la muerte de Tony —además de su brutal rapidez— es la cantidad insospechada de gente a la que tocó —nunca había visto tantas personas en un funeral— y las lecciones que todos estamos aprendiendo de él. Ese flaco sí que sabía cómo vivir.

Sin quererlo, Tony ha enviado a varios a hacer citas con el cardió-logo y nos ha forzado a reexaminar la forma en que vivimos. La vida y la muerte a veces se tocan. La falta de tiempo, el estrés, las boberías y las enormes presiones de trabajo nos chupan por dentro. Pero de alguna forma —aún tengo que descubrir cómo— Tony supo vivir sin prisa. Sabía bajarse del mundo para disfrutar los momentos impor-tantes.

¿Qué hubiera hecho Tony? Me pregunto cada rato. En la fiesta de cumpleaños de alguno de sus hijos, estoy seguro, lo hubiera cance-lado todo para quedarse con ellos.

PETE, LAS NOTICIAS Y EL DESIERTO

Phoenix, Arizona. Las rocas del tamaño de una casa se amontonan creando figuras inverosímiles. Dicen por aquí que Dios se puso a jugar canicas en el desierto y que, luego, las dejó abandonadas. Son piedras monumentales que se trepan unas sobre otras desafiando la ley de la gravedad. La primera impresión es que estos *boulders,* como les dicen en inglés, se van a desplomar con un soplido del desierto que los rodea. Pero llevan doce millones de años sin moverse un solo centímetro. Este es el paisaje con el que creció —y murió— mi amigo Pete Moraga.

Acababa de aterrizar en el aeropuerto de Phoenix en el otoño de 2003 cuando entró la llamada a mi celular. Sí, fue uno de esos ataques fulminantes que una aspirina al día no pueden evitar. En-contraron su cuerpo, tirado, en la casa. Pero yo no me lo puedo imaginar así.

Conocí al "señor Moraga" cuando llegué a Los Ángeles en 1983. Era el director de noticias del Canal 34 de televisión y me contrató como reportero casi sin conocerme. Simplemente confió en mí. Así, siguiendo más su instinto que la razón. Yo era un periodista muy verde, inexperto, pero hambriento de trabajo. Literalmente. Los quince dólares diarios que ganaba como mesero apenas me alcanza-ban para sobrevivir. Y fue Pete quien me sacó del restaurante —y de un extrañísimo trabajo como cajero en un cine— para meterme en la televisión. Aún hoy no sé por qué lo hizo. Nada en mi poquísima experiencia en el periodismo mexicano sugería que yo podría tener algún futuro en esta profesión. Pero pronto dejé de comer ensalada de lechuga con pan todas las noches.

Pete me dio la mano cuando otros apostaban por mi fracaso. "No, tú nunca vas a trabajar como periodista en Estados Unidos", me había advertido antes un ejecutivo de la televisión en Los Ángeles. "Tu acento en inglés es muy fuerte y los medios de comunicación en español están a punto de desaparecer". Bueno, se equivocó. Conseguí un trabajo como reportero —gracias a Pete— y los noticieros en español, lejos de desaparecer, le ganan hoy en los *ratings* a la mayoría de los programas de noticias en inglés de Los Ángeles. Pete Moraga —considerado una "leyenda" por George Bush, padre— fue uno de esos latinos que abren brecha para otras generaciones.

Pete hizo mucho más que sólo darme trabajo. Fue también un mentor y protector. Mi primera cena del Día de Acción de Gracias —*Thanksgiving*— la pasé en su casa junto con su esposa Gloria, su hijo, sus tres hijas y varios de sus nietos. Y comiendo pavo con mermelada de frambuesa y tamales mexicanos me hicieron sentir como uno más de ellos. Los Moraga me adoptaron rápidamente. Cuando más solo me sentí en un país extraño ellos siempre tuvieron para mí un asiento en su mesa. ¿Cómo olvidar eso?

Pete, mi jefe, me enseñó una de las mejores lecciones que he recibido en el periodismo. Cuando entraba todo confundido a su oficina, en un viejo edificio de la calle Melrose en Los Ángeles, sin saber cómo estructurar un reportaje, siempre me decía, paciente y sonriente: "A ver, cuéntame qué pasó". Se lo contaba con palabras muy sencillas, como se le habla a un amigo y luego, invariablemente, me decía: "*Okay*, ahora escríbelo de la misma forma en que me lo contaste". La fórmula nunca falló. Al final de cuentas, la labor fundamental del artesanal oficio de periodista es contar historias que la gente entienda. Somos modernos juglares. Eso lo aprendí de Pete.

También aprendí de él que los mejores reporteros se hacen en la calle, escuchando a la gente, pescando información, trabajando persistentemente una nota como si fuera una pieza de cerámica que surge de nuestras manos sucias y enlodadas. Hacer periodismo es más parecido a la carpintería que a la filosofía. Y sólo la calle —no un estudio de televisión ni una sala de redacción— enseña eso. Bajo el mando de Pete hice calle, mucha calle.

Pete era un hombre corpulento, del color de la tierra, que nunca dejó de expresarse en español a pesar de que sus maestros en una escuela de Arizona le pegaban cuando lo hablaba. Pete, nacido en Tempe, Arizona, podía saltar del inglés al español en la misma frase y daba unos abrazos de oso que solían sacarme el aire del cuerpo. Era un gusto, una invitación, estrechar sus manos grandes y redondas. Y se nos fue a los setenta y siete.

Cuando llamé por teléfono a casa de los Moraga para darle el pésame a Gloria me contestó una grabadora con la voz de Pete. Y me atraganté. Era esa voz firme, pero amable, cariñosa, que me guió durante mis primeros y difíciles años en Estados Unidos. Mientras escuchaba su voz, el sol otoñal se enterraba entre cactus y rocas gigantescas. "Qué curioso", pensé, "que pocas horas después de morir Pete, yo estoy pisando el mismo desierto y viendo el mismo paisaje de Arizona que tanto marcó su vida". Era —lo entendí más tarde— nuestra despedida.

61 MINICRÓNICAS DE VIAJES
   CASI OLVIDADOS

Después de haber recorrido el primer millón de kilómetros, dejé de contar. Ahora sólo acumulo las cartas que mensualmente me envían media docena de aerolíneas que llevan el conteo de mis traqueteos.

Cuando viajo de trabajo voy encadenado, generalmente, a las veintitantas cajas de equipo de televisión que requiere el camarógrafo. Cuando viajo solo, llevo únicamente lo que puedo cargar: una pequeña maleta rodante y un portafolios con una libreta de apuntes, mis papeles y libros. (Quienes me acompañan se han tenido que someter a uno de estos dos tipos de tortura: cargan como camellos o llevan sólo lo que quepa en el compartimiento superior del avión. Las quejas que más escucho, aunque sea difícil de creer, son por la segunda opción.)

Hay viajes de los que sólo me queda un olor, un recuerdo e, en el peor de los casos, una fotografía. Todo lo demás se me ha olvidado. Pero esos residuos de viaje los llevo pegados como ratuaje.

A veces son cosas de las que quisiera deshacerme, como la peste a muerte que respiré en Kuwait tras la guerra del Golfo Pérsico, la angustia de sentirme perseguido por vender dólares en el mercado negro de El Cairo o la carita de miedo de un guerrillero salvadoreño que aún no cumplía los trece años de edad. Otras, me transportan a una tarde que todavía no se acaba en Santorini y a una inagotable noche de Barcelona.

No hay nada ni nadie que pueda arrancarme esos pedazos de vida y que hoy me acompañan como fantasmas a donde quiera que voy.

Así, por ejemplo, puedo identificar exactamente el momento en que surgió mi miedo a volar. Hasta ese entonces siempre había pensado —mágica, infantilmente— que ningún avión en que me subiera se podía caer. Es más, de niño disfrutaba las turbulencias en los aviones como si se tratara de una montaña rusa. Pero arriba de un viejo armatoste, con el nombre de Air Sinai marcado en un costado, supe lo equivocado que había estado por tantos años.

"¡Tel Aviiiiiiiiiiiv! ¡Tel Aviiiiiiiv!" Con ese grito de guerra, un hombre con toda la cabeza cubierta nos avisó que nuestro vuelo de El Cairo a Israel estaba a punto de partir. Al salir caminando por la pista, vi a lo lejos un avión tan viejo que me pareció una de esas chatarras que llevan décadas oxidándose en las esquinas de los aeropuertos del tercer y cuarto mundo. Y desde luego mi mayor temor se materializó. Esa chatarra es la que me llevaría a Tel Aviv. Rápidamente me enteré que se trataba de uno de los primeros aviones comerciales que se construyeron y que, después de una larga temporada en otros países, terminó en las manos de una pequeñísima aerolínea egipcia. Despegó como una licuadora descompuesta, pero despegó.

A los pocos minutos de volar sobre el desierto que separa Egipto de Israel, sentí un frío airecito en mis pies. Pensé que se trataba del aire acondicionado, pero pronto encontré un hoyo en el fuselaje. El avión, por supuesto, no iba presurizado y volaba a muy baja altura.

Afortunadamente el trayecto culminó sin incidentes. Por mucho tiempo no me volví a sentir seguro en un avión. A los pocos meses de mi regreso a Estados Unidos me enteré que un avión de Air Sinai, exactamente igual al que me había subido en El Cairo, se estrelló en medio de una tormenta de arena. Pudo haber sido el mismo, pero no quise investigar. Lo que sí se es que ahí, viendo el hoyo en el avión, se coló un miedo a volar que me tardé años en sacudir.

Bueno, ese vuelo tan desagradable me permitió conocer una de las ciudades más impresionantes jamás construidas: Jerusalén. La historia parece escondida entre sus piedras y rincones y en las arrugas y resentimientos de sus habitantes.

Jerusalén está conectada por una moderna carretera con Tel Aviv. En menos de dos horas se hace el recorrido. Pero Jerusalén, en muchos sentidos, no podía estar más lejos de la moderna, cosmopolita y costera Tel Aviv.

De Jerusalén recuerdo su color —ocre— y la tensión constante de ser jalada, simultáneamente, por judíos, cristianos, musulmanes, armenios, palestinos, jordanos... Hay un par de detalles turísticos que aún tengo ligados a la visita: la imagen del lugar donde supuestamente murió Jesucristo y la cara de un guía que estuvo a punto de crucificarme cuando le di la propina por un atropellado *tour* que nunca habíamos solicitado.

Pero por alguna extraña razón, mi mente asocia a Jerusalén con un hotel blanco, muy blanco, donde me dieron yoghurt y zanahorias de desayuno. Jerusalén puede ser la ciudad con la historia más vibrante del mundo actual, pero en mi cerebro el mayor recuerdo tiene sabor a zanahoria.

Bangkok, en cambio, tiene para mí sabor a limón. De la capital tailandesa recuerdo un mugroso río en forma de serpiente, un triciclo motorizado donde respiré todos los humos concentrados de una de las metrópolis más contaminadas de Asia, un masaje que me rompió la espalda a codazos y una extraordinaria sopa —tom yum goong— de camarón con limón. Mucho limón.

El metro de Moscú me recuerda a una sopa de ajo y siempre asociaré a París con el aroma a una cerveza barata que no pude terminar en un bar Pigalle porque en el precio iba incluida una prostituta escandinava.

A Estambul la tengo ligada con el golpe olfativo del pescado frito que me comí, envuelto en pan, junto al Bósforo.

A la ciudad de México no la recuerdo por su esmog, sino por el olor a césped mojado de lluvia a los pocos momentos de salir el sol. Ése es uno de los recuerdos —y de los olores— que me han acompañado toda mi vida.

Luego tengo imágenes mentales en total desorden, pero sin olor:

los disturbios en Los Ángeles con rojo de incendio e indignación, el azul de un Dublín sin nubes, una tormenta nocturna sobre las calles de Londres mientras mi amigo Benjamín se enamoraba de una pelirroja, un concierto gratis de Serrat en Madrid, la gris aridez de Brasilia, un chofer que se quedó dos mido manejando junto a un precipicio en la selva chiapaneca y que estuvo a punto de ponernos el auto de sombrero…

Y de los comentarios que me revolotean en el cráneo, tengo dos preferidos. Uno, cuando una chica que me había visto por televisión, me detuvo en la calle para preguntarme: "Oiga, ¿usted es usted?" Y el otro, las palabras de despedida de un empleado de la limpieza en el aeropuerto de Managua, quien me dijo, días después del paso del huracán *Mitch:* "Qué bueno que ya se va, porque cada vez que lo vemos por aquí es que algo malo está pasando".

Son, todas, minicrónicas de viajes casi olvidados…

62 EL MUNDO ES MEJOR GRACIAS A...

No son pocas las veces que la gente me reclama que siempre hablo de malas noticias. ¿Qué no hay nada bueno que destacar? me preguntan. ¿Acaso siempre hay que hablar de muertos, de políticos, de guerras, de controversias y de peleas?

Creo que nuestro trabajo como periodistas —además de informar— es, precisamente, apuntar lo distinto y lo que crea polémica, destapar lo que apesta y denunciar lo que está mal, descubrir las mentiras y resaltar los abusos de los que tienen el poder. Pero, en el fondo, las personas que me reclaman tienen razón. A pesar del violento y, a veces, caótico mundo que nos rodea, hay muchas cosas que celebrar. Y hoy quiero hablar de eso.

Creo, por ejemplo, que el mundo es mejor gracias a Internet, a los celulares y al poder —casi inexplicable para mí— de las computadoras; nos hacen la vida más fácil y nada parece estar fuera de nuestro alcance. El mundo es mejor gracias a que podemos llegar a Madrid o a Roma o a París sin necesidad de cruzar el Atlántico en bote. El mundo es mejor gracias al tren bala que liga Tokio con Kioto y a Francia con Inglatera. El mundo es mejor gracias al carro eléctrico y a que una carta puede llegar al otro lado del planeta en sólo unos días. El mundo es mejor gracias al control remoto de la televisión.

El mundo es mejor gracias a las fijaciones orales de Shakira, las rolas de Maná, al espíritu tibetano de Sting y a las voces de Christina Aguilera y Plácido Domingo. El mundo es mejor gracias al disco de los Beatles, con *Let It Be* en su versión original. El mundo es mejor, mucho mejor, gracias al Cirque du Soleil y al humor de Marcel Marceau y Cantinflas. El mundo es mejor gracias a los autorretratos de Frida Khalo, a la imaginación infantil de Chagall, Picasso y Miró, y a las películas *Amores Perros* y *1900*.

El mundo es mejor por las vacunas que paran en seco la poliomielitis y la malaria o cuando un coctel de medicinas le extiende la vida a los pacientes de sida. El mundo es mejor desde que las operaciones del corazón han dejado de ser noticia. El mundo es mejor porque los científicos no descansan en su intento de encontrar una cura contra el cáncer. El mundo es mejor gracias a los condones y a la píldora anticonceptiva; la mayoría de los nacimientos, hoy en día, son deseados por los padres.

El mundo es mejor gracias a los neoyorquinos que no han permitido que los ataques terroristas del 11 de septiembre de 2001 destruyeran el alma de la ciudad más inquieta del mundo. El mundo es mejor gracias a que la globalización ha tirado fronteras y le da un verdadero sentido a la palabra "humanidad". Pero el mundo también es mejor gracias a los indígenas que se resisten a que la globalización se chupe sus culturas centenarias. El mundo es mejor gracias a los campos de arroz de Bali y a los montañistas que dominaron el Everest. El mundo es mejor gracias a los que protegen a las mariposas monarca y a las selvas de Chiapas, Brasil y Borneo. El mundo es mejor gracias al mar transparente del Caribe y a las playas negras de Hawái.

El mundo es mejor gracias a restaurantes como Nobu en Miami, Matsushita en Los Ángeles, Tetsuya's en Sidney, Izote en la Ciudad de México y Casa Lucio en Madrid. El mundo es mejor gracias a los tacos al pastor de El Tizoncito, a las tortas de aguacate del mercado de Oaxaca, al cebiche peruano, al caldo de camarón y al pan con mantequilla. El mundo es mejor gracias al tequila de Jalisco, al cava catalán y al Pinot Grigio de Santa Margherita en Italia. El mundo es mejor gracias al *soufflé* de chocolate.

El mundo es mejor gracias al minimalismo y a los que buscan simplificar nuestras complicadas vidas. El mundo es mejor gracias al arquitecto español Santiago Calatrava, al puente Golden Gate de San Francisco, al Museo de Arte Moderno de Nueva York, al Papalote (Museo del Niño en la Ciudad de México), al David de Miguel Ángel y a los torsos y toros de Botero.

El mundo es mejor gracias a que la democracia ha terminado con todos los dictadores en América Latina (menos uno y medio). El mundo es mejor gracias al arresto de los dictadores Saddam Hussein y Slobodan Milosevic. El mundo es mejor gracias al superjuez español, Baltasar Garzón, quien trató de enjuiciar al extirano y asesino chileno Augusto Pinochet. El mundo es mejor cada vez que un periodista se juega la vida para contar la verdad. El mundo es mejor gracias a la edición dominical del diario the *New York Times*. El mundo es mejor gracias a que en Estados Unidos, la única superpotencia, no todos piensan que la guerra contra Irak fue una buena idea.

El mundo es mejor gracias a los rebeldes y escépticos. El mundo es mejor gracias al trabajo de los 150 millones de inmigrantes que no viven en el país donde nacieron. El mundo es mejor gracias a Cesar Chávez, a Nelson Mandela y a Rubén Berríos. El mundo es mejor gracias a la sonrisa del Dalai Lama y a la fe de mi tío Armando, que está acercándose a los 100 años de edad. El mundo es mejor gracias a la ONU, a Médicos sin Fronteras y a las Olimpíadas. El mundo es mejor gracias —¡*goool!*— al fútbol, a Pelé y a Freddy Adu.

El mundo es mejor gracias a la novela *La Sombra del Viento* del español Carlos Ruiz Zafón, al *Cuarteto de Burú* del indonesio Pramoedya Ananta Toer, al *Demian* de Herman Hesse, a la *Metamorfosis* de Kafka, a *La Ciudad y los Perros* de Mario Vargas Llosa, a *El Otoño del Patriarca* de Gabriel García Márquez y al naranjo de ensayos y ficción de Carlos Fuentes. El mundo es mejor gracias a que Proust y Freud nos enseñaron a ver para atrás, y a que Orwell, Toffler y Vasconcelos nos enseñaron a ver para adelante.

El mundo es mejor (para mí) gracias a que mi madre sigue poniendo a un lado su libro para conversar conmigo. El mundo es mejor gracias a que el amor —aunque sea del ámbito de lo extraordinario, como asegura Alberoni— no es tan escaso, ni tampoco lo

son los buenos amigos y los buenos hermanos. El mundo es mejor
ya que mis hijos Paola y Nicolás podrán hacer cosas que yo jamás
me imaginé y, sobre todo, porque ellos son lo mejor de mi mundo
(aunque suene cursi).

Efectivamente, no todo son malas noticias.